解构现代化

DECONSTRUCTION OF MODERNIZATION

THE SPEECH OF WEN TIEJUN

温铁军演讲录

温铁军 著

人民东方出版传媒
People's Oriental Publishing & Media
东方出版社
The Oriental Press

图书在版编目（CIP）数据

解构现代化：温铁军演讲录 / 温铁军 著 . —北京：东方出版社，2020.8
ISBN 978-7-5207-1548-5

Ⅰ.①解… Ⅱ.①温… Ⅲ.①中国经济—文集 Ⅳ.① F12-53

中国版本图书馆 CIP 数据核字（2020）第 093803 号

解构现代化：温铁军演讲录
（JIEGOU XIANDAIHUA: WEN TIEJUN YANJIANGLU）

作　　者：	温铁军
责任编辑：	吴晓月
出　　版：	东方出版社
发　　行：	人民东方出版传媒有限公司
地　　址：	北京市东城区朝阳门内大街 166 号
邮　　编：	100010
印　　刷：	北京明恒达印务有限公司
版　　次：	2020 年 8 月第 1 版
印　　次：	2024 年 6 月第 18 次印刷
开　　本：	660 毫米 ×960 毫米　1/16
印　　张：	27.5
字　　数：	300 千字
书　　号：	ISBN 978-7-5207-1548-5
定　　价：	65.00 元

发行电话：（010）85924663　85924644　85924641

版权所有，违者必究

如有印装质量问题，我社负责调换，请拨打电话：（010）85924602　85924603

目录

"国仁文丛"（Green Thesis）总序　_ 001

再版序言　_ 017

第一部分　全球化危机与现代化困境

第一章　全球化与世界法西斯主义　_ 003

一、全球化进程中发展中国家的内部矛盾　_ 003

二、谁反对全球化？　_ 005

三、全球化与世界法西斯主义的复苏　_ 008

第二章　重复欧美经验？——无法复制的现代化　_ 012

一、全世界最好的投资机会在中国　_ 012

二、不可重复的西方现代化经验　_ 013

三、中国的出路：加强区域一体化　_ 018

第三章　不破不立：解构现代化　_ 020

一、题解：关于感性认识　_ 021

二、反思：在调研中重新认识世界和中国　_ 022

三、转变：由"四个现代化"到"科学发展观"　_ 027

四、溯源：西方现代化的真相　_ 029

五、强权政治：资本经济时代唯一不能替代货币的信用来源　_ 035

六、从不怀疑"翻两番"　_ 039

七、我们到底要什么　_ 040

第四章　中国的战略转变与工业化、资本化的关系　_ 046

一、两个约束条件下的国家工业化资本积累　_ 047

二、社会主义阵营中的两个相似现象　_ 048

三、一场战争引发的战略转变　_ 049

四、农村改革的动因是政府退出　_ 051

五、改革开放的成果：三个重大制度的转变　_ 053

六、中国有第三条道路吗？　_ 055

附：讨论　_ 056

第五章　中国能再争取20年和平发展的国际环境吗？　_ 060

一、冷战以后美国的战略调整　_ 061

二、从国际冲突的历史解构西方现代化　_ 073

三、中国特色的发展道路　_ 076

四、守拙：重大国际变局下的唯一选择　_ 078

附一：中国改革走的是"第三条道路"　_ 089

一、中国制度与西方式的私有化制度不同的历史根源　_ 089

  二、改革开放以来经济危机的成因 _ 093

  三、20世纪90年代的改革与发展 _ 105

附二：国家资本再分配与民间资本再积累 _ 116

  一、国家工业化时期的资本原始积累 _ 121

  二、中国与苏联、东欧社会主义国家经济改革的比较分析 _ 128

  三、国家资本再分配是民间资本再积累的基础 _ 134

第二部分 "三农"问题：百年回望与新世纪展望

第六章 我的困惑 _ 143

  一、怎么理解中国在遍地小农经济的条件下追求农业现代化？ _ 144

  二、农业经济科学是伪科学？ _ 146

第七章 世纪之交的"三农"问题 _ 149

  一、16年的试验证伪 _ 153

  二、为什么叫"三农"问题？ _ 160

  三、解决"三农"问题的办法 _ 164

  附：提问 _ 166

第八章 "入世"与中国"三农"问题 _ 177

  一、题解："入世"影响的是农业还是"三农"？ _ 177

  二、背景：GATT向WTO转变的深层次原因 _ 181

三、中国想要加入 WTO 的原因　_ 189

四、利弊：WTO 与中国"三农"问题的讨论　_ 194

五、选择：应对"入世"挑战的另一套政策　_ 210

附：现场问答　_ 222

第九章　解决"三农"问题的五大政策　_ 227

一、"今天的你我重复昨天的故事"　_ 227

二、"五大政策"解决"三农"问题　_ 233

第三部分　若干重要问题的去意识形态化讨论

第十章　集建入市的交易成本与垫底制度

——关于农地制度创新的思考　_ 239

一、交易成本决定土地制度　_ 239

二、土地现在是并且将越来越是农民的保障　_ 244

三、土地基本制度不能轻易言动　_ 246

第十一章　"非典"引发的危机与改革　_ 249

一、回顾过去：为了不再意识形态化地讨论"非典"　_ 249

二、在危机发生时，最有效的应急防范体制　_ 251

三、"后 SARS"的讨论：改革机会与方向　_ 253

附：问答　_ 258

第十二章　财政支农的概念和问题　_ 261

一、澄清概念　_ 261

二、中国"入世"以后的问题在哪里？ _ 268

三、"分盘子"体制：导致乡村公共负债问题的罪魁祸首 _ 271

四、财政支农的台湾经验 _ 274

第十三章 找不到大学，找不到教授
——教育作为"第三产业"的投资、收益与风险 _ 277

一、为什么教育投资在中国会有比较高的回报？ _ 278

二、投资教育领域的交易成本和投资风险 _ 279

三、终极困境 _ 280

第十四章 浅谈时尚话题：公司治理结构问题 _ 281

一、从背景提问：美国的金融危机与公司治理结构问题是否有关 _ 281

二、分析：西方企业的内部人控制问题 _ 282

三、中国的金融风险防范与公司治理问题 _ 284

第十五章 农村财税、金融改革和贫困问题 _ 287

一、关于中国农村的税费改革问题 _ 287

二、关于农村的合作金融问题 _ 294

三、关于西部农村贫困问题 _ 298

第十六章 面向小农经济的资金、市场与政策问题 _ 300

一、银行商业化改革与农户资金需求高度分散的相悖 _ 300

二、农村市场的成功与困境 _ 303

三、适宜小农经济和中国国情的政策思路 _ 305

第十七章　西部开发的两个思路　_ 308

一、西部大开发≠西部大开放　_ 308

二、西部应该争取的政策　_ 310

第十八章　毕节扶贫开发　_ 312

一、扶贫投资与财政体制问题　_ 313

二、基层组织薄弱与制度空白问题　_ 314

三、资源短缺与需求约束问题　_ 316

四、四点建议对症下药　_ 317

第四部分　乡村建设与乡村试验

第十九章　我们还需要乡村建设　_ 327

一、无法复制的现代化　_ 327

二、去伪寻真：中国仍然是小农经济国家　_ 329

三、工业化与被剥夺的农民　_ 331

四、不谈主义，只谈问题　_ 332

五、解构政府"守夜人"　_ 333

六、重谈乡村建设　_ 334

七、农民最懂　_ 336

八、再谈解构现代化　_ 337

第二十章　改造我们的学习　_ 338

一、重要：为什么强调"改造我们的学习"？　_ 338

二、亮剑：全面提高对农村改革试验的认识水平　_344

第二十一章　发达地区农村改革问题　_369

　　一、农村现代化的实质：农村资源的资本化　_369

　　二、农村现代化进一步发展面临的主要问题　_371

　　三、跨越障碍：解决问题的试验设计　_374

　　四、八个重点：农村现代化纲要和实施方案　_376

第二十二章　芜湖土地流转　_380

　　一、农村建设用地流转试点的重大意义　_381

　　二、农村集体建设用地流转的几个问题　_384

"国仁文丛"（*Green Thesis*）总序

因为有话要说，而且要说在我们团队近期系列出版物的前面，[①]所以写总序。

我自20世纪60年代以来，从被动实践中的主动反思到80年代以来主动实践中的主动反思，经两个"11年"在不同试验区的历练，[②]加之后来广泛开展国内外调查和区域比较研究，且已经过了知天命之年……自忖有从经验层次向理性高度升华的条件，便先要求自己努力做到自觉地"告别百年激进"，[③]遂有21世纪以来从发起社会大众参与改良、对"百年乡建"（rural reconstruction）

[①] 这几年我们会有十几本书分别以不同作者、不同课题成果的名义问世。这些出版物都被要求做单独的"成果标识"。但我们实际上要做的仍然是这几十年的经验归纳总结和理论提升，"实事求是"地形成"去意识形态化"的话语体系。由此，就需要为这个分别标识的系列出版物做个总序。——作者自注

[②] 参见即将出版的《温铁军自述——难得5个11年》（暂定名），其中对20世纪80—90年代在官方政策部门开展农村改革试验区及21世纪启动民间为主的新乡村建设试验区，两个11年的经历分别予以归纳。——作者自注

[③] 参见温铁军：《告别百年激进》，东方出版社，2016年4月。这是我2004—2014年这10年演讲录的上卷，主要是与全球化有关的宏大叙事和对宏观经济形势的分析，甫一出版即被书评人排在当月优选10本财经类著作的第一位。但在此书出版之前，我还没有来得及设计"国仁文丛"，也就不能把这个序言加上去。——作者自注

之言行一致地接续，而渐趋达至"国仁"思想境界，亦即一般学人必须"削足"才能跟从制度"适履"，但只要纳入主流就碍难达到的"实践出真知"。

因此，我在2016年暑假从中国人民大学退休之际，要求为今后几年的一系列出版物担纲作序，也主要是想明了指出"国仁文丛"何词何意，亦即：这个丛书是什么思路和内涵。

一、释义之意

"国"者，生民聚落之域也。"上下五千年"是中国人开口就露出来的文化自豪！就在于，人类四大古文明除了中华文明得以历经无数朝代仍在延续之外，其他都在奴隶制时代以其与西方空间距离由近及远而次序败亡。由此看中国，唯其远在千山万水之隔的亚洲之东，尤与扩张奴隶制而强盛千年的西方相去甚远，且有万代众生勉力维护生于斯而逝于斯之域，"恭维鞠养，岂敢毁伤"，兹有国有民，相得益彰。遂有国民文化悠久于国家存续之理，更有国家历史传承于国民行动之中。

"仁"者"爱人"，本源于"仁者二人也"。先民们既受惠于光风水土滋养哺育的东亚万年农业，又受制于资源环境只能聚落而居，久之则族群杂处，而需邻里守望、礼义相习，遂有乡土中国仁学礼教上下一致维系大一统的家国文化之说，于是天下道德文章唯大同书是尊。历史上每有"礼崩乐坏",随之社会失序,必有"国之不国,无以为家"。是以,"克己复礼为仁"本为数千年立国之本,何以今人竟至于"纵己毁礼为恶"……致使梁漱溟痛感"自毁甚于他毁"的现代性为表、横贪纵欲为里之巨大制度成本肆无忌惮地向资源环境转嫁而至人类自身不可持续!

据此可知我们提出"国仁"思想之于文丛的内涵:

中国人历史性地身处三大气候带覆盖、差异显著的复杂资源地理环境下,只有以多元文化为基础的各类社会群体兼收并蓄、包容共生,才能实现并绵延中华文明数千年的历史性可持续。

这个我们每个人都身处其中的、在亚洲原住民大陆的万年农业文明中居于核心地位的"群体文化"内核,也被老子论述为"阴阳之为道也",进而在漫长的文化演进中逐渐形成了极具包容性的、儒道释合一的体系。①

由是,在21世纪初重启中国乡村建设运动之后,我们团队试图把近代史上逐步从实践中清晰起来的乡建思想,寻源上溯地与先贤往圣之绝学做跨时空结合,归纳为人类在21世纪转向"生态文明"要承前启后的社会改良思想。②

---

① 最近10年一直有海内外学者在研究乡建。国外有学者试图把中国乡建学者的思想上溯归源到孔子或老子,国内也有人问我到底偏重晏阳初还是梁漱溟,还有很多人不理解梁漱溟晚年由儒家而佛家的思想演变。其实,我们从来就是兼收并蓄。在儒道释合一的顶天立地和五洲四海的融会贯通之中形成乡建思想。因此,这些海外研究者的关注点对我们来说本来不是问题。——作者自注

② 本文丛并非团队的全部思想成果,但在"国仁文丛"设计之前的成果没法再纳入进来,只好如此。——作者自注

是以,"道生万物,大德中庸。上善若水,大润民生。有道而立,大象无形。从之者众,大音希声"。① 此乃百年改良思想指导下的乡村建设运动之真实写照。

基于这些长期实践中的批判性思考,我们团队认同的"国仁文丛"的图形标志,是出土的汉代画像砖上那个可与西方文明对照的、扭合在一起的蛇身双人——创造了饮食男女人之大欲的女娲,只有和将阴阳八卦作为思想工具"格物致知"了人类与自然界的伏羲有机地合为一体,才有人类社会自觉与大自然和谐共生的繁衍。蛇身双人的扭结表明,在中国人传统思想中物质与精神的自然融合,得益于多样性内在于群体文化规范,而不必指人欲为"原罪"而出伊甸园②;也不必非要构建某一个派别的绝对真理而人为地分裂成唯物与唯心这两个体系,制造出"二元对立结构"的对抗性矛盾。

此乃思想理论意义上的"国仁"之意。

行动纲领意义上的"国仁",十多年前来源于英文的"green ground"。

我们搞乡村建设的人,是一批"不分左右翼、但分老中青"

---

① 这些年,我一直试图对承上启下的中国乡村建设运动中形成的国仁思想做归纳,遂借作序之机凝练成这段文言,意味着国仁追求的是一种"大道、大润、大象、大音"的思想境界。——作者自注

② 在东方,人们认为"饮食男女,人之大欲也",是自然的表达形式,并且表达形式是多样的,是群体内部文化的一部分,也受群体文化的约束。而在西方,男女之情则属于人的原罪,认为人生来就背负着罪过。——作者自注

的海内外志愿者。① 大家潜移默化地受到"三生万物"道家哲学思想影响，而或多或少地关注我自20世纪90年代以来坚持的"三农"问题——农业社会万年传承之内因，也在于"三位一体"：在于农民的生产与家庭生计合为一体，在于农村的多元化经济与自然界的多样性合为一体，在于农业的经济过程与动植物的自然过程合为一体。

据此，我们长期强调的"三农"的"三位一体"，在万年农业之乡土社会中，本来一直如是。告别蒙昧进入文明以来的数千年中，乡村建设在这个以农业为基础繁衍生息的大国，历来是不言而喻之立国之本。

据此，我们长期强调的"三位一体"的"三农"，本是人类社会转向生态文明必须依赖的"正外部性"最大的领域，也是国家综合安全的最后载体。

中国近代史上最不堪的麻烦，就在于激进者们罔顾"三农"的正外部性，把城市资本追求现代化所积累的巨大"负外部性"代价向乡土中国倾倒！于是，我虽然清楚"三农"本属于"三位一体"，也曾经在20世纪90年代末期和21世纪第一个10年特别强调"'三农'问题农民为首"，主要是因为那个时期的形势严重地不利于农民这个世界上最大的弱势群体。实际上，也就是在做这种特别强调而遭遇各种利益集团排斥的困境中，我才渐行

---

① 中国乡建运动之所以能够延续百年而生生不息，乃在于参与者大抵做到了思想和行动上都"去激进"，不照搬西方的左右翼搞的党同伐异。——作者自注

渐知地明白了前辈的牺牲精神。大凡关注底层民生的人，无论何种政治诉求、宗教情怀和文化旨趣，总难免因慈而悲、因悲而悯，在中国百年激进近现代史中，也就难免"悲剧意义"地、历史性地与晏阳初的悲天悯人[①]、梁漱溟的"妇人之仁"等，形成客观的承继关系。据此看，20世纪初期的"乡建派学者"也许应该被归为中国最早的女性主义。[②]我们作为继往开来的当代乡村建设参与者，有条件站在前辈肩上高屋建瓴、推陈出新，不仅要认清20世纪延续而来的中国"三农"困境，而且要了解21世纪被单极金融资本霸权强化了的全球化，及其向发展中国家转嫁巨大制度成本的制度体系。这个今人高于前人的全球视野，要求我们建立超越西方中心主义意识形态的世界观和宏大叙事的历史观，否则，难以引领当代乡村建设运动，遑论提升本土问题的分析能力。

从2001年中央主要领导人接受我们提出的"'三农'问题"这个难以纳入全球化的概念以来，即有一批志愿者着手复兴百年传承的"乡村建设"。部分年轻的乡建志愿者于2003年在距北京大约300公里之遥的河北翟城村开始新时期乡建，一开始根本

---

① 参阅温铁军：《三农问题与制度变迁》（第二版），中国经济出版社，2009年。记得一位学者型领导曾经语重心长地告诫我：农民在现代化的大潮中挣扎着下沉，就剩下两只手在水面乱抓。你的思想无所谓对错，只不过是被溺水者最后抓住的那根稻草，再怎么努力，也不过是落得跟着沉下去的结局……——作者自注

② 乡建前辈学者梁漱溟因在1953年与毛泽东激辩合作化问题而被后者批为"妇人之仁"。据此，梁漱溟可以被认为是中国20世纪50年代的早期女性主义者。尽管在实事求是的态度面前，打上何种类别的标签并不重要，但如果这是当代学者们的本能偏好，也只好任由其是。——作者自注

就没有外部资金投入和内部管理能力。因为这种民间力量为主的社会运动无权无钱,很大程度要靠热血青年们艰苦奋斗。那,年轻人激情四射地创了业,也激情四射地生了孩子,老辈们就得跟上支持和维护。十多年来,有一句低层次的话多次被我在低潮的时候重复:存在就是一切。只要我们在主流随处可见的排斥下仍然以另类的方式存活下去,就证明了超越主流的可持续。我们在跟海外机构打交道的时候,心里就觉着,应该给这个社会广泛参与的乡建运动将来可能形成的可持续生存系统,提出一个可以做国际交流的概念,一个符合21世纪生态文明需要的、大家可以共享的名号。于是就跟海外志愿者们商量,提出了这个英文概念"green ground"。若直译,就是"绿色大地";若意译,则是"可持续基础"。如果把音译与意译结合起来考量,那就是"国仁"。有国有仁,方有国人国祚久长不衰。

从十多年来的乡建工作看,这三个意思都对路。

二、文丛之众

俗话说,三人为众。子曰:"三人行,必有我师焉。择其善者而从之,其不善者而改之。"如此看文丛,乃众人为师是也。何况,我们在推进乡村建设之初就强调"去精英化"的大众民主。①

前几年，一直希望整个团队愿意理解我试图"让当代乡建成为历史"的愿望。尤其希望大家能够结合对近代史中任何主流都激进推行现代化的反思，主动地接续前辈学者上一个世纪之交开始的乡村建设改良运动，在实际工作中不断梳理经验教训。或可说，我"野心勃勃"地企图把我们在新的世纪之交启动的新乡建运动，纳入百年乡建和社会改良史的脉络。诚然，能够理解这番苦心的人确实不多。②

这几年，我也确实算是把自己有限的资源最大化地发挥出来，"处心积虑"地安排乡建志愿者中有理论建设能力的人在获取学位之后分布到设有乡建中心或乡建学院的不同高校，尽可能在多个学科体系中形成跨领域的思想共同体。目前，我们在海内外十几个高校设有机构或合作单位，有数十个乡村基层的试点单位，能够自主地、有组织有配合地开展理论研究和教学培训工作，立足本土乡村建设的"话语体系"构建，已经有了丰硕

---

① 关于精英专政与大众民主的分析，请参阅《人间思想第四辑：亚洲思想运动报告》，第2—19页，人间出版社2016年4月。——作者自注

② 近年来，我不断在乡建团队中强调对乡建经验的归纳总结要尽可能提升到理性认识高度，并且努力接续百年乡建历史，并带领团队申报了一批科研项目。那么，要完成科研任务，就要花费很多精力。对此，就有一些长期从事乡村基层工作，必须拿到项目经费才能维持单位生存，为此来不及形成理论偏好的同人难以接受，甚至有些意见相左之人表达了误解、批评。这本来不足为怪，对批评意见也不必辩解。总体上看，大乡建网络的各个单位还是积极配合的。但，考虑到这些批评说法将来可能会被人拿去当某些标题党的报道和粗俗研究者的资料，因此，我才不得不以总序的方式让相对客观些的解释在各个著述上都有起码的文字依据——尽管这些话只是简单地写在脚注中。——作者自注

成果。①

总之，我们不仅有条件对21世纪已经坚持了15年的"当代新乡建"做个总结，而且有能力形成对20世纪前辈乡村建设运动的继承发扬。

我们团队迄今所建构的主要理论创新可以表述为以下五点。

一是人类文明差异派生论。气候周期性变化与随之而来的资源环境条件改变对人类文明差异及演化客观上起决定作用。据此，人类文明在各个大陆演化的客观进程，至少在殖民化滥觞全球之前应是多元化的，不是遵循在产业资本时代西方经典理论家提出的生产方式升级理论而展开的。这个理论有助于我们构建不同于主流的生态化历史观。

二是制度派生及其路径依赖理论。不同地理条件下的资源禀赋和要素条件，决定了近代全球化之前人类文明及制度的内生性与多元性，也决定了近代史上不同现代化的原始积累（东西方差异）途径，由此形成了不同的制度安排和体系结构，并构成其后制度变迁的路径依赖。这也成为我们开展国别比较和区域比较研究的重要理论工具。

三是成本递次转嫁论。自近代以来，在全球化所形成的世界体系中，核心国家和居于主导地位的群体不断通过向外转嫁制度

---

① 中国有中国人民大学、中国农业大学、国家行政学院、清华大学、重庆大学、华中科技大学、北京理工大学、上海大学、西南大学、福建农林大学、香港岭南大学。海外有英国舒马赫学院、美国康奈尔大学，近期正在形成合作的还有国际慢食协会的美食科技大学（意大利）等。——作者自注

成本而获取收益，得以完成资本原始积累、实现产业资本扩张和向金融资本跃升，广大发展中国家及底层民众则因不断被迫承受成本转嫁而深陷"低水平陷阱"难以自拔。当代全球化本质上是一个因不同利益取向而相互竞争的金融资本为主导、递次向外转嫁成本以维持金融资本寄生性生存的体系。在人类无节制的贪欲面前，最终承担代价转嫁的是"谈判缺位"的资源和生态环境，致有人类社会的不可持续之虞。

四是发展中国家外部性理论。第二次世界大战后绝大多数发展中国家都是通过与宗主国谈判形成主权，这可以看作一个"交易"。任何类型的交易都有信息不对称带来的风险，因转交交易范围之外的经济和社会承载而为外部性问题，任何信息单方垄断都在占有收益的同时对交易另一方做成本转嫁，由此发展中国家谈判形成主权必有负外部性，导致难以摆脱"依附"地位。但，越是一次性博弈则风险爆发造成谈判双方双输的可能性越大，发达国家在巧取豪夺巨大收益的同时，其风险也在同步深化和加剧。

五是乡土社会应对外部性的内部化理论。中国作为原住民人口大国中唯一完成工业化的国家，其比较经验恰恰在于有着几千年"内部化处理负外部性"的村社基础，其中的村社理性和政府理性构成中国的两大比较制度优势。但政府同样是人类制造出来但反过来统治人类自身的成本高昂的异化物。遂有政府与资本相结合激进推进现代化之后严重的经济、社会、文化、资源、环境等负外向性问题，成为中国通往可持续的严重障碍，才有如此广泛的民众愿意参与进来，以期通过乡村建设使"三农"仍然作为中国危机"软着陆"的载体。

以上五点核心思想，主要体现于我们基于"本土化"和"国际化"两翼而展开的以下五个领域的研究工作中。

一是应对全球化的挑战。在资本主义三阶段——原始积累阶段、产业资本扩张阶段和金融资本阶段，核心国家/发达国家总是不断以新的方式向外转嫁制度成本，乃是全球化给广大发展中国家、给资源环境可持续带来的最大挑战。这个思想，在我们的主要课题研究中，作为全球宏观背景，都有所体现，也发表在我们关于全球资本化与制度致贫等一系列文章中。

二是发展中国家比较研究。团队与联合国开发计划署合作，构建了"南方国家知识分享网络"，开展了"新兴七国比较研究"和"南方陷阱"等发展中国家的深入研究。目前正在进行比较研究的新兴七国包括中国、巴西、印度、印度尼西亚、委内瑞拉、南非、土耳其。已经发表了有关文章和演讲，两部专著也在整理和修改之中。

三是国内区域比较研究。中国是个超大型国家，各区域的地理条件和人文环境差异极大，对各区域的发展经验进行研究、总结和归纳，是形成整体性的"中国经验"并建立"中国话语"的基础。团队已经完成了苏南、岭南、重庆、杭州、广西左右江、苏州工业园区等不同地区的发展经验的分析。已经发表了多篇文章，形成的专著也获得多项国家级、省部级出版奖和科研奖。

四是国家安全研究。国家综合安全是当前面临"以国家为基本竞争单位的全球化"的最大挑战。基于国际比较和历史比较，团队研究表明了新中国通过土地革命建立政权与其利用"三农"内部化应对经济危机之间的相关关系——从历史经验看，新中国在其追求"工业化＋城市化＝现代化"的道路上，已经发生了九次经济危机，凡是能动员广大农村分担危机成本的，就能实现危机"软着陆"，否则就只能在城市"硬着陆"。团队正在开展的研究是以国家社科基金重大项目为依托，探讨如何从结构和机制上改善乡村治理以维护国家综合安全。

五是"三农"与"三治"研究。我们自提出"'三农'问题"并被中央领导人接受之后，用了十多年的时间来研究乡村"三治问题"（指县治/乡治/村治）。自20世纪80年代农村去组织化改革以来，作为经济基础的"三农"日益衰败，而作为上层建筑的"三治"成本不断上升，二者之间的错配乃至哲学意义上的冲突日益深化！其结果，不仅是农村大量爆发对抗性冲突，陷入严重的不可持续困境，还在生态环境、食品、文化等方面成为国家综合"不安全"的重要"贡献者"。比形成对问题的完整逻辑解释更难的，是我们如何打破这个"囚徒困境"。也因此，任何层面上的实践探索都难能可贵，即使最终被打上"失败"的标签，也不意味着这个唐·吉诃德式的努力过程并不重要，更不意味着这个过程作为一种社会试验没有记录和研究价值。

综上,"大乡建"体系之中从事研究的团队成员众多,且来去自由,但混沌中自然有序,我认为团队在这五个领域的思想创新,在五个方面所做的去西方中心主义、去意识形态的理论探索,已经形成了"研究上顶天立地,交流上中西贯通"的蔚然大观。仅"国仁文丛"的写作者就有数十人,参与调研和在地实践者更无以计数,收入的文字从内容到形式都有创新性,且不拘一格。如果从我20世纪80年代就职于中央农研室做"农村改革试验区"的政策调研和国内外合作的理论研究算起,我们脚踏实地开展理论联系实际的科研实践活动已经数十年了。其间,团队获得了十多项国家级"纵向课题"和数十项"横向课题",获得了十几项省部级以上国内奖及一项海外奖。在高校这个尚可用为"公器"的平台上,我们团队通过这些体现人民大学"实事求是"校训的研究和高校间的联合课题调研,已经带出来数百名学生,锻炼了一批能够深入基层调研,并且有过硬发表成果能力的人才,也推进了分散在各地城乡的试验区的工作水平。

由此看,当代大乡建由各自独立小单位组成,虽然看上去是各自为政的"四无"体系——"无总部、无领导、无纪律、无固定资金来源",却能"聚是一团火,散是满天星",做出了一般海外背景或企业出资的非政府组织"做不到、做不好、做起来也不长久"的事业。诚然,这谈不上是赞誉我们团队的治理结构，因为各单位难免时不时发生各种内部乱象。但，乡建参与者无论转型为NGO（非政府组织）还是NPO（非营利组织），都仍愿意留在大乡建之中，否则再怎么干得风生水起也难有靠自己的思想水平形成"带队伍"的能力！若然，则乡建改良事业得以百年传承的核心竞争力，恰在于"有思想创新，才能有人才培养，才有群体的骨干来带动事业"。君不见：20世纪乡村建设大师辈出、试验点竟以千数，21世纪新乡建则学者咸从、各界群众参与者更有数十万！

这就是大众广泛参与其中的另一种（alternative）社会历史……

由此看到：发展中国家为主的"世界社会论坛"（World Social Forum）提出的口号是"另一个世界是可能的"（another world is possible）；而在中国，我们不习惯提口号，而是用乡建人的负重前行，在大地上写下"另一个世界就在这里"（another world is here）。

人们说，20年就是一代人。从2001年算起，我们发扬"启迪民智，开发民力"的前辈精神，在21世纪海内外资本纵情饕餮大快朵颐中勉力传承的"大乡建"，作为大众广泛参与的社会改良事业已经延续15年了！再坚持5年，就是一代人用热血书写的历史了。

作为长期志愿者大家都辛苦，但也乐在其中！吾辈不求回报，但求国仁永续。唯愿百年来无数志士仁人投身其中的乡建事业，在中华文明的生生不息中一代代地传承下去。

以此为序，上慰先贤；立此存照，正本清源。

温铁军

丙申年甲午月

公元二〇一六年六月

再版序言

《解构现代化》再版于2020庚子年①春夏之交。

值此"前所未有"的全球化挑战之时,东方出版社和我的科研团队把这本早期演讲录进行修改增删后重新推出,可谓恰逢其时!因为,出于比较研究之目的,此书再版时收入了我20世纪80年代末期以来的部分文章和讲座,那时正值以苏联为代表的本源于西方马克思主义的"社会主义阵营"解体;中国也处于内外交困时期——国内1988—1989年滞涨危机正在发生之际,遭到美国带领的西方国家于1989年6月启动的"全面制裁";随之是工业化加快必然追求"资本增密"的20世纪90年代,多次发生财政赤字和通货膨胀导致的经济危机,这也引发了大量维稳事件……可见,再版此书的价值不仅仅在于"历史的经验值得注意",更在于帮助那些关注我的后来者,从中看到上一代人遭遇

---

① 此说是指自1840年鸦片战争为标志的帝国主义侵略,迫使中国纳入西方"现代化进程"以来,每遇庚子年必有大变:1900年八国联军进入北京,后中国被迫支付巨额赔款;1960年苏联专家撤出中国,全面中断对中国工业化的援助,导致中国被迫艰难地"去依附"。——作者自注

重大变故时的思想演变,而我们的问题意识,也确实是在客观世界的复杂演化之中逐渐清晰起来的。

也许是基于理论联系实际的客观性,我们的科研实践团队才有新世纪以来在社会上一以贯之的影响力。在今年5月份对新时代乡建20年经验的总结讨论过程中,我们认识到,前后衔接的两代人的思想理论之所以逐渐结构化,是因为我们身历其境地体验了国内外复杂背景下中华民族的凤凰涅槃全程!我们在2020年这个世界变局中,没有随波逐流地按照西方中心主义传统话语"人云亦云",而是坚持对本土问题进行"实践出真知"的调查研究,因而有了对这个"前无古人,后无来者"的历史阶段的客观记述和分析。似乎,作为承上启下且身历其境的研究者,我们比正在成为主导力量的学术新生代有更多求真知的条件,能够直接在重大历史演变中形成更清晰的问题意识。

这也是我同意再版这本演讲录的原因。

本书定名为《解构现代化》,所谓"解构",须让现代化理论回到与其被称为"理论"的那个时空条件相同的环境下,才能了解其被验证的程度;而这个同等条件下的验证程度,体现的才是该理论的科学程度;后来者只有把握了理论的科学程度,才不至于在信息不充分的条件下,陷入对过去观点差异的无休止争议中。想到此,我还是一如既往地把作序当作发言机会。

一、我们身处其中的时代演变:"冷战""后冷战"与"新冷战"

此书再版时,正值美国发起的"新冷战"在新冠肺炎疫情暴发之中演化为世界乱象之际——体现着人类现代性最高层次的西方资本主义国家及照搬西方体制的发展中国家,大都轮番上演着生存还是灭亡的"哈姆雷特之问",令人目不暇接;与东亚从"封城"到"封国"、秉持生民为本对应的,是"不自由,毋宁死"的欧美自由主义政治文化内含的、被进化论"丛林法则"所认同的弱肉强食。这种弱肉强食表现为放弃对疫情的控制,听任"群体免疫"的发展,不对"老弱病穷"承担救治责任,从而导致富人无虞而大批"低端人口"(low life)被疫情消灭……

于是,"新冷战"照搬的旧意识形态倏忽之间坍塌!遂有"民不畏死,奈何以死惧之"——被迫陷于最高死亡率的"低端人口",在体现西方资本主义文明的核心地区符合规律地发生了"颜色革命"!

这个现象似曾相识——我这个年纪的人都记得,在以美苏对抗为主的"冷战"最紧张的20世纪60和70年代,以非裔美国人为主的各类社会群体,举行过以反"种族主义"为名、以反抗压迫为实的大规模抗议。那时,也有很多白人和其他族裔的人民群众参与示威,也有"黑豹党"发起的暴力革命。但和平示威的群众运动领导人,是主张非暴力的黑人牧师马丁·路德·金,他被暗杀了!

半个多世纪过去,时过境迁,但很多当前的情况,让人觉得并不陌生。原本贫困率及犯罪率双高的底层社会群体,走上街头参加示威活动,打破了此前各类族群分别聚居的"熟人社会"尚有的"非规范约束机制",愤怒的人群一旦离开本社区,则不可避免地在大城市的商业区上演打砸抢烧的动乱……

若非亲身经历,很难体会我们失去话语权之后的尴尬。即使仍然保留着客观求实的基本常识,我们也会看到,在疫情对任何体制的国家都同样是巨大挑战的条件下,显露出来的东西方矛盾是明显的——西方长期"生产不足"而"话语过剩",与之对应的则是中国长期"生产过剩"而"话语不足"。原殖民化宗主国各行其是,原殖民地国家则纷争频仍,世界乱象大致是在西方长期主导的殖民化区域翻云覆雨,不仅加重了资本主义全球化趋于解体的危机,而且在美国大选年催生了"俄狄浦斯"①式的悲剧。

被疫情所催化的全球供应链断裂,将会造成全球化解体,这对那些已经在全球一体化之中获益的实体企业来说,确实是灾难;但是,对美国单极霸权的维护者而言,却"机会难得"!一方面,美国金融资本集团借机推行"币缘"战略主导的全球产业"区域一体化"重组,既要实现美元结算体系"去中国化",又

---

① 俄狄浦斯悲剧的意义在于,美国政客在经济理性上自愿"致盲"。一是搞"贸易战"提高外国廉价商品关税率,这意味着美国的一般消费品价格上涨会提高其通胀率,直接伤害的是美国消费者;二是强迫美国获益企业离开中国,则会造成回流美国的资本减少,直接伤害美国金融市场。这些都属于经济上的"自毁"决策。——作者自注

要使全球生产体系的战略性部门和中国"硬脱钩";同时,又要借助"冷战"意识形态发起软实力进攻,配合巧实力策动各类乱华运动,达到阻遏中国崛起,甚至肢解中国的战略目的。另一方面,由于美国贸易逆差和债务率双高趋势恶化,虽然美联储也像2008年华尔街金融海啸那样,再次更大规模地增发货币,搞无底线"量化宽松",却因全球都遭遇疫情打击,而不可能再顺畅地对外转嫁成本,来化解其内部危机,遂只能在大选年党争白热化压力下,强行复工复产。

"人算不如天算!"20世纪80年代起,美国新自由主义推行金融资本全球化,这样搞了30多年,造成内部分化加剧,派生了社会治理失序条件下的疫情防控困境,拒绝担责的政治家们把疫情过分政治化,荒唐对外"甩锅",造成官方、民间都在"大规模聚集"——官方为了维持低层次民粹主义,而举办大型竞选集会,搞政治动员;民间则因失业人数超过"大萧条",低阶层族群纷纷加入街头示威。这两类内生于现行制度的"大规模聚集",客观上都导致了疫情的扩散,使得防疫专家多次警告的疫情恶化成为事实。尽管其人口规模小于中国、印度,医疗条件好于全球任何其他国家,但疑似、确诊和死亡人数均为世界之最……

这一切,都表明美国这个资本主义核心国家长期累积的制度成本已经"对内转嫁"!萨米尔·阿明的金融资本恶性扩张造成两极分化最终"内爆"的理论,正在成为现实。

这些此前无法预料的情况，不仅多角度地验证着国内"庚子年必有灾变"之定数，而且，鉴于西方资本主义体系达到的最高境地——"全球一体化"，显然已经败于疫情及其导致的大危机。海内外舆论大都认为，2020年是全人类社会一个新的历史阶段的起点。

因此，就要先对"冷战"以来的不同历史阶段做背景分析。

西方文明主导的人类资本主义历史，在第二次世界大战结束之后的20世纪40年代中期，进入美苏两个超级大国分割世界、全面对峙的"冷战"阶段，把世界变成了以"意识形态"配套地缘政治的两大帝国主义体系。"冷战"产生的因"内在具有政治正确"而被强权推行着的、本无任何理性可言的制度框架，被两个同属于西方的超级大国包装成"自由主义"及"社会主义"两个思想理论、教育文化体系，据以形成浸淫发展中国家的话语权和制度权。

虽然"冷战"因苏联解体而演化为"后冷战"，但"冷战"所娩出的世界单极霸权体系和孪生的、在"后冷战"阶段几乎没有对手的单极霸权思想，几乎全面继承了"冷战"的制度遗产；其彰显霸气、霸道、霸权的意识形态，以及制度权和话语权体系，依然全面而深刻地统治着包括中国在内的人类社会；遂使霸权国家滑入"新冷战"乃是最低制度成本的客观过程。

（一）从"冷战"到"后冷战"

对于以苏联解体为标志的、从"冷战"到"后冷战"的历史阶段性演变，人们所普遍接受的是从西化意识形态出发的、所谓理论给出的主观原因的归纳；但很少有人分析出这个事变本来就是客观规律使然。这次再版新收入的文章中，就有对苏联及东欧社会主义阵营解体的直接调研和不同于主流精英所同样归宗于西方意识形态的分析：自20世纪80年代美国引领西方国家进入"金融资本全球化"，借此加速经济货币化和资本化以来，西方经济仍然停留在产业资本阶段，坚持"换货贸易"，因而属于非货币化经济体系的苏联及东欧国家，在以GDP（国内生产总值）为经济增长标准核算体系的竞争中被动趋弱，随之进入解体过程。

更少被关注的后续演变是：1991年，苏联名号取消之后，西方资本乘势利用新自由主义构建的话语权推进"制度转轨"，把控那些政治上解体国家的庞大的、未经货币化的资源性资产的"市场化"进程，使用西方投资作为主要工具，加速"资源资本化"，从而获取巨额收益。这才是这个世界正式进入单极霸权主导"后冷战"时期的真实内涵……

将这个逻辑在空间上延展到极致的，的确是美国单极霸权所控制着的西方——因力推全球化所必需的制度权和话语权，而对试图纳入全球化、跟从发起"转轨"的发展中国家，形成一种"会当凌绝顶，一览众山小"的气势。与之对应的，是大量发展中国家因资本极度稀缺,而在产业领域和制度体系对西方资本"大门常打开",遂有在资本的大进大出中"醉生梦死"——醉着生,梦着死!

(二)从"中国崩溃论"到"中国威胁论"

我们未曾例外。"后冷战"之初,西方资本因中国发生的政治风波而加入美国发起的制裁,并大部分撤出中国,遂使20世纪80年代末期本已遭遇滞涨危机、资本极度稀缺的中国,立即在20世纪90年代之初深陷财政赤字与恶性通胀叠加的制度困境,并且,这种困境持续了整个90年代;也是在这种困境中,主流精英加快全盘西化的深改步伐。

实际上,此阶段西方政治家和媒体人,包括国内精英集团,绝大多数笃信"中国崩溃论"。

我们之所以指称中国在这个史无前例的严峻挑战下,经历了一次值得后人正视的凤凰涅槃,原因乃在于以下两个方面。

一方面,苏联解体后,中国为应对美国制裁、外资撤离的危机,而在政策上鼓励地方政府吸纳一切可能进入的海外资本,那些劳动力密集型、资源破坏和环境敌对型的以"三来一补"加工贸易为主的低端外向型经济,本来在过去都不可能纳入官方计划,90年代却在"改革计划体制"的过程中,迅疾在沿海各地占据了主导地位。这虽然维持了一定数额的海外资本进入国内,改善了外资"绝对稀缺"的困境,但客观上也挤占了以国有企业为主的上游设备制造业的国内市场空间，遂加剧了本来已经严重不景气的国企的"关停并转"，间接促使数千万职工"下岗分流"。同时期，此类仅靠地租和社会租生存的、以"低端制造业"为主的外向型经济，还催生了内地多个欠发达省区的上亿农村劳动力被"市场配置"向沿海地区和城市。这些导致中国"被全球化"的演变，在多个方面都使得中国制造业在"融入全球化"之际，日益失去自主发展的结构支撑，成为给发达国家以技术创新驱动的高端产业做零部件配套生产的"世界车间"，为其主导的"全球资本化"贡献了巨大的资源资本化收益和劳动剩余价值。

由此可见，至少在经济基础领域，"冷战"阶段的"一个世界两个体系"已经演化为"后冷战"阶段的"一个世界一个体系"——客观上看，"新冷战"的"去中国化"会给发动者造成一定程度的经济损失，强行"硬脱钩"的制度成本会恶化金融资本"内爆"代价……

另一方面，中国在"后冷战"初期的1989—1993年，遭遇西方资本撤出。资本绝对稀缺，必然导致以规律性的通货膨胀为标志的经济危机频发，并且必然派生复杂尖锐的社会矛盾。在这种巨大压力下，"中国向何处去"的思想和政治讨论贯穿于整个90年代，也客观上回应着西方给定的"中国崩溃论"……作为有两千多年大一统制度传承、长期民族独立战争和革命史的政治国家，领导人在官方文件中仍然坚持着与革命历史内生"合法性"密切结合的"中国特色社会主义"。其客观作用是，经济正常运作条件下，市场发挥顺周期作用，而在大危机派生的多重挑战下，则需对已经成形的多元利益集团的国家进行宏观调控，这就只能靠"集中统一领导"才能发挥"举国体制"的比较优势。

于是就有了90年代后期，西方从"中国崩溃论"陡然转向"中国威胁论"。

对此我们的理解是：中国在遭遇1997年东亚金融风暴的挑战下，本来应该发生和东亚其他国家类似的资产价格暴跌、被西方投机资本涌入"割韭菜"的局面，但中国却凭借国家主权直接干预——由中央财政直接出手"剥离"了国有银行高达1/3的不良资产，再用国家外汇储备向银行注资，很快使银行得以重生。这种被西方称为"资本管制"的体制，虽然达不到"自由主义"的标准，但使所有试图通过投机获利的西方资本，在中国铩羽而归！从此，中国凭借政治主权执行的资本管制，成了阻挡以美国为首的西方金融资本攻城略地的最大障碍，当然也就构成美元滥发而推进全球金融化的"主要威胁"……

此后，西方提出的"中国威胁论"愈演愈烈，也算有更多的客观依据。因为，国有银行重生之后，变成国家采取"逆周期调节"的主要抓手：配合扩大国债投资的战略投资，投放于大型基本建设。同期，为了走出外需下降造成的"生产过剩"困局，中央政府相继推出1999年的"西部大开发"、2001年的"东北老工业基地振兴"和2004年的"中部崛起"等缓解区域差别的三大措施，虽然相当于借助中国版的"罗斯福新政"使以投资为主拉动的中国经济增长，演变成世界经济的发动机，但这不仅没有被西方认可，反而因资本账户管制，而被美国列为"邪恶国家"之一。

与之对应的则是国内思想领域的"自毁"演化出的混乱，这种"自毁"心态，不仅迎合着"后冷战"时期西方控制全球话语权而使国际舆论一面倒环境下的"友邦惊诧"论，甚而也被内部激进改革家自我惶恐于事实上强化了国家资本的基本制度的"妾身未名"！诚然，彼时海内外的思想理论界及其工具化了的教育界、学术界无不屈从于"楚王好细腰"，这在中国，也或多或少地表达着名不副实的、话语权缺失的尴尬……

回顾20世纪90年代，"后冷战"阶段的中国确实"祸不单行"！

在"中国崩溃论"这个西方给定的政治结局造成的仿佛"墙倒众人推"般的意识形态压力下，中国工业化＋城市化的激进增长方式，不仅经历了外资撤离、内需阙如所必然造成的此起彼伏的城市产业经济危机，而且在城乡二元结构基本体制矛盾下，势必延续危机代价向乡土社会转嫁的路径，演化出数亿农民"负担过重"和"三农"问题愈演愈烈等所谓向全盘西化的现代化"转轨"的制度成本……其所派生的社会代价是20世纪末的官场腐败前仆后继、社会矛盾尖锐严峻！更有21世纪初"群体性治安事件"年增过万的现象……

简言之，这些错综复杂的情况构成了中国在"后冷战"阶段无以自语、在"新冷战"之初软实力阙如的困境!

诚然,"后冷战"阶段提出并且笃信"中国崩溃论"的美国及西方其他国家,一度试图让中国"融入"西方制度体系。中国也确从20世纪90年代起,再度兴起"全盘西化"思潮,大批官员公费去西方学习考察,大量部门愿意更多招聘海归,以方便借鉴甚至照搬西方制度。然而,中国却因又"大"又"拙",而既没"融入",也没"崩溃"。甚至,就在美国自身发生房地产泡沫化的"次贷危机"、华尔街金融海啸,从而引发全球需求下降的更大危机中,表演了"一枝独秀"①的压轴戏!也就势必"树欲静而风不止"地造成西方政治舆论的根本性改变——从"中国崩溃论"改为"中国威胁论"!

(三) 迟到但不会缺席的"新冷战"

从上可见,早在世纪之交的"中国威胁论"问世之际,"新冷战"就呼之欲出了……这不仅与此前的"后冷战"形成演化更替关系,也与每个普通中国人的"八国联军进北京"之热战记忆隔着100年而遥遥相望……

只不过,恰在世纪之交,一场全球化大转型毫无预兆地来临了。

于是,中国人既赶上了一次机会收益,也付出了"双重输

---

① 中国金融危机化解的具体过程可参阅《八次危机》,东方出版社2013年第1版。

出"的巨大成本①。

2001年,就在美国虽然提出却没有来得及化解"中国威胁论"之际,其自身遭遇了"IT泡沫崩溃"造成的"新经济危机"和"9·11事件"——直击美国金融中心的恐怖主义政治危机。美国遂在经济和政治双重危机挑战下,把战略重点转向西亚、中东、北非。这虽然为美国的军工产业带来巨大的市场空间,但美国也不得不听任无利可图的一般实体产业,向中国大规模转移。这样做的后果有三点:一是使原本处于1998—2001年的4年通货紧缩危机下的中国,2003年外商直接投资(FDI)直接跃为全球第一;二是跨国公司本来就是全球贸易,因此,刚刚加入WTO的中国当即被拉入全球化进程,并在不到10年的时间内,就成为全球贸易总量和贸易顺差最大的国家;三是中国迅疾进入连续10年保持两位数以上的经济高增长阶段(曾经在2013年被称为"黄金10年"),使其以经济成就表达政治合法性的话语建构,竟然在实践检验中得到有力支持!何况,因美国领导人的战略重点转向被"宗教极端势力"操纵的中东"恐怖主义",中国在政治上转而被美国认作配合反恐斗争的盟友。

中国经济高增长方兴未艾,美国又遭遇2007年"次贷危机"和2008年"华尔街金融海啸",这就又给以实体经济为主、正在进行货币深化改革的中国留下差不多12年的时间窗口……

---

① 参见课题组《中国对美国的双重输出》(《经济理论与经济管理》,2015)和《居危思危》(东方出版社,2016)等相关研究成果。

延宕至2020年，美国两党政客无论有多少矛盾，在中国问题上却已经有了高度共识——既然美国确立的中国"融入"①策略，已经在中国反复重申"社会主义市场经济新体制"并"坐大"的过程中失败，那就只能改回"冷战"时期的意识形态——"以中国为敌"，重建所谓的"一个世界、两个体系"。美国于是要引领西方世界推动"去中国化"的"硬脱钩"，也就是以"美国优先"的"新冷战"政治策略决定其对华经济政策。但是，"新冷战"在中美现状上看都有点尴尬。

美国的尴尬在于：中国自从20世纪90年代全面"美国化"，这30年大量接受西方的投资及其产业转移，国内产业大类2/3是外资控制，跨国公司深度融入中国市场，获取高于其他国家的实际利益，早就与美国构成"一个世界、一个体系"。既然"冷战"的两个体系在经济基础上不成立，那就在客观上制约着政治对立！

而中国的尴尬在于：美国总统特朗普及扶持其在2016年获胜的竞选团队的主要智囊，都是"冷战"的亲历者，享受过整垮苏联及东欧，并将其未被货币化的巨额资源纳入全球资本化所带来的巨大制度收益！因此，这些人根本就不在乎重建冷战政治格

---

① 国防大学、总政治部保卫部、总参谋部三部、中国社会科学院、中国现代关系研究所联合推出的纪录片《无声的较量》里边提了一个美国人的观点：苏联解体不是"冷战"的结束，而是美国结束"冷战"政策的产物。也就是说，美国在20世纪80年代开始改变"冷战"策略，强调让社会主义国家融入西方制度及文化，才有了"冷战"终结这个客观结果。美国在"后冷战"阶段也确立了中国融入策略。——作者自注

局会对美国经济造成短期损失。而中国占据主流决策地位的精英群体，大部分受教于"灭国先灭史"的西化教育体系，更鲜有亲历"冷战"者，且国内早就在知识传播中，淡化了老一代应对美苏"冷战"期间先后封锁中国的斗争经验！因此，那种教条化的软实力斗争就会屡战屡败，若不深刻调整，则在"新冷战"话语竞争中几乎没有胜算。

由此，才需要作者毛遂自荐地对此书的思想性及对当下的现实意义做个提示。

自20世纪80年代末内外交困以来，三十余年过去，弹指一挥间！此刻的中国主流社会，再次虽自身极不情愿，却显然无可奈何地被西方"硬脱钩"，且更深憾于没有早些解决"妾身未名"的基本制度问题。虽然领导层头脑清醒地指出我们置身于"前所未有"的大变局中，上层建筑却因失去话语权久矣，而无法跳脱出西方主导全球化所给定的思维模式。于是人们看到，不仅依据"利益最大化"为目标的所谓"经济理性"派生的思想反应及其演化出来的各种议论，确乎莫衷一是；而且，其多年试图推行的参照西方金融资本运作模式的激进化制度转轨，也因疫情抑制GDP的增长，被领导集体再度借追求增长速度而加快推出。

二、关于本书的一些说明

身处大变局之中,我们团队刻意要求自己不被外部环境左右,坚持做"客观研究",而成为一股"清流"。虽然书中收入的我在官方试验区培训讲课中的很多观点和内容,大都顺遂于当年的政策导向,但我们这几十年来的基调仍然是,不敢贸然认同激进地与西化全面接轨。由此,我们到乡村基层操作的试验研究成果,以及建基于试验证伪得出的思考,也无疑不同于主流精英群体。因此,在此"新冷战"爆发之际,有更多的与基层实践联系紧密的人愿意参考我基于广泛的实地调研和比较研究所形成的看法。

(一) 内容来源

初版《解构现代化》是2000—2004年的演讲辑录。后来能够直接与此书对接的是2016年出版的《告别百年激进》,后者辑录的是我去中国人民大学担任农业与农村发展学院首任院长到2014年辞去院长职务这10年的演讲中的宏观部分。有兴趣的读者如果愿意把前后两个阶段的两本演讲录连起来看,则会对我这几十年的思想脉络有个相对完整的了解。

诚然,2014年美国结束"量化宽松"以后,原材料和能源出口国家应声落马,世界经济全面萧条,无论发达国家还是发展中国家,都严重不景气,中国也进入第二轮外需下降引发的"生产过剩"周期。加上美国2016年换届之后，当即针对中国做出根本性战略调整，国内外风云变幻，局势更加复杂严峻；对此，人们也更加需要对官方推出的"工业供给侧改革"，从客观实际出发，做"去意识形态化"的、平和而客观的解读。其间，我应邀去各地和海外做的演讲次数随之大量增加，仅2019年就有60次之多！这也造成各方面人士收集到的录音稿在内容和观点上多有重复。若读者需要，我再把2014年以后的演讲编辑出版，则需删繁就简、认真整理；那就还得等团队中有人腾出手，才能做成书。

（二）观点更新

学无止境，何况我本来就没有立志坐冷板凳去搞"学问"，只不过是在农村试验研究中成了个误打误撞地涉足思想理论领域的莽汉；之所以在思想界众说纷纭之中，还能够对读者，特别是对年轻人有一定的影响，也许恰在于我的思考本来就形成于调研和实践，本来就是接地气且与时俱进的。换句话说，我本来就没有所谓学科理论体系的约束，根本就不会像"规范研究者"那样遵循舶来的学科体系和给定的理论框架，"学术化"地解释客观世界；因此，希望在学科研究中，严谨著述的学问家们原谅我们在理论上的莽撞和在表达上的粗糙。

因为与时俱进，我在《解构现代化》初版问世之后的调查研究中，不断地纠正、修改或充实了过去的很多观点，出书乃为存照，只能做技术性调整；而在序言中则有必要挂一漏万地对读者交代一下这些年的思想更新。

1. 关于农业问题

我在世纪之交向领导人提出"三农"问题的时候就强调："三农"问题必须把农民排在第一位；要是从中国历史上看，农业问题本来是派生的，因为有了农民家庭聚居于农村社区之中，才产生出维持其家庭乃至氏族村社可持续生存的农业问题。在初版的《解构现代化》里，乃至一个时期以来我的大多数著作中，都是这么说的。但我们团队后来对这个观点有了很大调整。此书出版10年后，在关于"生态文明"与"三农深改"的讨论中，我们提出了"从农业1.0到农业4.0"的分析，形成了更深入一步的认识：诚然，农业问题在乡土社会中一般是被农民和农村问题派生出来的，这与后来形成共识的农村是"三生合一（生态、生活、生产）"的归纳在内涵上一致；但放到人类自觉不自觉地追求现代化发展的历史进程中，以国际比较的视野来看，则无论发达国家还是发展中国家，农业被作为"第一产业"，都是工业化派生的；随之，在金融资本主导下，这种"一产化"的农业也是金融化派生的，都是要"资源资本化"。然而，在生态文明战略转型之下，农业作为中华文明上下五千年传承的载体，当之无愧地成为"伟大复兴"的重要内容；尤其在中国告别资本短缺，进入"中国特色社会主义新时代"后，农业的历史和文化内涵有着远比过去丰富得多的开发空间；2017年"乡村振兴"战略确立，以农业为基础的生态化空间资源开发的"六产融合",也迫切需要有新的经验总结和理论提升……显然,我们强调这些"非常名"都不是"农业生产问题"和"第一产业"等"常名"所能涵盖的……

2. 关于城乡二元结构

我们过去在政策研究体系中理所当然地接受和使用的观点,在没有被大量的实践去做"证伪"之前,很多是符合或体现所谓现代性的西方主流思想的,而我们当时还没有来得及清理思想意识。特别是从20世纪80年代中期开始研究城乡关系的时候,我们基本上是把城乡二元结构作为对立矛盾,来做比较消极意义的分析。从80年代到90年代中期,我们也认同"只有减少农民、加快城市化,才能实现农业现代化"的政策主张。而对现代性的反思,是在大量开展发展中国家比较研究之后才逐渐形成的;我们现在对于中国这种发展中原住民大国长期化的城乡二元体制的认识,则有实质性差别。差别如下。

一是逐渐在实践中去激进化,从危机软着陆的分析中认识到,乡土中国客观具有危机软着陆载体的作用。

二是认为其与西方一元论哲学为依据描述的城乡二元结构,具有本质上的不同。西方城乡二元结构理论主要来自大多数殖民地化的非原住民发展中国家的经验教训,那里的城乡因被跨国资本占据资源开发权,而具有资本主义主导的殖民地经济的同质性。据此,所谓二元结构是乡村社会被跨国公司摧毁,造成贫困人口"空间平移",进入城市贫民窟,遂有贫富差别固化,最终,西方与发展中国家构成"中心—边缘关系"的宿命!

三是在比较研究中发现,相对而言,在未被殖民化的、以原住民为主体的、未进入现代化的东亚国家,所谓的城乡二元结构是相对平等且可以互相转换的二元,恰如太极图中的阴阳两极。城乡经济社会文化不同质、治理不同构,按照各自所处条件的需要,有更多的制度选择余地。反观在东亚华人社会里被殖民化得比较彻底的中国香港和新加坡,虽然发达到只有城市而没有乡村,不再受制于城乡二元结构,但照样有贫富二元结构。这次新冠肺炎疫情中被打击的主要是其弱势贫困群体:新加坡2020年4月份以来的新冠肺炎确诊数的高速增长,主要暴发在外来打工者以低租金租住的组屋;而中国香港的疫情也是暴发在低收入者居住的出租屋。

但是,中国近年来"资本下乡"势不可当。名为"城乡一体化",实为自毁长城——打破城乡二元结构,下到乡村。金融资本支持房地产资本大量进军县域经济,一些地方政府不惜以增加负债、向后任和向中央"甩锅"的方式,来配合投机资本占有乡村资源,以实现"资源资本化"的获利!遂有各地普遍性地"集村并镇"、跨区出让"集体建设用地指标"来牟利;有关部门集中上收本属乡村的教育和医疗资源,迫使农民把户口转到中心城镇才能让孩子上学、老人看病,同时为地产商们消化掉过剩的县域房地产泡沫。这相当于有关权力部门向农民直接转嫁四线以下

"加快城市化"的所谓现代化成本……

另一方面,乡村振兴战略实施以来,已经发生稀缺要素回流"三农"领域的可喜变化,市民下乡与乡贤返乡也已经蔚然成风。近期与之相关的是城市中等收入群体受疫情影响而反思,把晴耕雨读解释为"晴则耕于城市赚钱,雨则安于乡野修心"。

确实,只有乡土中国成为"海绵社会"的可持续基础,才能具有应对全球化挑战的"压舱石"作用。

基于以上观点调整,我们对中国领导人近年来提出的"城市化与逆城市化相辅相成"持积极评价,高度认同官方正在推动的"城乡融合战略";这些重大的政策思想创新,都应该融入新确立的"国内大循环为主体"的发展方针。

3. 关于"成本转嫁论"

这个概念是我们团队多年来的研究成果的重要归纳。这些年来,我们进一步揭示了成本转嫁的一般规律——发达国家之所以发达,缘于其构建了对发展中国家次第转嫁成本的制度体系,以及与之对应的制度建构权,并且掌控着维护和推行这种制度的话语权;越是向西方体系做深度转轨的发展中国家,就越多承载西方转嫁的制度成本。我们还系统总结了全球化500年的三次重要成本转嫁,如果只用人们常说的殖民化、产业化、金融化来归纳,而忽略了这些历史过程中复杂的机制问题,那就未免太简单了!恰恰是这些客观、不可逆的规律,才值得今天的人们格外重视。比如,英国工业化鼎盛时期,因在全球殖民,占有资源和市场双重收益,并随之推高对国内生产制造的需求,而有恩格斯关于"英国的工人阶级已经资产阶级化了"的看法。可见,是海外殖民化收益从经济基础上瓦解了工人运动的发动条件;另一方面,"二战"后发达国家的实体产业大规模向发展中国家转移,最先移出的恰恰就是劳资矛盾最尖锐、对生态环境破坏最严重的低端制造业部门;而发展中国家承接了这些低端产业,就意味着也将这些产业内生的对抗性矛盾承接了进来,却不再有当年英国靠全球收益来化解这些矛盾冲突的条件……这样的例子还有很多,但这样的另类归纳却难以在学术刊物上发表,大多数还压在箱底,要整理出书还需时日。不过,也有可喜的进展:我们团队近期完成了关于全球化成本转嫁大趋势下,新兴国家发展经验的比较研究,书稿已经交付给出版社。

4. 关于"可复制性"

我们对西方经验的可复制性及其是否具有科学真理意义的深化认识,也需要交代一下。一是西方经验的可复制性,其实内含着"以西方现代化作为样板、追求西方模式"的预设,本来就内在地具有意识形态给定的"政治正确"。在21世纪中国确立生态文明理念及其战略转型的重大调整下,中国已经不再以西方经验可复制性作为目标;由此,也理解和尊重各个国家、各个地方都有自己的历史地理的独特性,因而人类世界不必要确立统一的目标,也不需要任何单极霸权承担领导世界的责任。二是社会科学即使把可复制性当作是否具有科学性的一个检验标准,也需要知道"任何人都不可能两次踏入同一条河流"的基本常识，不应在行动上追求简单复制样本，而是对所谓一般性规律的重复发生做"证伪"，才能提示那些自诩"削足适履"的学问家无论怎样拔掉头发也离不开地球给定的"本地化"约束。

（三）补充解释

第一，新世纪宏观形势变化对"三农"问题产生了新的影响机制，超出了本书的分析范围。

本书收入的大多数文字是 2000 年之后我的演讲整理稿。当年，受美国新经济危机的影响，国际资本开始向中国沿海地区重新布局，直接推动 2003 年中国成为外商直接投资（FDI）第一的国家；随之，农村劳动力大量进入城市和工业开发区打工，导致 2004 年以后农村出现空心村、城市出现劳工荒……这个势头在 2001—2003 年经济复苏时表现得还不充分，也因此，书里所讨论的劳动力因为绝对供给过剩，而短期内难以通过对等谈判提高工资待遇等判断，在 2004 年以后再看，就显得和现实脱节。此外，其他对于劳动力构成重大政策性影响的，一是 2004 年《土地承包法》开始实施；二是 2005 年中央财政开始承担"三农"开支，同时落实农业税费全免的政策，使得过去按地亩缴纳的"农民负担"几乎归零；三是 2007 年《劳动法》开始实施，雇主需缴纳不低于工资额 40% 的社保开支，相当于承担"劳动力扩大再生产"的真实成本……这些新世纪以来的制度性改进，都促进了乡村劳动者大量向城市转移，派生了劳动力、资金等要素价格被城市再定价造成的农业成本提高等问题，反过来既促进了土地流转集中和农业机械化占比的提高，又使得小农家庭简单再生产从农村转向城市，导致低端服务业发展。但，这些客观变化及理论思考，都是成书时所难以预见的。

同样，外资大量进入也在短时间内改变了中国工业化高增长时期资本严重不足的局面，使得中国迅速从"产业过剩"进入"资本过剩"；这也在很大程度上改变了农村原本比较困难的资金供给和农业生产社会化服务的局面。

进一步地，这也在新世纪初改变了政府财政和金融体系资金严重不足的老问题，而中国不仅在较短期间就进入"工业化中期阶段"，还在中央层次的政策导向上转向亲民生、亲环境，转向"工业反哺农业、城市反哺农村"等新政，进而在2005年开始实施中央财政为主要投入力量的新农村建设，以及后来在2017年确立的乡村振兴。此类涉及"三农"的重大国家战略转型，对中华民族伟大复兴多有积极意义。

以上提及的这些从"资本极度稀缺"向"资本相对过剩"的趋势性变化，需要纳入必要补充，以便读者在阅读本书时有所借鉴，只有结合最近十多年的宏观形势变化，才能比较辩证地看待当年我们的观点演化及其分析。

第二，本书另外两方面的参考价值。

本书还附带记录了我的其他变化。2000年我离开农业部农村经济研究中心，接手了国务院体改办主管的"自收自支"事业单位——中国经济体制改革杂志社——身份上算半官半民。离开偏重于研究农业经济问题的农口政策部门，不仅讨论的问题变了，也有了一定的自由度，当然，也就有很多被实践不断改变的观点需要说明。

在此之前，我在农村改革试验区办公室任职期间的演讲，主要是在培训地方干部时的讲话，涉及的主要是时事形势、宏观政策分析，以及地方发展的制度设计，等等。进入新世纪、接手新工作之后，我的演讲更多地面对高校，还有各种学生社团，也就更多从学术的角度来解释中国农村问题及当时热议的加入WTO对中国农业的影响。当时正值我接近完成中国农村问题百年历史变迁的系统梳理，有了很多独特的、去意识形态的研究发现，遂在几次演讲中都进行了比较通俗的阐释。这些在我的博士论文及以此为基础出版的《中国农村经济基本制度研究》一书中有比较学术化、规范化的表达，但也难免会有阅读门槛有点高的问题。而本书作为演讲辑录，则尽量做到雅俗兼顾。感兴趣的读者不妨把本书的这一部分作为理解中国百年"三农"问题的入门导读。

此外，在中国如何应对WTO挑战的政策分析中，我在演讲中给出了比较全面的解决"三农"问题的政策框架，涉及方面比较广泛，也提到了资本市场对于促进城镇化建设，以及促进经济欠发达区域资源资本化的作用，还提到了东亚社会中日本、韩国的"三农"制度体系对于中国的可借鉴意义。直到2004年，我进入高校以后，带领团队开展比较精致化的学术研究，才提出东亚"原住民社会"的农户理性及村社理性，及其对于外部性风险的内部化机制作用的理论分析。进而又在生态化扶贫的广泛调研中提出，因空间生态资源"结构性粘连"内在性质所决定的价值化开发，必须遵循"空间正义"，应重构村社经济组织作为必要载体……相对而言，那些早期演讲中提出的体系设想虽然内容相对粗糙，但今天看来，仍然不失为一个全局性的、整体性的框架，对于致力于实践拓展的读者而言，仍然具有并不过时的参考意义。

三、致谢与说明

首先，和我一道追求"国仁永续"的科研实践团队多年来负重前行，不舍涓滴地进行理论建设和实践推动，作为长期志愿者大家都很辛苦。

其次，跟随我多年的科研团队成员直接参与了再版修订，从贴近读者的角度，重新对本书进行了章节编排。

再次，东方出版社编辑李烨、吴晓月对全书进行了细致的审校，尽可能地使稿件减少错误。

在此一并感谢。

此外，应出版社一再要求，我自己题写了书名。在我的出版物中这还是第一次,值得记上一笔。

最后,第一版序言来自我在中国农业大学的一个演讲的节选,再版序言则是专门成文。

特此说明。

温铁军

(起草于庚子年大寒时节,大疫发作世界之时;修改于芒种时节,中国确立"国内大循环为主体"的新发展方针之际……)

第一部分

全球化危机与现代化困境

第一章
全球化与世界法西斯主义 ①

一、全球化进程中发展中国家的内部矛盾

印度喀拉拉邦的可持续发展经验一度引起国际学术界的广泛关注。我们在考察中发现，喀拉拉的劳动力价格在当地是低的，但由于有1/3的劳动力就近流动到海湾产油国打工，因此喀拉拉本地的劳动力价格被拉高了。如果进一步做国际比较，印度的劳动力价格不如中国低。有调查证明，中国沿海地区的底层劳动力价格10年没有上涨。这是因为，中国农村的劳动年龄人口有5

---

① 2001年之初，来自中国内地和中国香港、菲律宾、印度的一行十数人组成的考察团造访了印度的喀拉拉邦。考察团中有经济学、社会学、比较文化研究的学者和作家。数月之后，曾经同行喀拉拉的部分中国学者，在交流彼此的思考时，谈及本章的主要议题"全球化与世界法西斯主义"。当时参与讨论发言的有中国社会科学院社会学所副所长黄平研究员、北京大学比较文学与比较文化研究所戴锦华教授、香港岭南大学文化研究系刘健芝助理教授等。讨论记录整修后的原文，发表在《天涯》《读书》等刊物上。本文根据发言整理而成。收入本书时略有修改。标题为收入本书时所加，再版时略有调整。

亿，实际上大多数农业劳动是由半劳力承担的，因此，农村劳动力严重过剩，这就导致市场条件下的劳动力无限供给，劳动者也因此根本没有条件建立能够与雇主进行谈判的地位。

于是，农村流动打工的人基本上没有社会保障，沿海企业也从来不支付中西部劳动力的流动成本。可见，其他国家不可能在劳动力价格上与中国相比。

我们应该进一步看到，在全球化和反全球化的问题上，不仅是发展中国家和发达国家之间有资本输入、输出的矛盾，发展中国家之间也有矛盾。比如我2000年11月在墨西哥访问时了解到，那里的知识分子就强烈反对中国加入世贸组织（WTO），因为墨西哥的普通劳动力价格比中国高3倍，在一般商品的生产中它就竞争不过中国。

所以，发展中国家一方面互相激烈竞争，另一方面几乎都反对WTO，这是有其客观原因的。在与印度朋友的座谈会上，他们质问我，中国为什么那么强烈地要求加入WTO。他们的问题其实不确切，应该问到底是中国的哪部分人如此强烈地要求加入。

如果真正实现了全球经济市场化和一体化，市场的作用就当然会把最过剩的要素价格降到最低。于是，所有发展中国家的劳工价格与他们的生存条件都会同一化到最低程度。这个规律在中国实际上已经有明显表现。在城乡分割的二元体制结构约束下，绝对过剩的农村劳动力价格不仅是在下降的，而且已经降到最低水平了；不仅如此，人们发现无论东部还是中西部，劳动力的价格之低也是一样的。

在中国，最显著不同的，其实是城乡人口的收入差别。

最近20年，中国农村经济社会的结构变迁的确已经大规模发生，但是，它并非现在才发生的。从19世纪中叶到民国时期，中国经济就已经是面向全球的开放经济了。由于工业化加快，19世纪二三十年代，中国沿海地区的农村经济结构已经发生了相当大的变化。因此，农业商品化过程对农村社会结构的解体造成的压力是长期的、客观存在的。这和现在中国正在发生的事情，至少在现象上是有相似之处的。

我们还应该注意到，在资本全球化的同时，资本也把自然资源的价格压低，这样才能在资源资本化的进程中变成资本的增量收益。因为，资源价格压低之后产生的任何利益，亦即资源转化为资本的收益，大部分是被大资本所占有的。在全世界发展中国家都普遍发生的大城市超前繁荣、传统农区却难免衰败的趋势，就是这个规律的作用使然。

二、谁反对全球化？

我在国外接触的大多数NGO（非政府组织）都认为，发达国家，特别是美国，是全球化的推进者。而中国作为世界上最大的发展中国家，应该是反对全球化的。由于发达国家是在一个与中国不同的语境中讨论问题,因此,这个说法值得分析。

我曾经听过美国政治家直言不讳的演讲,认为中国维持"后集权体制"是最有利于美国利益的。这当然只是冷战时期意识形态的反映,我们姑妄听之。但是,人们如果愿意从外国资本进入中国的成本上做经济学的分析,就会认识到,其实就是现行制度条件才可以保证大资本之间的交易成本最小,获得利益最大。并且我们看到,这也与中国政府和社会公众都在强调的反垄断相关,因为经济资源如果被部门化的垄断资本控制,在这种情况下搞改良或者改革,就会越来越困难。在谈到国有垄断资本问题时,黄平对此做了评价,他指出:以国有企业名义、合资名义、外资名义垄断资源的少数新贵,实际上已经站到了跨国资本代理人的位置,已经不止是从前的买办。买办的意思是说把一个民族国家的利益出让/出卖给另一个民族国家,现在他们本身则成了跨国资本的代理人。

至于国内大企业对国外大资本集团的实际代理关系,如果我们完全可以从资本经济关系上考虑,也是能够被赋予另外的解释的。比如说,中国电信成功地招募国际资本,成功地在纽交所上市,它的股东有各种资本集团。中国电信在国内实行手机双向收费,当然消费者强烈不满,但要改为单向收费,却受到外国资本的反对,说本来因为你们许诺垄断利润高,我们才投资你的股票,现在你们要改单向收费,利润要降低,就等于你们没有实现承诺。显然,这关系到国际信誉问题,不是中国电信可以自行决定的。不仅中国，其他发展中国家类似的例子还有很多。中国既然接受资本经济，这种事情就只能按照保障资本收益的制度执行。因为全球化当然也是标准的、制度的全球化。1999年4月，克林顿和中国谈判的时候就明确讲，加入WTO意味着按照西方的制度改变中国。①

接着的问题是，讨论全球化问题的时候要注意，其中很多新话语构成的语境的变化本身，就是值得讨论的。它已经不再是一个大多数NGO强调的全球化和反全球化的问题。

这里的语境不同，可以举例说明。比如在中国的理论界，WTO问题一度成了难以深入讨论的东西，因为人们想当然地把加入WTO与改革开放等同起来，而改革开放相对于过去那种国家高积累、人们低消费的计划经济，已经是具有绝对"政治正确"的民众共识。作为长期从事改革研究的人，我理所当然认同改革开放。但我除了强调不同语境之外，进一步的问题是，谁反对全球化？在中国，普通国民是要求市场化、全球化的，其实只是少数内外垄断集团在阻碍。

在讨论所谓自由贸易的时候也有语境问题。比如很多人问这样的问题：经济学不是讨论三要素（资本、土地、劳动力）吗，那么，中国的劳动力要素价格最低，为什么不允许自由贸易到美国去，平衡一下美国劳动力的高价格？中国土地要素稀缺，

---

① 有学者曾经提醒说别陷入"阴谋论"，但这当然是路人皆知的"阳谋"。——作者自注

为什么不允许到美国去种地？西方人在发达国家这个语境中所谈的全球化，实际上仅仅意味着只有一个要素的全球化，就是资本。而单纯强调资本全球化的背后，是反对劳动力和土地要素的全球化；其唯一目的，就是保证大垄断资本的收益不断增加，它的收益只能从对资源的占有和对劳动力所创造的剩余价值的剥夺上来。有了对语境的识别，才可能把问题讲清楚。

香港岭南大学教授许宝强最近正在做区分资本主义和市场经济的研究，他试图找一个不同于主流的角度，来重新阐释市场和资本主义的关系，这是很有创造性和理论价值的。但是，这种努力同时也把市场给意识形态化了。实际上，由于发达国家和发展中国家所处的历史阶段不同，在面对现代社会和传统社会的矛盾时，目前无论哪一种解释都可能由于其片面性而显得苍白无力。

三、全球化与世界法西斯主义的复苏

如果允许我把这种"宏大叙事"简单化地描述一下，那么可以说现在的全球化和过去的最大不同在于：过去工业化早期的商品贸易发展阶段，世界上还有大量的资源可供转化为资本，后发国家民族资本崛起之际，还能够分享资本增值收益。可现在呢？

两次世界大战之后不会出现全球瓜分资源的战争，是因为全球都在资源资本化。一旦发展中国家没有新的资源可供资本化了，将会出现真正的重大的全球性危机——不是经济全球化的资本流动危机，而是世界法西斯主义的复苏。

因为，20世纪以来全球都认同资本主义生产方式，换句不那么意识形态的话说，是都认同现代工业化的生产方式，结果必然是加速把所有资源都转化为资本。比如印度经济，很多海外的包括印度的学者为什么觉得没有希望，是因为它已经没有什么资源可供资本化了。于是，金融资本进入缓慢，或者说投资者就不来了，这是印度的外国直接投资只是中国的1/10的根本原因。

因为没有新的资源就不能有资本收益，所以，印度或者南亚次大陆也就可能出现法西斯主义问题。

贫穷的国家，中美的，南美的，也都有法西斯主义的现象；非洲，在完全没有资源可以吸引资本进入的情况下，则是种族屠杀、种族灭绝。而发达国家如美国，尽管已经最发达了，但在没有新的资源可供资本饕餮把它转化为资本收益的时候，最可能向法西斯化转变，因为它实现这种制度转化的成本最低，条件最好，可能的收益最大。

所以，一般讲全球化不错，是指商品的自由贸易那种全球化，是19世纪到20世纪上半期的概念；今天，21世纪的全球化，真正反对市场在诸要素自由流动条件下充当"看不见的手"的，其实不是发展中国家的普通民众，而是在泡沫经济崩溃过程中，在连带发生的社会危机中，无路可走的大垄断资本[①]。因此，今天全球化的矛盾的深刻性远超过 20 世纪。

我们需要看到，当前的全球化在发达国家也是不同的。一般的投资者在希望获利这样一种欲望的驱使下，其本身是要求资本流动的。那么，到底谁在反对资本流动？一方面是被压迫、被剥夺的发展中国家的民众；另一方面，是那些真正占有垄断地位的大资本，特别是美国、英国的大资本。因为，他们最担心资本流出。比如说美国之所以在世界上这么多地方"当裁判"，插手那么多问题，似乎在表明全球只有美国是"鲜花盛开的地方"，那是因为它要推动资本从那些所谓"不安全"的地方、从那些受到"流氓国家"影响的地方流入美国，否则，就保持不了美国资本市场上靠外部资本不断流入进行交易而产生的收益，美国的经济就不能软着陆，而可能出现硬着陆。因此，在这个问题上最保守的，甚至会走上法西斯道路的，是华尔街的银行家，是波士顿集团，是马萨诸塞军火工业集团。

再如，英国金融是第一大产业，是继美国之后的第二大外资流入国，英国之所以长期坚持反对欧洲统一货币，也有担心资本流出导致本国货币贬值的问题。所以，今天很多非政府组织上街

[①] 黄平当时的插话很有见地：今天反对全球化的不仅是全球化过程中的弱者，还包括国家层面的东西，它也可能是一种保守力量，贸易保护主义、排外主义、新法西斯主义，这在发达国家很明显。人们都知道，是那些最保守的力量起来抵制贸易、资本、金融的全球化，还有一个是信息和文化的蔓延和影响，也冲击到发达国家的原有文化，如法国的文化。当然，发达国家几乎都在抵制人口和劳动力（高科技人员除外）的跨国和跨地域流动。——作者自注

搞反对全球化的游行示威的时候，可能没搞清楚他们到底反的是什么。

可见，我们面临的是一种极特殊的时代变异。为什么今天的中国，似乎在全球化过程中集各种内外矛盾于一身？是因为唯有中国，在客观上仍然实行部门垄断的条件下，大部分资源还处于自然状态，有待于进一步资本化，并且当然会形成增量资本收益。在全民的名义下占有资源的那些垄断部门，现在面临的既有国际大资本要求参与并且分享权益的压力，也有国内各种利益主体要求重新界定资源和财产权益的压力。

有鉴于此，我们国内现在的所谓右派、"左"派，以及所有照搬西方的各种主义的人，对我们当前问题的解释也许都需要再从基本概念的讨论入手。他们可能没弄清他们争取的是什么，保护的是什么。用从西方引用的一些概念，生搬硬套地解释今天中国的状况和趋势，似乎都有"失语"的问题。

第二章
重复欧美经验？——无法复制的现代化[①]

一、全世界最好的投资机会在中国

中国正处在最后一个体制转型期，只有金融资本市场尚未市场化。这是因为，在1997年的金融危机中，中国不开放资本市场，不可自由兑换人民币，所以有效地防范了外部金融危机转嫁到国内的风险。就目前看，尽管资本市场没有完全开放，但全世界投资机会最好的，我个人认为仍然是中国。

在人口规模上和中国最可比的是南亚的印度，印度在2001年得到的外国投资不到中国的10%，尽管它早就殖民化、市场化了，但外国资本在那里很难有获利的机会，因为印度的资源已经全部被资本化了。而中国，因为有30年前毛泽东的时代，而

[①] 此文是作者2002年1月在"中日知识共同体会议"上的发言。

20 年的改革进程尚未完成，所以中国成为全世界经济增长最快、资源向资本转移收益最高的国家。也就是说，现在的外国投资和本土投资占有的，不是一般的制造业所产生的利润，很大程度上是资源向资本转化过程中增加的那部分收益。

客观地看，全世界还有没有这样的地方？如果说有，比如说以色列、巴基斯坦，如果国家和平，也会产生资本增值收益，那叫和平红利。在中国这样一个超大型的大陆国家，50 年没有战争，它可以加快资源资本化的过程。

中国经济最后的竞争，可能是国外资本和国内资本的竞争，当然也会发生在不同的外国资本之间。在今后的 5~10 年，国内的金融资本在最后的 5 年不开放期间，会利用它的垄断特权加速资源向资本转化的进程。如果这一过程会加快，则中国的金融资本会壮大，参与国际竞争，否则它的实力是有限的。

美国和欧洲现在仍然是世界经济的火车头，中国从来没有想过要成为引导世界经济的火车头之一，而且，我们应该明白，中国永远只能是中国。

二、不可重复的西方现代化经验

现在的主流经济理论似乎正在试图延续一个不可重复的经验，就是所谓实现现代化。

我们大家常说的社会科学理论是科学,因为那些理论已经被西方的现代化经验所证明了。但是,什么是科学?科学就是在给定的条件下、按一定的技术路线得出的结论,别人可以重复。现在的情况是,只有美国和欧洲是现代化国家,但它的经验是不可复制的。

比如说,日本脱亚入欧,其实是想重复欧美的现代化经验,但它最后走不下去,人们终于发现欧美的经验是不可在日本复制的,尽管它曾经给日本带来了欧美模式的经济成长。但后来日本人才知道,欧美可以做,别人不可重复。可见,这个经验是假的。因此,那不是科学。

当年日本认为自己的生产能力到一定程度,必须学习欧美搞殖民化。历史上,欧洲在自己的生产能力过剩的情况下,使用了炮舰政策,占领资源性的国家,先占领了美洲大陆、大洋洲,再占领亚洲。但到亚洲他们发现,亚洲的资源被这么多的人口控制着;在美洲,只要把数千万印第安人杀完,就把资源全占了。而且,欧洲在殖民化的过程中移出了1/4的人口,光大英帝国就移出1/3的人口,因此有了新大陆国家。这是殖民主义创造的辉煌的德沃夏克的《致新大陆》交响乐,整个乐章的气势是大气磅礴的,却是以千万印第安人的生命为代价的。

这个殖民化的经验,对解决欧洲的工业化现代化过程中的过剩问题是有效的,但到日本重复的时候却是失败的。日本不过是在重复从殖民化向现代化前进的经验:既然欧洲在工业化的进程

第二章 重复欧美经验？——无法复制的现代化

中把美洲占了，日本为什么不能在工业化过程中把亚洲占了？因此就有日本侵略中国的战争，但最后在中国人民的反抗和欧美军事、政治的干预下失败了。亦即，欧洲的殖民主义—现代化的经验不是科学的，因为它不可被重复。先一步对世界资源瓜分的国家不允许后发国家重复这条道路，否则意味着将有场世界大战。

再看德国。欧洲在第二次世界大战中谁对谁错？战胜者对，战败者错。在遇到20世纪30年代大危机的时候，德国一国的经验是正确的，因为它把自己过剩的制造业能力转化为军事生产。它对其他国家的非军事投入将产生毁灭性的打击。因为军事竞赛的规律就是，增加哪怕1%的投入，都将可能形成100%的优势。但德国的经验不可重复。如果其他国家都这样，就意味着世界大战。

所以世界在有了第一次和第二次世界大战以后，不会轻易有第三次世界大战。

冷战思维所讲的第三次世界大战对人类的威胁，实际上是告诉人们一个假的道理。因为这个经验是不可重复的，因为我们看到日本在重复欧洲工业化进程中的失败。

那欧美的现代化中国能不能重复？同样，重复别人的经验，实际上是走不下去的，欧美只允许自己走殖民化—现代化的路，后来的别人是不能走的。

美国成为世界金融资本最大的力量，它怎么来维持金融霸主的地位呢？也有很多经验证明它不可复制。

当 1999 年欧元问世时，它的币值比美元高 13.8%，既然已经没有金本位制度了，那么欧元发行的基础就是欧洲区内贸易的不断扩大。这来源于欧盟东扩，来源于欧洲有条件把苏联及其他东欧国家原来的计划体制下没有资本化的资源（资产）转化为资本。金融的根本功能是中介，一方面是交换的中介，一方面是资源转化的中介，在大多数转轨国家这叫"货币深化"。我们把改革的这些计划经济国家的转型过程叫金融深化，或者叫货币化推进资本化。

但欧元刚刚发行，接着却是巴尔干战争。

当欧元足以威胁美元成为世界第一货币时，意味着什么？战争。

这些经验可重复吗？日本可以因为日元升值，为了维护日元地位在亚洲发动战争吗？尽管就像日本朋友说的，小泉政府要当美国人的后勤基地，要求出兵参加阿富汗战争，表现了它从经济大国、资本大国向政治大国、军事大国转型的一种愿望，但是日本的这种愿望仍然是重复欧美经验，实现不了。

日本的脱亚入欧，既有转型成功的一面，又有它不成功的一面，就是重复不了欧洲的殖民主义。今天日本的政治家们还想重复美国的军事霸权维护金融霸权的这样一种方式，然而此路不通。巴尔干战争可以一时把欧元打压下来，因为所有的欧洲国家参战，都要以财政来支持，欧盟发行欧元必须保证它的财政赤字保持在 3% 以内。因此战争必然会带来财政赤字增加，也必然会拖累欧元汇率下滑。那么，因为欧洲的不安全性增加，买美元保值保证安全的避险心理会增加。因此，欧洲的投资人或中东的石油美元都会流向美国的资本市场。因此，在发生了巴尔干战争的情况下，美国的资本经济往上走。这是美国继续维持强势美元地位的手段。

这种经验，日本可重复吗？不可。

今天，日本在货币量上和美元是相似的，但在政治地位和军事地位上根本不可能和美国相比。你当然可以跟在美国后面，但学得了美国的这种基本经验吗？所以，中国不想重复日本，也不想重复美国的东西。

实际上，美国人有两手。

一方面是尽可能压住欧元不让它起来，美国历届政府都毫不含糊地公开宣布自己的"阳谋"（已经成为唯一霸权国家，根本不必搞阴谋）：一定要保住美元的强势地位。但美元又被严重高估达36%，如果按美国学者拉鲁什和中国学者王建的计算，高估70%不止。如果美国没有世界霸主的地位，没有军事强国的地位，不能把美国变成世界上最安全的投资国度，就不会有大量的外资进入美国。

另一方面，让日本成为美国外资的相当大的供给国，因为日本银行零利率，可以使投资商以极低成本或无成本地从日本拿到钱，投资于美国的资本市场。

由于这两手，美国可以实现80%以上的GDP来源于金融投资为主的服务贸易，它很成功。

你说主流经济学根据美国经验得出的理论，对所有国家是适用的吗？那种理论背后的经验是可重复的吗？那种经验过程中所形成的制度是可采取的吗？绝对不是。

个别的例外也有。还有谁能实现80%以上的GDP来源于金融投资为主的服务贸易？香港。世界上除美国外，只有香港的GDP的增加值中80%来源于以金融为中心的服务贸易。

三、中国的出路：加强区域一体化

2001年9月，我去日本参加中日经济论坛，论坛的题目是"21世纪：中国是威胁还是机遇"。我说，这看你们要什么，你们如果要威胁，中国就是威胁；如果要机遇，中国就是机遇。如果你们要威胁，那么就继续跟着主流走——尽管我们认为是不可重复的经验，但你们愿意的话尽可以去尝试重复，虽然实际上肯定重复不下去。以亚洲的金融资本关系为例，人民币即将升值，早晚会成为亚洲的强势货币，这似乎是个趋势，日本难道能发动什么样的战争把人民币打下去？

"后冷战"意味着冷战虽然结束，但仍然有后冷战思维和行为，意味着冷战中的参与国家继续按照冷战思维来考虑国际关系。欧洲人进入冷战后的阶段，他们很清楚地知道，在原来苏联控制的范围内，有大量的廉价劳动力，有廉价的资源，可以和欧洲过剩的资本、过剩的制造业更好地结合，因此欧洲加速一体化——在1991年"8·19"事件发生以后，欧盟开始东扩，欧洲货币一体化也进入日程。

虽然现在全球资本化是个主流认同的大趋势，但人们真正看到的是全球"区域化"。那么到底相信资本全球化，还是相信已经出现的经济区域化进程？当人们鼓吹全球化时，主流其实就在告诉人们：完全放开你们的资本市场吧，让我这张绿色的纸可以自由地进入，自由地占有你们在资源向市场转化中增值的那部分收益。

当前，人们都说世界经济黯然失色，讨论欧、美、日三大经济体到底出了什么事。根本问题在于，像美国这样，以80%以上的服务业收益来维持GDP增长的经验，确实是不可复制的。对亚洲来说，如果各个国家都明白了不可复制美国经验的道理，那么目前唯一可参照的现实经验，就是区域一体化。

至于中国，我认为中国人应该参与区域化的整合进程，无论是东北亚的区域化，还是东盟与中国的"十加一"，或者是中印俄的整合。因为，还没有谁真正有能力创新出一种与当前的现实经验完全不同的新的经验来。

第三章
不破不立：解构现代化 [①]

我不是一个书斋型的学者，而是一个四处游走的调研工作者。我从调研中得到的大体上都是感性认识，感性认识可能确实没有理论深度，也就不能从理论上去给大家解说现在的问题，只能以我最擅长的方式做发言，就是给大家讲故事。曾经有很多年轻朋友问我的学术思想，很惭愧，直到现在我都回答不了这样的问题。我想，我还是就这样做下去吧，等我们这一代人能做的事情都做完了，将来由后人总结归纳，来看我们这一代人到底做了或者说了些什么，是否有理论价值。

[①] 此文是作者2004年2月21日在上海闸北区"热爱家园"青年社区志愿者协会举办的会议上的演讲。标题为收入本书时所加，再版时略有调整。

第三章　不破不立：解构现代化

一、题解：关于感性认识

今天的演讲题目叫"解构现代化",英文叫 deconstruction,为什么谈这么个题目呢？并不是说现代化的概念不好,而是当你要使用这样的概念时,先要弄清楚这个概念是怎么形成的,它对我们中国人的历史和现状到底意味着什么。

当年你们上海的曹锦清老师写《黄河边上的中国》那本书的时候,我们曾经在昆明有一个小型的座谈会。会上曹老师很激动地把他到黄河边上走了很多路、看了很多村的感受跟我们说。因为我从 20 世纪 80 年代以来一直在搞农村调研,所以虽然他说的话很有感染力,但我呢,那时就没有随着他的话激动起来,显得似乎有些冷淡。他就很奇怪,问我:

"老温,你怎么回事,你搞农村研究的,我说这么多农村的事,你为什么好像无动于衷？"

我说:"你在这短短几个月的考察中看到的东西确实是真实的,可我这十多年已经司空见惯了。我要问的是：你感动完了,书也写了,那以后呢,怎么办呢？"

老曹愣了一下,后来,他就做了很多哲学思考：我们从何处来？身处何处？将向何处去？……再后来,就写在了他书的前面。

作为上海的一位著名教授,他也很难将现实观察中得到的感性认识转化成对策型的思考,所以,他会回归到他的哲学思考。

我想，这对他来说已经很难能可贵了。

借用他的故事是打算说明，我们把感性认识转变成政策思考已经不容易了，如果希望上升到理性高度，转变成所谓的理论，那就更困难了，尤其需要很多的调研积累。

但是，我们当然不能仅仅停留在对现象层面的一般的感性认识上，我们需要根据大量调研的情况，做更多的反思。因此，我今天晚上跟大家谈的，其实是我在大量调研中形成的反思。

二、反思：在调研中重新认识世界和中国

大家都知道，反思其实是很痛苦的。当你被调研和实践教育得不愿意再把现有的书本概念拿来用的时候，你就会发现，这些大家约定俗成的、普遍接受的概念，必须重新认识。而这个重新认识确实很难，比当初接受它们的时候还要困难得多。

以我自己来说，在20世纪80年代，我也曾经是个激进的市场改革的推进者。我们那一批人当时就以为，过去的问题主要在于体制不好，只要能够比较快地推进市场化改革，就能够促进经济增长，只要产生新的可供分配的增量，我们的问题似乎就能够解决了。后来，到了90年代，这些问题就不是那么简单了。正好当我反思过去认识的时候，得到了一些机会，在一些国际非政府组织（NGO）的支持下，到一些发展中国家做考察。

第三章　不破不立：解构现代化

这和80年代末90年代初到欧美发达国家考察，感受是不一样的。我发现很多问题在这些发展中国家已经经历过、思考过了，而我们正在经历，正在思考。很多问题和发展中国家的知识分子交流，就会得到完全不同的说法，特别是去南亚、东南亚、南美，就会发现他们思考的问题几乎完全不在我们的视野之内。而我们现在所打算实现的很多预期目标，也许人家已经实现，或者曾经实现过。

比如说，我们要在2020年全面建设小康社会，目标是人均GDP在现有水平上翻两番，大家也看到新的政府工作报告中公布的人均GDP是1000美元，翻两番大概是4000美元；我们现在达到36%左右的城市化率，按国家发展和改革委员会预期的，2020年的城市化率大约是55%。人们似乎觉得，当我们实现这样的目标时，"三农"问题可能就解决了。可是，当你走一走发展中国家会发现，这个目标在人家那儿曾经达到过，但是问题解决了吗？

咱们不妨以墨西哥为例，在自由化程度、民主化程度、市场化程度上，墨西哥的这些"化"都比我们走得远得多：人均GDP在金融危机前曾经接近6000美元，现在大约4000多美元；城市化率现在是80%。也就是说，我们预期的目标他们早就已经实现了。但是墨西哥的社会仍然是两极分化的，城乡差别仍然是很大的，农村问题仍然是很复杂的，有时候矛盾甚至是很尖锐的。1994年曾经有过恰帕斯州的农民起义，起义坚持了9年，现在仍然存在。那是一个印第安土著人群在山区发动的武装起义，现在则正在逐步形成山区土著人的地方自治。在墨西哥，农村的凋敝、农民的破产，事实上并没有随着市场化、自由化、全球化得到解决，并没有随着 GDP 增加、城市化目标的实现迎刃而解。

再看巴西，国土面积比我们稍小，人口不过才 1 亿多，而且没那么多沙漠、山区。坐飞机从巴西上空飞过时，中国人都会非常羡慕，因为那是一片绿色。巴西经济发展水平也很高，人均国民收入达到过 7000 多美元，城市化率达到 82%。但是，那里仍然有全国性的"无地农民运动"，也有各种各样的激烈的社会冲突。

墨西哥城有百万计的人生活在贫民窟，巴西的城市里也有大面积的贫民窟，成批的边缘化的人群生活在贫民窟里，"黄赌毒"在里面泛滥，黑社会控制也是很严重的，正规的政府治理是很难实现的。

我上次到墨西哥山区的时候，真的见到成千上万的老百姓脸上蒙着红围巾，上千的土著解放军战士都穿着军靴，戴着黑色的滑雪帽子，只露出眼睛。回来以后，我把见闻写成《现场目击墨西哥蒙面军》，发表在《中国改革》杂志 2003 年第 9 期上。见到这些现象我们就需要思考，为什么他们在经济数据上比我们追求的目标还要高，却还有这些现象呢？为了搞清楚问题，这几年，我先后到墨西哥去了四次，先是做了外围的考察，后来才有条件在当地向导和翻译的带领下，深入土著人群集中的地方，到山区、原始森林去和那些土著人生活在一起。这就有条件从他们的角度、以他们的眼光和立场去看这个世界,也反思我们中国人面临的问题。就是从这样的角度,我在"首届绿色中国论坛"上做了个发言,题目就是"从四个故事引申出的故事",也引发了不少争论。后来,这个演讲被人翻译成英文,我去年到哈佛和MIT(麻省理工学院)开会时,国外学者也很关注。

今年1月,我第二次去印度,主要是去北方的地区做农村调研。我就在想,为什么那个地方的贫困问题那么严重呢?是那种看了觉得惨不忍睹的贫困。你到不同的农村去看,那里有相当多的农民无地,茅草房比比皆是,农民家徒四壁,贫困农民反抗的激烈程度也是不可想象的。印度的情报部门说:从尼泊尔到不丹,到印度西北,再到斯里兰卡,已经形成了一个游击走廊,农民的武装力量控制了相当大的农村地区。我到了几个村,就问当地的人:"你们说有严重的武装冲突,那些游击队在哪儿呢?"他们说:"游击队是地下的,也许在你所交谈的这些人中,已经遇到过了。"

类似的例子不胜枚举。无论到泰国、菲律宾,还是到孟加拉、印度,只要到发展中国家去看,所到之处几乎都有相对来说比我们高的收入水平,比我们高的城市化率,他们的资源条件也大都比我们要好。我们现在所追求的制度变革的目标,如市场化、自由化、民主化、全球化,这些国家都比中国走得远。那么,为什么在制度变革上走得远,经济上也比我们现在公布的数据好看，而社会的三大差别——收入差别、城乡差别、区域差别，亦即我们现在要着力解决的问题，却并没有从根本上得到改观，某种程度上甚至社会矛盾更复杂、更尖锐呢？

这些考察、这些了解，才逐渐使我的反思显得更广阔一点。因为以往在没有条件去发展中国家调研的时候，主要是对我们改革以来走过的路做了一些反思；后来，当有机会到发展中国家做一点比较研究、做一点深入考察的时候，才进一步发现，市场经济条件下三大差别扩大的问题，并不仅仅是中国一国特有的现象。

由此可见，我现在说解构现代化，是多年自我反思的结果，是在有条件更广泛地去看这个世界，特别是去发展中国家做考察、做比较研究后，才逐渐形成了对我们今天很多问题的重新思考。当然，这还只是片面的、简单的，我调查得还很不够。有生之年我会更多地去做这样的调查，去丰富自己的感性认识。

当然，看了这么多地方的情况，总会有一些深入的思考和讨论。一方面，这些讨论大部分发表在我主编的《中国改革》《改革内参》等杂志上。不仅去年9月的《现场目击墨西哥蒙面军》值得大家看，今年1月从印度回来以后我写的《无地则反》《党争则乱》，也值得看看。《无地则反》发表在《中国改革》2004年第2期，《党争则乱》发在了《改革内参》上。此外，去年我去孟加拉，写了个《孟加拉注释》，也是在试图解释我所看到的这些现象。

三、转变：由"四个现代化"到"科学发展观"

由这些现象的讨论，我们能做出的进一步思考是什么呢？刚才主持人说我们要守秩序，我先做个表率：我今天演讲的所谓解构现代化，就是在按照中共中央十六大、三中全会，以及今年"两会"的精神，对过去的问题做反思。这就不仅仅是一个普通调查研究者的个人感受，也应该和一系列政策讨论相关。

大家知道，我们过去所希望达到的大目标叫"四个现代化"，当然，这个目标不是现在的，而是改革开放一开始提出的。当时提的是要在2000年争取实现四个现代化，可到了2000年时，好像大家也没怎么关注实现没实现，就这么过去了。

但是，如果人们稍微注意一下，就会发现在提法上的变化还是有的。1998—1999年，当时的国家领导人已经改变了20年前的提法。至少，"农业现代化"在咱们这儿大概是最不可能实现的，所以就提出"在沿海发达地区争取率先实现农业现代化"。咱们中国的文字很有意思，对这个提法的变化，人们可以从多个角度去理解。一是可以理解为将来只有发达地区能够实现，其他地方就暂时放一放；二是可以理解为即使在沿海发达地区，也要通过努力争取才可能实现；三是可以理解为全国都能实现，只是现在是沿海发达地区要争取率先实现。怎么理解都可以。但总之，这个提法是在20世纪末就被中央领导改了。

后来到2002年，在中共中央十六大的政治文件中已经史无前例地写上了咱们国家的基本体制矛盾是"城乡二元结构"。在写上这个提法的同时，提出了将来要实现"城乡统筹协调发展"，这也可以理解为现在条件不足，还难以实现开通城乡。而且，特别值得我们重视的是，针对中国现在不断扩大的三大矛盾，文件强调了我们在2020年要实现的大目标是"全面建设小康社会"。这就把过去事实上确实没有能够实现的"四个现代化"的提法，做了实事求是的重大修改。

2003年10月的中共十六届三中全会上，中央又进一步比较清楚地强调了"综合发展观"，可以理解为今后不再"以GDP论英雄"了。中央还同时特别强调了要实现"五项统筹"，如经济社会统筹、发展经济和资源环境的统筹等。

可见，中央的说法在新世纪开始这几年，正在发生重大改变。其实，在世纪之交时，中央就已经明确强调"十五计划"的指导思想是"以人为本"，中共十六届三中全会又再次进一步强调了这个"以人为本"。到2004年2月，中央还专门举办高级干部学习班，把"综合发展"这个战略思想的转变，强调为"科学发展观"。这时候，"以人为本"作为"科学发展观"的主要指导思想又得到了强调，还把"可持续"这个理念也引入了新的指导思想。综合起来，也就是要"以人为本"，综合协调，实现可持续发展。

2004年3月的这次"两会"，温家宝总理做的政府工作报告很完整地阐述了重大战略转变的主要内容。应该说，从2002年中共十六大,到 2003 年十六届三中全会,再到 2004 年"两会"的报告,大体上是把对这个战略转变的认识不断细化、解读,并逐渐演化为政府的政策的过程。

四、溯源:西方现代化的真相

当我和发展中国家的知识分子讨论问题的时候,发现其实这些人并不比发达国家的知识分子考虑问题的层次低,也不比他们的深度浅。他们在思考:"我们现在的这种落后状况,并不是像一般发达国家的理论和意识形态所解释的那样,是我们的文化不行、制度不行,甚至人种不行。"他们给我讲了一个常识性的道理,是这样开头的:"美国人在 1992 年就说了,在我们这儿的印第安土著,已经不能再算是一个民族了,因为他们只剩下了 42 万人。"可在 300 多年前西方人来的时候,北美大陆有大约 1 亿印第安人口。

历史早就告诉我们,西方人实现的现代化,其实是一个长期殖民化的结果。

另外一个容易被人忘记的常识是,如果把欧洲搞殖民地转移出来的人口,都计算回欧洲,那欧洲现在应该有多少人?也就是说,如果把 16 世纪以来的殖民化人口都送回去,现在的欧洲人口会有多少?大概有 10 亿。亦即,把欧洲大陆向北美、南美、非洲、大洋洲这四个大洲移出的人口及其繁衍的后代计算回欧洲，大约有10亿人口；如果再把殖民过程中欧洲人和当地人混血形成的人口，也算欧洲血统的人口计算回去的话，那恐怕就会超过中国现在的人口。那么，在主张个性充分发展的、个人利益最大化的资本主义的欧洲，资源和人口之间的关系就会非常紧张，会导致比那两次世界大战还激烈的冲突，那还会有现代化吗？

第三世界的人们提问题的这个角度，恰恰是我们中国人很少想到的。按照他们算的账，300年的殖民化，欧洲本土总共移出1/4人口，号称"日不落帝国"的大英帝国占的殖民地便宜最大，移出人口也最多，大约1/3，其中最贫穷也最善战的苏格兰转移出去一半。结果就是欧洲人占领了其他的四个大洲，人口和资源的紧张关系由此彻底改善，资源环境空前宽松。

而又由于资本主义工业化本身必须有原始积累，欧洲的产业形成伴随着"三角贸易"的过程：一方面殖民者占有了北美和南美丰富的资源；另一方面，因为那里的土著居民不适应奴隶劳动——土著部落本质上就是与自然和谐共处的民族，几千年的理念就是不向自然多索取。因此，这个民族按他们的理念来说，是最可持续的，他们不多猎杀野兽，只要够自己吃就好了。当欧洲人到了新大陆时，发现这边自然条件非常好，生活在这儿的人是不破坏环境的——土著要自由，要可持续生计。他们就是不愿意到殖民者的矿山去劳动，于是土著人口在反抗中就大批死亡。而殖民地新的资源开发又急需劳动力，所以就把占领的非洲大陆的劳动力转移到南北美洲。这个过程中，南美大陆和北美大陆各减少了1亿土著人口，而非洲1亿人口在被抓过程中杀掉了1/3，转运中死掉1/3，到美洲这边大概有几千万吧。

因此，这个殖民化过程伴随着美洲土著和非洲上亿人口的大量死亡，以及资源环境的大规模破坏，这样就形成了工业化资本原始积累。这个事实演进过程，当然就产生一套资本形成、资本扩张的经验，而这个经验，可能就是我们现在已经惯接受的所谓"现代化"的实质。当然，后来的那些第三世界追赶型国家的工业化过程不是这样的。

乃至于，现在很多人都在讨论的欧洲的市场社会主义、福利国家，也与此有关。欧洲有这样四个大陆的殖民地开发，产业资本的扩张带来了发展社会化大生产的需求，加之人口的大量迁移，劳动力就短缺（尤其在还没有形成现在这样大机器生产的时候），从而就能够形成劳动者的谈判地位，于是就有工人运动，就有欧洲的社会主义政党，接着就有福利政策的提出，也就有了后来的福利社会主义和福利国家。这对于当时的工人运动历史来说，也是有殖民地这个根可寻的。你们可能会记得当年恩格斯在《英国的工人运动》中说过，英国工人之所以不强烈反抗，在于英国的殖民地能够大量向本土回流资本收益，被国民分享。

假定300年的殖民过程对于西方的现代化是不可避免的，而这客观上也是形成西方话语环境中的"现代化"的经验过程。那么，我们现在在讨论中国的发展问题时，能不能仅仅把这些话语拿过来用，而不去考虑这一套话语是怎么形成的？

这些问题使人不得不认真去思考，西方话语环境中的"现代化"的经验过程是不是一个科学的东西。

我曾经在20世纪80年代比较早地被送出国去学方法，当时美国的教授就有一个关于方法论的解释：为什么社会科学不能被称为科学？主要就是因为社会科学不能试验。为什么只有试验得出的结果才是科学的呢？那就是因为，如果在给定的条件下沿着一条技术路线得到一个结果，这个结果应该可以被别人重复，这才是科学的。

如果我们把所谓的"现代化"也作为一个科学的理念拿过来，那西方走过的300年殖民化，就应该被看作一个实验的过程。这个过程可被别的国家重复吗？如果不可重复，对于后发国家、追赶工业化的发展中国家，怎么能够直接把那一套东西搬过来呢？

应该说，我现在只提出问题，还不能解答问题。但至少我觉得，这么一讨论，就需要对过去接受的、约定俗成的东西重新认识，不能搬过来一套话语，就成为我们的指导思想。我们以往在很多书本上、会议上去讨论那个"现代化"，但人家本来形成这些东西的经验过程，在客观上又实在是不可重复的。

我们就近看，亚洲国家按西方模式推进现代化的，确实有几个先驱者。如日本，是最早提出"脱亚入欧"指导思想的国家，

第三章 不破不立：解构现代化

但当它想按照西方搞殖民化扩张的经验再走一遍的时候，却被西方狠狠地教训了。日本可能由此就觉得很委屈，现在还不肯认罪，内心深处是愤愤不平的："既然你欧洲人可以这样，你们在美洲和非洲干的事要残忍得多，为什么我不可以干？我不外乎就是占了朝鲜，中国的台湾、东北、蒙古①的一大部分。日本几乎没有资源，按照西方的经验去占领殖民地有什么错？"日本要脱亚入欧，结果却被老师打回去，狠狠教训了一顿，就是不被允许按西方模式走。至今日本还是被美国驻军的非独立国家。

现在看，要按西方模式，再走一遍扩张的路，第一是没条件，第二是日本曾经走过，没成功。

那我们呢？

中国在进入世纪之交的时候，在主要工业品的产量上都已经达到了世界前列：钢铁第一，彩电第一，煤炭第一，纺织品第一，水泥第一，化肥可能第二……中国很多重要工业品的产量不是第一就是第二。这是因为：我们市场比较广大，国内正在发展；另一方面，其实中国产业形成、扩张的过程，恰恰是一个需要提问题的过程。

我们无论到亚、非、拉丁美洲国家，还是到发达国家，到处可以听到人们在说"中国威胁"，为什么呢？因为我们"吃"

---

① 1946 年以前，蒙古分属黑龙江、吉林、热河、察哈尔、绥远、宁夏几个省份。1946 年 1 月国民政府正式承认外蒙古独立。日本侵华时期，自发动九一八事变后，日本相继侵占了内蒙古多地，1937 年内蒙古西部地区主要城镇和主要交通线平绥铁路相继沦陷。

033

得太多了。2003年我们经济增长9.1%，但消耗了世界石油市场总量的10%，钢铁消耗量占全世界的24.9%，水泥消耗量大约占全世界的50%。以钢铁为例，中国铁矿石的购买量占澳大利亚铁矿石输出的一半以上，是我们推起了澳大利亚的GDP，推起了澳元汇率。但是，如果照这样下去，不用多久，世界能源和原材料市场中相当大的份额将会是向中国供给。你说世界会答应吗？

我们已经有过教训了。比如说1995年到1996年，我们连续18个月进口了3000万吨小麦，导致国际小麦市场价格上涨大约100%。这引起很多发展中国家的不满："你们中国有钱了，可我们买不起，我们没钱，难道我们就该饿肚子吗？"

我们国内的人，当然不认为这样的指责有道理，但你到世界各地去看看，人家都觉得咱们这样有问题。于是，要么是"中国崩溃论"，要么是"中国威胁论"，崩溃论是认为"你没有足够的资源，也不可能永远这样消耗世界资源"，而威胁论的出发点差不多，就是认为你这样下去会把世界市场抢光。

美国费正清中心有个说法，20世纪德国和日本的崛起，曾经因为试图改变世界经济政治秩序而引发两次世界大战，21世纪中国的崛起，也必然要求改变世界政治经济秩序。这将会导致什么样的冲突，对全人类来说都是一个挑战。可我觉得，咱们这种所谓的高速增长，首先对中国自己就是一个挑战。

也因此，我们才高度评价现在党中央提出的可持续的综合发展观，一再强调"以人为本"。这次政府工作报告中强调的"新型工业化道路""循环经济",都意味着中央对这种粗放增长的警觉。我们不可以再这样浪费、这样无节制地消费,不可以再放任产业资本盲目扩张。所以政府工作报告把2004年的经济增长指标定在7%。中国在高增长的阶段上为什么把指标定得这么低呢?国际上有人评价2003年中国的经济增长幅度不止9.1%,实际上超过10%,但我们却似乎趋向于保守,同时把2004年的其他经济指标也大幅度压低。例如,我们2003年的进出口增长是37%,而我们把2004年的进出口增长定为8%。很多人不理解,为什么突然降下来?根本原因,就是我们的中央已经认识到这样的粗放增长是不可持续的。

所以,我们高度评价中央提出的"以人为本"、可持续发展的指导思想,我们要的是有效的经济,循环经济,不能盲目地鼓吹消费主义。可是,我们知识分子中只有少数人开始了对现代化问题的反思,其实这也是和中央政府的政策考虑有一定的呼应——当然,并没有直接参与政策的那种联系。

五、强权政治:资本经济时代唯一不能替代货币的信用来源

我们再来看中国曾经位居世界第一的外汇储备。我们现在有大约5200亿美元的外汇储备,其中官方大约4000亿美元,民间

还有1200亿美元。这是什么东西呢？有人说这是真金白银，可我说未必，因为1944年国际上就放弃了金本位制，货币发行就不再以黄金作为储备；1971年布雷顿森林体系解体，连美元都放弃了与黄金的挂钩。

那外汇储备到底是什么呢？应该说那是一个表明财富的符号，过去的表现形式是一张纸，可现在是所谓的电子货币，是虚拟的，看不见摸不着的电脑里的符号。你说有5000亿美元的外汇储备就是一个财富，那它可是虚拟的，你要这个能干什么用呢？一般说，有美元当然可以买国际市场的东西，尤其应该能购买美国的东西，可如果你用这个去买美国的高技术产品，它不会卖给你；你买制造业的产品，对不起，在美国的制造业产品几乎全是来自发展中国家的，又主要是来自中国的。

是的，正如布什政府所说，中美之间的关系现在确实是历史上最好的时期，那可能是因为，中国外汇储备中的大部分是在美国，为美国撑着他们的资本市场。美国的GDP可以达到80%以上来自第三产业，其实主要是来自以金融为中心的服务业，因此它可以让一般制造业退出。请注意，美国的GDP主要不来源于实质经济的生产，而虚拟经济的增加值却占GDP这么大的比重。

虚拟资本，当然主要是以货币符号来表现，而货币到底是什么？货币信用到底是怎么产生的？

最近，搞宏观战略和虚拟资本研究的王建指出，日本的外汇储备再次超过中国，达到大约6800亿美元，那是日本政府大幅度增发日元购买美元的结果。据他说，日本去年用了20万亿日元购买了大约1800亿美元，而到2004年计划再拿出140万亿日元购买美元。这对于日本来说，似乎不必生产出物资去换汇，只不过是政府多画几个零出来。这说明，进入虚拟资本主义时代的发达国家，当然会按照虚拟资本的游戏规则行事，直到这个虚拟资本疯狂膨胀的世界再也玩不下去。

而由于中国所处的阶段不同，我们在十五大才明确提出"资本经济"的概念，因此中国获取的外汇是用大量的产品出口换来的。王建还有一篇文章，题目是"虚拟资本主义与帝国主义战争"，揭示了虚拟经济膨胀必然走向崩溃的运行规律。既然是规律，就是不可逆转的，值得大家看看。过去我们接受过"三性"的道理，亦即，资本主义进入所谓的金融帝国主义阶段，必然是"寄生、腐朽、垂死"的，现在仍然是个规律。而有人说资本主义"腐而不朽、垂而不死"，也可能是他们还不了解王建揭示的这些情况吧。

当全世界放弃黄金本位后，货币发行的唯一基础——经济增长当然很重要，但不是绝对的，真正绝对的、可以说是唯一不能替代的货币信用来源，就是政治强权。如果美国没有超过其他国家多少倍的军事力量形成全球霸权，就不可能维持美元的硬通货地位。

2003年10月我在德国的时候，去了柏林的国家经济研究所，跟那里的学者讨论欧盟东扩问题。我说，德国马克是在20世纪

90年代苏联阵营解体之后，得到了空前绝后的历史机遇，而迅速扩张的。随后欧盟接纳东欧国家，整合东欧的实体经济，因此能够发行欧元，进一步与美元抗衡。

可是，庞大的苏联经济为什么坍塌了？尽管苏联的实质经济总量仍然很大，但是其经济崩溃的主要原因，恰恰是货币体系的垮台，而货币体系垮台的主要原因是苏联的政治改革先行，它的政权不存在了——没有政权就没有政治强权维持的货币信用，由此导致卢布大幅度贬值，国家和老百姓的财产都随之大幅度缩水。所以我们说，金融的信用，主要来源于强大政府的政治信用。

同样的道理，现在说人民币要升值，一个原因是中国现在进出口总量很大，但更主要的是因为，中国是目前相对来说政权最稳固的国家。无论国家发行多少货币，信用是来源于政府的。为什么现在国有银行据说有多少不良资产率，但老百姓照样存款，没人怀疑存款会贬值？那是因为，国有银行的信用程度并不在于按照"巴塞尔协定"规定的资本充足率是多是少，而在于它背靠着一个庞大的中央集权制政府，亦即所谓中国是"单一制"国家。

六、从不怀疑"翻两番"

那些个翻过来倒过去地不断召开的研讨会，都是言者谆谆，可这个世界到底怎么了？目前面临的根本性问题，人们想来想去似乎还没讨论清楚。有时候，那些普遍存在的疑惑，在我看来，却有一种很意识形态化的感觉。

十六大召开之前，有的老同志问我，你怎么看待"翻两番"？我们是不是真有条件能够实现？我说，应该有足够的信心，翻两番其实不是问题，三番、四番都行，前提是中国不开放货币市场、不开放资本市场。什么道理呢？货币发行的最重要基础是稳固的政权，而中国现在的政权不仅足够强大，而且在不断深化自我改革。如果现在这种政权稳固且不断完善的状况基本能够保证稳定大局，那么，只要我们不急于开放货币市场，政府就可以印发货币，印出来就可以增加投资，进入GDP。因此，问题不再是GDP能否翻番，而在于这是不是我们真正要的东西。

可是，为什么我还提出不要开放资本市场呢？因为，当你开始反思过去的真实经验的时候，就不会再用那些约定俗成的概念去讨论问题，就会根据事物的客观规律来考虑我们国家现实的选择是什么。

我认为，资本市场主要是一个把资源和资产通过"资本化"来产生增值的工具。举个很简单的例子解释：过去我们都是分房子，那时的房子是什么呢？是生活消费资源，连资产都不算。后来住房制度改革了，人们去买房子，房子就转变为资产。如果房子的建造和经营企业再进入股票市场，就是把房地产资本化。人们一旦想买房子，就得先得到多少万元的货币，比如 10 万元的房价，国家就得增加发行 10 万元货币。于是购买房子的开支就进入 GDP 了，亦即增发的 10 万元货币进入了 GDP。如果房地产企业再进入股票市场，股民还得获得更多货币来参与交易，如果再创造出"衍生品"，那又得是多少货币被政府增发出来了？因此，在过去分房子的时代，房子虽然也事实上被人们消费着，却不表现为 GDP 增量；可是通过改革，从分配变成购买，再变成房地产业的资产进入股票市场，这个 GDP 增量可不就是翻着番地上去了吗？

这就是我从来不怀疑过去咱们已经实现了翻两番、到 2020 年也肯定能够再翻两番的道理。

何况，我们这么大的国家，还有很多草原、森林、水土、矿产，还处于资源形态，只要进入交易市场，再进入股票或者期货，GDP 就上去了，别说翻两番，二十番都没问题。

七、我们到底要什么

但是，你要这个 GDP 到底打算干什么呢？诚然，当你翻两番，或者翻到二十番的时候，你就有几十万亿元的财富总量，就能够以虚拟经济对虚拟经济，就变成中国也参与几个虚拟资本大国之间的新的一轮竞争。难道咱们的确就要这个东西吗？

如果要，咱们就这么走下去！这就是当前的主流！沿着这个主流走得下去吗？当然走得下去。可同时必须附带的条件是什么呢？就是科学技术加速发展到能把阳光变成能源，能把海水变成原材料，能把地球的、太空的资源无限开发。亦即，假定西方主导的这个现代化能够实现，那就必须是建立在人类的能力无限扩张，能够无限地占有资源上。

如果大家都觉得这样走得下去，那我想，咱们尽可以就这么继续走。其实我也没意见，我只不过就是提出问题，因为人的想象和目前主流的思路大体还是吻合的。沿着这样的路走下去也未尝不可，就可能变成《黑客帝国》的居民，生活在两个不同的世界：当你以人的状态生存的时候，这个世界是很难以忍受的；而在另一个世界，当你以数字化的虚拟状态生存的时候，即人被完全虚拟化的时候，也可以生活在幻化出来的无限空间中。

可如果你觉得这样走不下去，也许你会觉得，到目前为止我们还没有这么好的前景；也许未来会像其他科幻小说、好莱坞电影给我们描绘的，要么全球变暖，变成"未来水世界"，要么变成水泥的森林、柏油的沙漠……直到人类无法居住了，从而走向火星，走向太空，那里就有了新一轮的竞争甚至战争……

如果人们觉得这样的路走不下去，那么，至少在我们的有生之年就应该考虑人与资源、社会的可持续发展，我们恐怕就需要有一些反思，因为我们毕竟是一个人口不断膨胀、资源严重短缺的国家。而且进一步看，即便我们到 2020 年能够实现人均 4000 美元的 GDP 目标，真的能够让 55% 的人生活在城市中，即使那时候大约有 8 亿人生活在城市，也还会有 7 亿多人生活在农村。也就是说，农民的人地关系并不能得到根本改变。按照现在的统计，农业人口是 7 亿 8000 万，到那个时候农村人口的绝对数量不过减少几千万而已。而按照现在的城市化速度，平均每年耕地面积减少 1000 万亩，到时候会减少 2 亿多亩，那农村的人地关系不可能得到改善，反而会恶化。

如果由这个现实出发，你就会发现，尽管我们希望实现城乡统筹、协调发展，但是，我们现在城市里所有的这一套现代制度，包括现代经济，对那个人地关系高度紧张的、小农经济高度分散的农村来说，仍然是不适用的。现在的法学家们所设想的现代法制社会，对这样一个小农经济遍地的状况来说，可能也不适用。小农经济高度分散，并且有 3/4 比例的兼业化经营，这个基本的经济基础恐怕到那时也还是目前这个状况，在这个经济基础之上的上层建筑，也还是难以实现所谓的现代化。

我们把这个还是先放下，总之，20 年之后也还会有一个城乡二元结构的体制，还会有大量的人生活在农村中，人们现在认同的全部的这套现代化治理的制度，对"三农"社会还是不适用。那时，国家也仍然不能按照所谓的现代法制来形成一个政府治理。只要城乡二元结构还长期存在，城乡居民收入和生活的差别就还是存在，那贫富差别和区域差别呢？恐怕这三大差别都还是会存在的。

如果你按现在提出的大目标去看2020年，我们的人口达到15亿的时候，情况也许就是这样的。

如果你再往远一点看，2030年我们16亿人，或者18亿人。到那个时候怎么办？如果以可持续的观念来看中国，现在的物质资源最多能够维持16亿人的生存，如果那时有18亿人，那么，这超过的两亿，就是打算移民也没有地方，咱们往哪儿移呢？

当这么多方方面面的情况错综复杂交合在一起的时候，我们就不得不进一步反思，我们现在普遍认同的这一套现代化的话语指明的方向，真的是我们必须达到的目标吗？

再说了，有机会你去看看发展中国家大城市的贫民窟，会发现之所以我们还没有形成大规模的贫民窟，恰恰就因为咱们是城乡二元结构，恰恰就因为现在的制度是给农民按人平均分地。如果农民真的彻底离开农村，家里那块地就没了。所以尽管开放农民打工已经12年了——1992年取消粮票以后就出现了4000万以上的农民工，从那时起大规模的流动打工就开始了，但是现在12年过去，流动打工仍然是流动打工，定居下来的很少。假定我们想加快提高城市化率，让这些人定居下来，至少应该先去看看墨西哥实现的城市化率有多少是出现在贫民窟的。这种城市化你是要呢，还是不要？如果说要实现良性的社会治理，都给这些人提供社会保障，那咱们有这个财力吗？

043

所以，我们现在很多提法只要拿到发展中国家一衡量，就会发现都是问题。因此我才觉得，作为和这个国家一起长大的一代人，我们应该趴下做年轻人的垫脚石，让他们走过去。我们能提供垫脚的是什么呢？就是我们的反思，是我们的解构，是我们对这一套大家已经约定俗成的话语的认真思考。

大家现在在书本上学的、大学里教的东西，可能连这点起码的反思精神都没有。等你们出来工作了，到我们这个岁数的时候，你们所感受的东西，可能和书本上的东西完全不一样，那时你们也可能会这样痛苦地反思。那还不如我们先把我们已经经历的东西、能反思的东西先做反思，然后告诉大家，让你们现在就开始讨论，不至于到时候麻烦成堆、教训成堆，再想调整已经很难了。

所以，我这些年跑来跑去，凌乱地形成了这么些感性认识，也没能清理出条条来。到哪儿大家让我讲，我都觉得很惭愧，给不了你们理论，现在还只能处在感性认识阶段。但这个感性认识已经让我觉得很多约定俗成的话语值得怀疑了。

过去的历史告诉我，两个极端的东西都不可取，20世纪50年代，我的父辈在大学教书的时候，谁能翻译俄文，照俄文原版教材来教书，谁就是学术权威，就是博士生导师。今天，谁能翻译英文，照英文原版教材来教书，谁就还是学术权威，是博士生导师。我们难道这样就算进步了吗？

我的父亲就是在大学教书的，我就觉得他们那一代人挺可怜的，从来没有跳得出来。今天看看我的同辈，我觉得也挺可怜的，甚至更可怜，因为他们甚至不想跳出来。为什么呢？利益已经决定了思想，他们只有这样干，才能得到职称，得到房子，得到博士点，才能到处去挣讲课费。那是他们的谋生之道。

我觉得，我说这些既得罪我的父辈，又得罪我的同辈。可是如果不跟大家说，我就觉得没尽到责任。如果确实得罪了谁，只好请原谅。

第四章
中国的战略转变与工业化、资本化的关系 [1]

非常感谢下午安排我第一个发言。在座有很多国内学者,例如杜润生先生和朱厚泽先生,还有高文斌先生,都是我的领导;其他有很多都是著名的学者、教授。我在他们面前是个学生辈。所以我诚惶诚恐,不知道我的发言能不能让领导和老师满意。

我想,我们与其讨论中国说什么,或者世界上对中国的说法是什么,不如看中国做了什么。我认为,中国其实不过是搞了一次工业化。这种工业化必然要求制度改变,而制度改变又是在中国必须面对的两方面环境下进行的,一是国内环境,二是国际环境。

---

[1] 2002年7月,我应旅美华人学者曹天宇等人的邀请,参加杭州的"中国发展战略"国际研讨会,杜润生、于光远、朱厚泽等老前辈和秦晖、汪晖等中青年学者均出席会议,各种不同意见争论激烈。本文为我在会议上的发言。因为不是理论家,所以我的发言比较侧重对现实问题的解释。鉴于会上争论难以充分发表意见,会议期间,我特意邀请秦晖和汪晖在我的房间进行了一次坦诚的交流,谈话持续至深夜。后整理发表,即为此篇。——作者自注

第四章　中国的战略转变与工业化、资本化的关系

一、两个约束条件下的国家工业化资本积累

我们先谈国内环境的约束，主要有以下两个方面。

第一个方面是资源约束：中国是一个资源和人口比例十分不协调的国家。也就是说，人口和资源之间的关系高度紧张。中国人口占世界人口的20%，但是可耕种土地只占世界可耕种土地的7%，而且面临着水资源短缺的约束。南方水资源相对丰富，但土地紧缺；北方土地相对丰富，但水资源短缺。在这样的情况下，中国要想进入工业化，其资源约束就是第一个重大困难。

第二个方面是制度约束：与其他超大型发展中国家相比，中国似乎是唯一在全世界范围内以战争形式完成土地革命的国家。在20世纪前50年，人们都知道中国有三次国内战争，但很少有人明确地强调这是三次以农民为主体的土地革命战争，战争胜利的结果是给全国的农民按人口平均分配了土地。这个结果造成1949年新中国成立时，全国1亿农户、4亿农民各自在400多万个自然村里完全平均占有土地。这意味着中国工业化面临的是一个平均分配土地的彻底的小农经济，于是资本积累的制度成本就非常高。因为我们知道，工业化最早的资本原始积累必须解决工业和农业、城市与农村之间的交易，而小农经济越是分散，得到农产剩余的制度成本就越高。于是，在50年代中期，为了解决城市工业的积累问题，政府建立了农村的集体化制度。

尽管人们把这种在农村中建立集中统一的组织制度叫作社

主义，但它实际上的作用，主要是从农村为工业化早期的资本原始积累提取剩余。农村集体化具有的社会主义基本特征，主要是在教育、医疗和养老等方面提供必要的保障。

对于中国农村的这种制度，国外已经有大量研究，但因为20世纪50年代是冷战时期的开始，他们对中国当年的资料掌握得很少，一般都是从意识形态角度来认识中国，把那个阶段叫作中国的社会主义阶段。

在中国用集体化的方式完成了国家的工业资本积累之后，当然会进入一个新的阶段，这个阶段被马克思主义认为是工业化大生产的阶段。

二、社会主义阵营中的两个相似现象

提醒大家注意两个非常相似的现象：一个现象是苏联在20世纪50年代完成第五个"五年计划"后，随即在苏共二十大提出了"三和"路线，对外加入国际分工，对内放弃斯大林路线。在那种情况下，正在经历工业化的资本积累阶段的中国，客观上跟不上苏联的战略转变。不仅中国，其他仍在进行工业资本积累的国家，像越南、朝鲜、罗马尼亚等，都跟不上苏联的步伐。由于这种客观情况，因此发生了社会主义内部的争论，于是就有了马克思主义和修正主义在意识形态上的区别。

从经济角度看，这只不过表明，苏联已经完成了工业化的资本积累，必然按照社会化大生产的要求加入国际分工，实际上这是不可逆的经济规律；而尚未完成工业资本积累的国家就不可能跟上这种战略转变。

同样的情况发生在20世纪70年代以后的中国。1975年前后，中国进入第五个"五年计划"时期，初步完成了工业化资本积累，当然也要求对外开放；而其他没有完成工业化资本积累的国家，比如因为没有战争条件完成工业化的越南、老挝、阿尔巴尼亚等，它们当然跟不上，因此也发生了中国与它们之间的争论。

同样，在国内政策的变化上，中国也是从70年代开始，逐步放弃了农业的集体化。

三、一场战争引发的战略转变

通过我们现在做的历史资料分析，得到初步认识，其实中国早在1952年中央政治局的讨论中，就明确认识到中国要做的是国家资本主义工业化，而且在意识形态的宣传上也是如此。我们中国人当时明确提出的是进入社会主义的"过渡时期"。那个时期原来在新中国建立之初被定义为新民主主义，也就是民族资本主义。后来因为朝鲜战争，我们才进入国家资本主义。这个重大变化的根本原因在于1950年朝鲜战争爆发——苏联为了支持朝鲜战争，从1950年起进行了军事工业的投资，在东北兴建了军需工厂，使中国东北在很短的时间内形成了在一般条件下不可能形成的重工业。

一般条件下，中国需要经过几十年的农业和轻工业的交换才可能形成重工业的积累，但是因为朝鲜战争，仅仅三年中国就有了重工业。所以，这在当时就要求国家做出一个选择，那就是：你要这个重工业，还是不要这个重工业。如果要，那就不得不以这个重工业作为国家经济命脉的基础；如果不要，那就得回到原来的新民主主义。

出于这个原因，中国发生真正的战略变化应该是在它从战争中得到了重工业以后，而不是在此之前。

这一点就涉及国际环境的约束。这主要是指第二次世界大战后形成的两大阵营之间争夺中国这个中间地带的斗争。当时美国的战略防御不是设定在朝鲜半岛，而是设定在日本列岛。因此，美国把中国留在中间地带，是要争取中国成为一个"中立"的力量。当时中国的态度本身也可以说是中性的，并不宣称自己是社会主义国家，也并不打算加入苏联阵营。

如果人们可以得到最近三年的资料的话，就可以看到有关中苏关系的经济背景的研究，这是苏联解体后的档案解密，中国学者把它的一部分买回来做出了最新研究成果。

从这种国际局势出发，对中国来说，在当时的国际环境中，1949年提出的新民主主义战略本身是符合中国当时的客观条件的。同理，1953年提出的重大战略转变，也符合中国不得不因为朝鲜战争而纳入苏联阵营以后国际环境的改变。

可见，中国在这个特殊阶段发生的战略转变，主要是国家工业化的要求造成的：最初面临的资源约束导致新民主主义，亦即共产党领导下的民族资本主义的制度选择。接着，由于朝鲜战争改变为国家资本主义工业化，又因为朝鲜战争后中国不可能再进行国际交换，只能在国内进行强迫交换，国家不得不长期从农业中提取积累。因此，工农业剪刀差出现。

1957年中苏开始论战以后，苏联停止了对中国的工业投资和技术援助，迫使中国暂停了第二个"五年计划"。后来，这种靠集体化和剪刀差来从农业中提取资本积累的过程一直持续了二十多年……

以上，就是我们在改革之前的社会主义阶段所做的事情。

四、农村改革的动因是政府退出

从20世纪70年代开始，我国初步完成了工业资本积累，开始实行对欧、美、日开放，之后农村的集体化制度就不能实行了。这个变化，也是非常有研究价值的。

1972年尼克松访华，中国对欧、美、日开放，之后得到很多西方投资，其重点是改变了中国偏重的工业结构。这样当然就增加了很多支农工业品的生产，导致化肥、拖拉机等农用工业品大量进入农业，农业的成本随之大幅度上升。但同期，由于剪刀差的既定政策，农业产品的价格是锁定的。这就导致一方面农业产品的价格不能提高，另一方面农业的投入品价格非常高，于是公社、大队、生产队都出现高负债。到20世纪70年代末期，农业已经成为投入产出为负值的产业。

在这种情况下产生了一种现象，即政府作为当时最大的经济主体从不经济的农业中退出（人们以前认为是农民从集体经济中退出）。这就是农村改革的基本原因。

因为在过去，政府是中国唯一的经济主体，所以不是企业，也不是农民，而是政府，在农业亏损的情况下从农业中退出，同时也放弃了对农民承担的社会责任，包括教育、医疗、社会保障等。事实上，农民分户经营意味着农村回到传统的小农经济的生产方式。这个时候，一旦政府不承担农民的基本保障，原来那种让农民感到有依靠的社会主义制度在农村就很难再继续实行。

其实也是因为这个制度变化，才导致中国真正出现了城乡之间的二元结构。从"大包干"以后到20世纪90年代，中国的城乡二元结构特征越来越明显，以至于杜润生先生和秦晖先生都说农民没有国民待遇。

第四章　中国的战略转变与工业化、资本化的关系

五、改革开放的成果：三个重大制度的转变

下面我们再看改革开放 20 年我们做过什么。

当前的情况其实很清楚。按照世界银行的一种算法，2002 年中国的经济总量已经是世界第三位。但按照人均量来算，还是在 100 位以外。人们看到中国发生的非常显著的变化，看的是它的总量在世界上位置的大幅度提高，但按人均量算，中国却并没有很大的提高。

从经济制度研究看，中国发生的重大变化实际上主要表现为三个方面。

第一方面是经济利益主体多元化。由于国家在 20 世纪 80 年代初经济危机之下实行了"拨改贷"的投资体制改革，以及"利改税"和"分级承包"的财政体制改革，国家资本逐渐分化为部门垄断资本，国有经济内部产生利益主体多元化，以及中央地方分权化的趋势。

第二方面是中国的资源资本化。1978 年，中国经济的货币化程度很低，与全国约 1 万亿元的工农业总产值相比，社会存款才 226 亿元。在国家实行"财政一本账，统收统支"完全承担扩大再生产投资职能，并因此造成长期赤字的压力下，银行系统才对国有企业贷款，其规模到 1978 年也不过 1380 多亿元。而到 20 年后的 1998 年，GDP 约 10 万亿元，广义货币却增长到近 12 万亿元。前者的增长是算术级数的，后者则是几何级数的。世界

053

银行 1995 年发展报告就指出中国的 M2 与 GDP 之比在转轨国家中最高，达到 105%；1998 年 M2 与 GDP 之比高达 135%（美国为 67%）；截至 2001 年，中国的 M2 与 GDP 之比竟然全球最高，达到 160%，表明中国已经是一个资本过剩的国家。这 20 年的货币增长速度大大超过 GDP 的增长速度。所谓货币化进程加快，实际上指货币经济快于实物经济的增长。

经济货币化只是资源资本化的外在形式，是最近 20 年的经济增长中最不可忽视的因素。

应该进一步指出，经济货币化本身也为政府收益的增加提供了一个主要来源。中央政府通过不断增加货币供应来推动经济货币化和资源资本化，既可以通过发行货币直接占有铸币税，得到经济增长带来的收益，又可以通过通货膨胀稀释金融系统的不良资产，向社会转嫁亏损。这样，政府的利益和金融部门、金融资产，或者直接称为金融资本的利益当然是一致的。这个经济规律在全世界都一样，谁也不可能违背。

第三方面是资本的全球化。人们只要尊重事实，那么无论站在怎样的立场，都不可能否认 20 世纪 90 年代的全球化主要是资本自由流动的要求。这在中国，也并不因所谓的意识形态不同而例外。尤其是 90 年代中期以来，外国资本大举进入中国，国内外理论界都认为中国已经出现了国外资本和国内资本特别是金融资本利益上的相关。这就是说，中国的资本当然会按照国际资本通行的运作规律办事。

综上所述，在20世纪70年代以前，是国家资本积累阶段；而在20世纪70年代以后，则是资本自身的增长和发展阶段。如果这个观点和相关的描述可以成立的话，所有的问题也就可以得到符合经济规律的解释了。

六、中国有第三条道路吗？

我们再看中国今后的发展前景，有没有所谓的"第三条道路"可走。

从目前情况来看，中国按照西方工业化的要求所走的道路，其实仍然是那种传统的工业化模式。我们不得不担心，今后继续这样搞，很可能走不下去。

根据现在已公布的研究成果，中国每一单位能源创造的GDP总值远低于日本。日本现在每人每年平均消耗两吨石油。如果将来中国人比较节约的话，假定人均1吨，再假定中国会在10年之内达到50%的城市化率，就意味着中国将有7亿人生活在城市。那么在未来的10年之内，我们就只算城市人口，不算农村，每年至少也需要7亿吨石油。而中国国内石油的总产量尽最大努力也只能达到2亿吨。那么，这种情况下中国至少需要进口70%的石油，才能满足它现在的工业化方式。也就是说，即使按照日本标准的一半算，中国也得大规模进口石油，这必将极大地造成世界石油市场的短缺和石油价格的上涨。

因此，尽管我们希望实现工业化和城市化，但从国内资源紧缺的约束来说，中国走不成传统的西方式的工业化道路。

同样的道理，如果我们寄希望于中国加快城市化的话，平均每一个城市人口生活用水的消耗量是每一个农村人口生活用水消耗量的20多倍，而中国又是一个水资源严重短缺的国家，截至2002年，已有100多个严重缺水城市，300多个缺水城市。

从这两方面的资源约束看，中国面临的国内资源约束和国外竞争的不利环境其实并没有改变。再考虑到即使50%的人口实现城市化，仍然会有7亿至8亿人口生活在农村，仍然不得不维持高度分散的小农经济，制度约束也没有可能从根本上改变。所以，中国恐怕必须选择另类道路。可目前看来，又实在没有其他选择，因为欧洲和美国提出的所谓第三条道路仍然是西方的概念，中国人难以跟着走。

附：讨论

阿明：我想问一些关于剪刀差的问题。我曾经试图考察不同资料提供的到70年代末（毛泽东时代末期）的数据。对于过去的25年，虽然是同一个历史时期，但不同的中国人使用的数据都不一样。我想搞清这个奇怪现象的内在逻辑。我非常感谢您讲

第四章　中国的战略转变与工业化、资本化的关系

到了战略这一重要的而又容易被人们忘记的事情。我想，毛泽东的政治经济学是以价值规律观念为基础的，要使农民和城市工人之间的平均收入达到平等。具体说来，是将主要产品的价格与农产品联系起来，工人的月工资保证了平等。在这个原则基础上，我对毛泽东时期的数据又计算了一遍。我发现了一些空白，农民的平均收入和工人不平等。改革之初的第一个阶段取得的成绩，看起来大大减轻了剪刀差，但第二个阶段好像又比毛泽东时代的剪刀差要大，这是否正确？如果不是这样，您能做一个解释吗？

温铁军： 我要重复一遍，我们要看做了什么而不是看说了什么。理论上的事，我没有资格和大家讨论，我只是一个做实际调研的人。接下来回答您的问题。无论怎样计算，剪刀差都是存在的，即使在后20年也是这样。只是在20世纪80年代初，当农村全面推行家庭承包制的一段时间内，因为从1979年到1982年，我们大幅度提高了农产品的收购价格，相对来说剪刀差不存在。但是从90年代以后，剪刀差实际上是扩大的。您刚才说的现象在80年代到90年代的变化确实是存在的。

阿明： 但是，是否在从1952年到1957年间革命的开始阶段，剪刀差较小呢？

温铁军： 实际上从1954年开始，剪刀差比较大。1954年以前，政府还是完全按照市场价格来购买农产品的。从1949年到1953年之间，剪刀差相对比较小，1954年后开始扩大。

阿明： 第三个问题，因为我从你的回答中可以得出结论，剪

刀差在1980—1984年间和1949—1954年间较小，可以说在"文化大革命"期间比较小吗？

温铁军：我记不清了，如果你有兴趣，可以参阅我写的相关图书《中国农村基本经济制度研究》，其中有50年代剪刀差的数据。

阿明：如果是正确的话，是否意味着剪刀差可以通过诸如革命初期的社会力量的平衡或国家的政策等来得到减少？

温铁军：当然是。1949年到1953年，政府基本是按照市场价格来购买的。1954年遇到灾害，农民惜售，愿意多储存。国家强制实行统购统销，才开始出现剪刀差。同样的道理，1979年到1982年，政府主动提高了农产品价格，因此相对来说，工农业产品价格差缩小。1984年"卖粮难"导致1985年粮食减产，减产以后，国家实行强制合同定购，剪刀差又再次扩大。

阿明：我想问两个简单的事实问题。第一个是税收在农民收入中占多大比例，第二个是农民从中央政府那里得到哪些基本的利益保障。

温铁军：第一个问题我有一个专门的报告，是英文的，如果你有兴趣，我可以把那个报告给你，因为要说清楚这个问题会非常占时间。第二个问题，到目前为止，中国的农业得到的是负保护。政府尽管有一些投入，但相对于从农业提取的收入来说，政府用于农业的补贴是很少的。这里面有一个问题需要说明，即使政府想给农民提供必要的补贴，但对于2.34亿农户，对于8.17

亿分散的农业人口来说，这个交易成本太大了：不知道该给谁，该怎么给。因此，即使是扶贫资金，落实到农户的比例也是比较低的。政府与农民之间的交易成本过高，是目前一个无法解决的制度问题。

第五章
中国能再争取 20 年和平发展的国际环境吗？[①]

与前面做规范研究的专家不同，我对于国际问题的认识不是靠书本，而是"用脚"形成的。主要是得益于国家的对外开放政策，20世纪80年代中期以来，我有机会七次去美国做访问学者或者开会，通过"灰狗"、铁路、租车、免费搭车等多种交通方式几乎跑遍了美国，不仅有机会对热点问题进行跟踪、直接观察美国的经济社会变迁，而且有条件与各色人等，特别是非主流做大量交流。90年代初期，还曾经在苏联解体之后，自费考察了七个东欧前社会主义国家。此外，对世界其他地方的认识，如欧洲、拉美和南亚，近年来也有机会采取"直接观察"的方式。因此，我对国际问题的看法主要是经验性的，当然也就是感性多于理性的，仅供大家参考。

---

① 此文是2002年作者在中央电视台国际部内部座谈会上的发言。

第五章 中国能再争取20年和平发展的国际环境吗？

一、冷战以后美国的战略调整

（一）美国的战略调整

对于美国问题的认识，其实应该是对国际问题认识的前提，因为目前在经济上已经客观形成了以美国主导世界经济、以美国资本为主推进全球化的局面。苏联解体后在政治上也逐渐形成了以美国为主宰的单极体系。唯美国有条件实行"单边主义"，让这个世界的所有国家都感到威胁。原因主要有以下两点。

一是关于权力谁都知道的常识。当权力客观上可以不受制约的时候，在一个国家的内部必致腐败；同理，当美国的世界性权力不受制约时，必然导致国际社会秩序的混乱。这才是对世界真正的威胁。最近英国一个议员对美国打击伊拉克的批评可谓一语道破天机：当狼要吃羊的时候，你还能问狼有什么理由吗？

二是过剩资本推动的资本全球化与民族国家利益的冲突，这是有很多争论的问题。客观地看，世界当然是不平衡的，各国在发展阶段上的差异当然是明显的，不同发展阶段的相应制度当然也是不同的。除了少数资源禀赋特殊的国家（如主要石油生产国）之外，正在推行工业化的发展中国家当然难以按照"自由贸易"的原则构建内部制度。这也是中国和大多数发展中国家都认同"多元体系"的原因。

我们知道，第二次世界大战以后，在反殖民地运动中崛起的大批第三世界国家，基本都是以主体民族认同独立这种民族主义为动员、以战争为手段形成的民族国家。独立之后大凡有所发展的，无论宣布什么主义，实际上几乎都得靠某种内部集权制度，才能够有效地集中国家资源，将其投入于工业化的资本原始积累。一旦完成原始积累，形成产业，接着就必然进入资本化阶段。而资本的全球化却意味着欧洲、美国、日本的过剩资本自由进入其他民族国家，占有本来属于各国民族资本通过资源资本化获得的资本收益。这就是"资本建制权"的实质。

当然，如果世界不得不接受这种西方过剩资本来"化全球"的过程，客观上就会出现一个资本最过剩的国家建立单极霸权，按照资本的需要和各国资源禀赋对各个民族国家"重新洗牌"，这就是以美国为首的西方国家强调的所谓建立"新秩序"的实质。

这也必然带来各种次级大国资本与单极霸权国家重新争夺资源富集地区的冲突。最具军事强权地位的美国的捷足先登，客观上会威胁欧洲和东亚产业资本的生存，而这两个以制造业为主的地区不得不越来越依赖进口能源和矿产资源才能发展。

《外交事物》今年3月发表塞巴斯蒂安·马拉比（Sebastian Mallaby）的文章《不得不帝国主义》，也试图对美国的全球霸权给出合理性解释。

我们搞经济研究的人一向认为，意识形态是一种动员国民、整合资源的工具。如果我们设身处地地站在美国人的角度，可能会理解大多数美国人都认同"上帝保佑阿美利加"这样一个观点，是上帝创造的历史赋予美国人这个机会。尤其是当美国被包装成自由、民主、讲人权的国度，并且将反恐、反暴力、解救全世界等这些"新教精神"结合在一起的时候，大多数民众是愿意认同的。为什么在反恐问题上布什得到如此高比例的社会认可？这和在美国人内心深处的这种意识有关。

有一位智者指出，当冷战时期，也就是存在世界两极的时候，尽管双方的理念不同，手段不同，但要达到的目的是一样的。当时，苏联、东欧是一个与西方对立的阵营，它有极大的核武库，核武器的数量是美国的两倍。在这两大势力集团同时存在的情况下，谁都不敢贸然使用手中可以造成人类毁灭的核武器。

在苏联、东欧这个阵营中，苏联作为晚进工业化国家，只能以集中统一的方式来控制以社会主义阵营为名的本系统的全部资源。于是它就要树立起某种理念作为本系统的基本意识形态，而这种意识形态恰恰和以美国为首的西方阵营所树立的自由主义意识形态不同。但苏联在集中统一、有限主权论的理念之下，所采取的行动就是一种对老牌帝国主义行为的复制：以国家的名义直接使用军队，比如苏联对阿富汗的战争，也包括20世纪50年代对匈牙利、60年代对捷克、70年代初对中国的关系的处理。这些军事行动，相对于它秉承的理念是正常的。而中国和其他正在进行工业化资本原始积累的发展中国家，无论是否认同社会主义，都不能接受。因此毛泽东把苏联定义为"社会帝国主义"。

而在以美国为首的西方阵营，因为老殖民主义时代结束，不

第一部分　全球化危机与现代化困境

可能再派军队到发展中国家去直接掠夺，它的意识形态又与苏联阵营对立，强调自由、民主、平等、博爱，所以就更不能以国家直接出动军队的形式来对那些不听话的族群或者独立主权国家实行干预，于是就改变干涉方式，动用 CIA（中央情报局）去进行贿赂、颠覆、爆炸、暗杀，搞恐怖主义活动。由于这种手段与意识形态冲突，因此 CIA 在好莱坞影片中几乎成了国家罪恶的代表。

这位智者还指出，在刚刚过去的冷战历史上，两大集团尽管理念和手段不同，但他们之间的对抗客观上形成一种制衡，并且实际上都是在维持本集团体系的控制，进一步扩张自己的势力。一旦苏东社会主义阵营解体，没有了对手，美国所采取的手段自然会有重大变化，没有必要再靠 CIA 的恐怖活动，而是直接把当年苏联在有限主权论之下的军事干涉方式接过来。于是，阿富汗人和阿尔巴尼亚人一样，被美国军队从当年美国扶持的武装集团手里又"解放"了一次。

以史为鉴，可知冷战结束之后，美国实际上不过恢复了过去的手段：以国家的名义直接用军队来进行干预。"9·11"之后美国的做法，无论从哪个角度看，都是正常的，符合美国人的利益要求。例如，2000 年 4 月南海撞机事件发生之后，我上网看美国人的反应。在十几个网民的讨论中，只有一个人提出"为什么中国飞机没有到我们的家门口来巡视？为什么定期巡视是美国到中国的门口去……"

客观来看，没有苏联这个对手之后，采取战争形式来实现国家利益，应该说是"阳谋"。至于是以"反恐"为名，还是以"反邪恶轴心"为名，那都只是一个借口。还在"9·11"之前，美国就以"反流氓国家""反恶棍国家"为名进行战争准备，当时开列的几个"恶棍国家"中就有中国——根据美国提出的标准：拥有大规模杀伤性武器、非民主、大规模毒品、大量反人道的行为和黑社会等，这些标准中够一条就算是"流氓国家"，而美国认为中国够好几条。由于把中国作为"恶棍国家"，美国从本土派远程轰炸机轰炸中国驻南斯拉夫大使馆，也应该被看作"正常"情况。

当前，以军事手段来实现国家利益，对美国来说条件已经完全成熟，"9·11"之后打阿富汗，接着是不是打伊拉克？伊拉克之后打不打朝鲜？如果中国反弹是不是就对中国制裁？这种事情如果发生，并不是天方夜谭。

（二）如何看待美国近年来的战略调整

为什么美国近年来会有如此重大的战略调整？还得从经济上找原因。

从20世纪80年代开始，美国的制造业就持续不断地向下走，而同期非实质经济也就是"虚拟经济"大幅度地陡然向上。原因就是1971年布雷顿森林体系解体之后，没有黄金储备的货币发行必然导致通货膨胀。

原来的金本位制度自动弱化，是"二战"后美国大规模对外援助，造成美元成为主要结算和储备货币所派生的结果。美国向全世界承诺每美元含有多少盎司黄金，这只是一个被世界各国接受的信用承诺，而不是真有那么多黄金储备。

但是近年来为什么各国明明知道美国的经济严重泡沫化，美元严重高估约70%，还要把美元作为主要的储备货币？就是因为美国在世界上拥有唯一的无以匹敌的军事强权。

从布雷顿森林体系解体以后，全世界就应该承认：货币发行只有一个依据，就是政府的权力。既然只有政府能够发行货币，那么政府发行货币客观上就征收了铸币税。按照制度学派的理论，政府本来就是要追求租金最大化的。政府每发出一块钱货币，就必然分享一部分经济增长带来的收益。那么，越是强势政府，其货币就越变成世界硬通货；而弱势政府，比如乌拉圭、越南，它的货币就几乎不堪一击。金融危机扫荡弱国的事实就验证了这样的道理。布雷顿森林体系解体以后不再实行固定汇率制，而浮动汇率制又不是以美国对美元随时可兑换的承诺为基础的。所以在美元过量发行、被大幅度高估的情况下，如果它不维持政治强权，就意味着美国虚拟经济泡沫的破灭和美国金融资本的崩溃。

从这一点来说，美国国民即使不懂经济，内心深处也是有感觉的，因为他们半数以上的家庭在股市上炒股，人们几乎不储蓄，大部分是超前消费，凭的就是美国政府可以发行这张绿色的纸。而所有制造业的国家，尤其是后发工业化国家，都不得不以自己最好的资源、最好的劳动力，生产出最廉价的产品，半卖半送给美国人，以获得那张绿色的纸；还得再送回美国，买美国政府债券才能保险。于是，美国反过来又成为全球最大的外资流入国，这种金融资本的循环，使得美国能够稳定地占有对全球美元化所产生的资本收益。

这就是世界上已经形成的、有利于美国金融资本的经济秩序。

今天的美元经济已经严重泡沫化，成为美国政治背后起决定作用的经济因素。这体现了一种和微观领域研究的经济规律不同的国际宏观经济规律：当世界转变成以政府强权为发行货币的依据的时候，货币早已不是一般等价物或者交易的媒介，而是政治军事强权的外在表现。近期内，无论格林斯潘怎样努力，美国股市也上不去，就是因为"9·11"事件表明美国也不再是全世界最安全的投资场所，因此外部资本流入不断下降，美国股市高峰期外部资本每年大约流入3000多亿美元，而今年已经下降到只有1000多亿美元。虽然近年来有人不断预测美国经济复苏，我仍然同意国家计委（于2003年改组为国家发展和改革委员会）王建研究员的观点，只要没有大量外资再次回流到美国股市，美国经济就难以复苏。

当今天人们普遍认为资本能够单独创造收益的时候，几乎已经公认，只有让外部资本不断流入中国，中国才能走上经济发展之路。然而，上面述及的"美国现象"对发展中国家整个是颠倒的：外国资本买美国的国债，过去收益最高不过4%~5%，现在大约2%~3%；而资本进入发展中国家则必须占有超过15%的高收益回报！很多人在强调引进外资的时候恰恰没有注意到，外资主要和中国的垄断资本谈判，目的是要占有中国的资源向资本转化的收益。

1929—1933年的欧美大危机，本质上是全世界范围内制造业过剩的危机。当殖民地都已经被几个工业国家所占领，再没有什么可瓜分时，当产业资本扩张到了已经没有什么人需要这些东西时，就爆发了那次全球传统制造业的大危机。欧洲工业化小国再没有新大陆可去，也已经把国内的地铁、铁路、公路等基本建设都修好了，因此，德国率先把制造业转向军事。而在军事生产中，正如盛洪博士指出，每比别人多1%的投资，就意味着比别人多100%的比较优势。19世纪末期的日本曾经转向军事工业，于是先后打败了中国和俄国。20世纪中叶的德国率先把投资转向军用，也是既满足了就业，也生产出了战争设备，于是就必然导致战争，并且先走一步的德国在欧洲就战无不胜。

后来，德国人在欧洲的狂轰滥炸打垮了其他国家的制造业，自己的工业生产能力也被欧洲本土之外的美国炸完了。这就给了美国一个空前的机会——欧洲的军事设备只能从美国来。于是美国必然大规模地扩张它的传统制造业，尽管这并不意味着美国提升产业结构或是经济结构调整，而是传统经济结构的空前扩张。

第五章　中国能再争取20年和平发展的国际环境吗？

历史告诉我们资本主义的内生性危机：一旦世界上没有什么地方可以被用来输出设备的时候，资本主义生产就要转向军事工业，输出战争设备。规律性的结果就是美国在第二次世界大战中以战争的形式扩展工业设备生产，不仅向欧洲，而且还向中国输出。

这个对美国空前绝后的发展机会还在于，美国远离欧洲战场，因此它可以在战争中扩张，战后又开展"马歇尔计划"援助西欧和日本，乃至于在整个美国势力范围内进行工业重建和国家重建。这个重建的过程，又是美国设备和产品进一步对外扩张的机会。

同理，为什么中国20世纪50年代会得到苏联援助？因为苏联也在第二次世界大战中利用它的亚洲部分远离战场的条件，发展了亚洲工业基地，并有条件在战后它的势力范围内进行传统工业扩散，导致美国和苏联成为世界工业化国家的两极。

但美、苏两国也有实质性的不同。苏联是非货币经济的计划交换，比如，它把吉斯150生产线挪到中国长春生产出解放牌CA-10卡车，要求中国用鸡蛋和猪肉等农产品来交换；而美国输出设备之后，是要用美元计算归还的；欧洲人虽然是战略盟友，也同样要还债，就要生产很多美国人要求的工业品。接着，就导致欧洲和日本的生产成本低于美国。后来，20世纪70—80年代，日本和韩国的汽车打败了底特律的汽车生产线，美国全球汽车产业第一大国的地位逐渐衰落。福特不得不在底特律建立一个"复兴中心"来发展第三产业。

欧洲和日本的工业从20世纪50年代恢复，60年代崛起，70年代开展大规模出口，这必然导致美国在第二次世界大战中和战后大发展的传统制造业出现严重问题。这时候美国的跨国公司大规模对外转移，转而依靠货币资本扩张虚拟经济，以金融为主的服务业占GDP的比重不断上升，近年来达到80%~85%，成为国内某些学者提出的"新经济"依据……

从政府操作来看，70年代后期美国进出口逆差问题发生，80年代最典型的调控政策是里根政府大幅度提高利率，促使外国资本大规模地进入美国资本市场；同期大规模发行国债，解救传统制造业。其实，西方国家冶金和机械等战略产业的保留都是依靠政府投资和关税保护。里根执政8年，政府国债投资2.6万亿美元，用以提升产业结构的层次，进入所谓高科技产业引领的知识经济时代。

里根时代的经济发展之所以能让一个演员获得"里根经济学"的美誉，在于美国建立了两个新的结构调整的基础：第一个是资本的基础，外资大举进入；第二个是高技术的基础，得益于政府以国债投资，不计成本地以军事需求来发展所谓的IT（信息技术）产业和BT（生物技术）产业。后来苏联解体，IT产业逐渐转变为民用，例如，到1996年互联网发展起来，就是把军队的指挥网络系统转为民用。

另一方面，这些结构调整也都是经济规律使然。当它的制造业大规模移出的时候，必须有新的产业替代，传统的自由贸易方式当然解决不了它的结构调整问题，政府只能调整金融政策，利率高到一定程度，进入美国的资本当然增加。里根时代创造了美国资本经济的基础和高技术产业的基础，由此孕育了经济结构的重大调整，因此果然真的就有了后来的IT产业和BT产业（当时也是为了战争，为了制造生化武器搞起来的）的发展。另一方面，从80年代开始，美国发展信用卡，社会上也是消费主义盛行。

但是，里根政策也带来了一个恶果，即非政府投资的制造业无法经营下去。记得20世纪80年代，当里根政策使得利率水平大幅度提高的时候，我正在美国进修，看到的情况是到处拍卖（on sale），因为企业和社会承受不了高利率——社会存款利率都高达5%~7%，贷款利率肯定要上升到10%以上——这就导致一般的制造业根本无法在美国本土立足，当然是产业资本大规模移出。

如果这些算是美国人放在河里的一块块石头，我们却不能摸着它过河。尽管美国有些做法和我国1989—1991年的情况相似：那时我国政府曾经大幅度调高存款利率，公布的8年期保值补贴利率可以达到约24%！那么，相应的贷款利率就应该算是高利贷！哪个企业能受得了政府制造的高利贷？当然会产生大量三角债，导致以制造业为主的国企资金成本大幅度增加，逐步趋向垮台。可见，中国也本来就是金融问题、宏观政策问题重于企业微观制度问题。这些情况可以与美国的里根时期相比的是，美国的存款利率最高也不过调到了7%左右，它的企业就受不了，大量移出，使美国经济空心化；不可比的是中国的企业移不出去，因为我们是低质企业，顶多剥夺国内市场，于是，在20世纪90年代，中国合乎逻辑地出现了一系列经济问题。例如，1992年以后出现三个投机经济的大幅度增长——股市、期货、房地产。成本过高的资金一下大量投入了这三个投机经济，至今仍然是中国解决不了的烂疮。

再回过头来看美国。里根之后的老布什政府当然看到经济空心化问题，便开始降低利率，一降就降到了2%左右，于是又造成资金外逃。没办法，就去打海湾战争。投资者一看外逃不行，石油主要输出地的阿拉伯不安全，世界上其他制造业为主的地区投资净收益也就下降，只有美国仍然是资本收益高且安全的地区，于是国际资本只好又回到美国股市。这些变化完全符合规律，美国为了国家利益，必然用军事手段解决经济问题。也可以说：只要资本出逃，就必然导致美国在外边打仗。"9·11"以后，美国再次出现大规模资本外逃，随即这种军事至上的行为就愈演愈烈，必然发动战争。

二、从国际冲突的历史解构西方现代化

为了进一步了解冷战后的这种重大变化，我们还应该从历史的角度看西方的现代化。

第二次世界大战之前，社会主义阵营还没有建立，美苏主导的两极秩序还没有形成，西方国家包括美国在内，就有条件毫不客气地直接以国家名义进行战争，掠夺和控制殖民地。几百年来的资本主义工业化进程必然伴随产业资本的对外扩张，这是经济规律使然：大工业一旦形成，必然要求大规模商品输出，商品输出必然与别的国家利益发生冲突，发生冲突必然要求代表资本利益的国家采取政治手段和军事手段，而军事手段只不过是政治手段中比较极端的。任何政治问题背后都有其经济原因，因此，在没有形成苏东体系与西方对抗之前，工业化国家使用军事手段来解决经济问题当然就是一种规律性的现象，所以才有两次世界大战及其他国际冲突。

大部分拉美和亚非学者对新老殖民主义都抱强烈的批评态度。他们指出，北美大陆在欧洲人进入之前，原来至少有3000万到1亿的印第安土著人口，现在只有80万人。美国建国以后，仅仅在19世纪中叶，就发动了1000多次战争，基本上消灭了印第安人。到20世纪末期，美国的印第安土著人口只剩下80万。如果再加上往北美运输的非洲黑人，到达美国的仅有2000万人，而在掠夺和运送途中，各有同样数量的黑人死掉了。所以仅仅在

美国拓展北美大陆的过程中,就有将近 1 亿的土著和非洲人做了牺牲。今年年初我去巴西,拉美的学者们认为南美大陆的情况几乎相同,他们计算南美有 1.1 亿的南美土著和非洲黑人死于 200 年前的殖民地开发过程。这样,南北合计大约 2 亿人成为美洲殖民开发的牺牲品。

而殖民地的开发和欧洲的工业化扩张及人口的移出,都是高度相关的。

据有关研究,欧洲通过 16 世纪以后的移民和 18—19 世纪的"三角贸易"向殖民地转移了 1/4 的人口,老牌殖民主义的英国转移出 1/3 的人口,那 3 个小岛上的人口流出去,占据了北美和大洋洲两个大陆,其他欧洲国家则占领了南美和非洲,就这样,欧洲对 4 个大陆的殖民地占领,彻底缓解了欧洲本土人口与资源之间过度紧张的关系。

假定西方已经建立的现代化是我们必须追求的一个目标,那么,我们应该具有的基本常识就是:中国根本没有条件,也不可能按照西方的这种对外扩张的模式来发展以工业化为主的现代化。因此,我们只能通过内向型积累,建设"有中国特色的社会主义现代化"。

需要进一步讨论的是,西方的现代化只能以西方的经验过程为基础才是科学,在中国则很难说是科学。原因有以下几点:第一,我们不能再进行两三百年的殖民扩张,再杀 2 亿人;第二,我们也不能照搬西方在人口大规模移出以后,以节约劳动力为目的的科学技术路线；第三，人口与资源过度紧张这种基本国情矛盾必然对国内制度构成制约，搞得我们在是否照搬西方的制度这个问题上进退两难了上百年。19世纪中叶的洋务派先驱者们只能提出"师夷之长技以制夷"；20世纪初的慈禧太后把"引进器物"改变为"引进制度"；也不过让10年后的胡适博士总结出"全盘西化"的理论，中华民族付出巨大学费，结果只是"邯郸学步"。100多年了，中国人汲取了大量教训，终于进步到"摸着石头过河"的水平。

目前我们国内有一系列困境——内需扩大不了，外需扩大却收益太低。像广东的有些出口加工区，只有5%的收益留在广东人手里，95%都流出去了，但低到这种地步还不得不这么搞，还不就是因为中国不可能重复欧美国家当年殖民地扩张的道路吗？所以，客观来说，中国走到今天还是进退两难。而这一点很多人至今都不能清醒认识，也有些人一门心思地以为能摸到西方人放在河里的石头，就能达到现代化的彼岸。

客观地说，中国处在产业扩张阶段，而且是资本和劳动力"双过剩"，此时我们面对的河里的下一块石头，就是西方人200年前的殖民化，但我们现在已经没有西方当年搞殖民地的那个条件了。于是，中国唯一能够发挥的所谓比较优势，就是在劳动力资源严重过剩条件下压低劳动力价格，不承认剩余价值，对外杀价倾销。据说今年的广交会已经到了1公斤衬衫卖1美元的地步，几乎等于白送；原来一个五金工具箱能卖到40美元，现在只卖8

美元。这些简单的制造业没有技术门槛，谁的劳动力便宜谁占领市场。而压低劳动力价格又必然导致国内收入差距的拉大，社会矛盾越来越复杂。此外就是压低资源价格，有研究认为应该把对资源和环境的破坏算作负值计入 GDP。

三、中国特色的发展道路

中国的发展道路问题，20 世纪 30 年代中国的知识分子就讨论过，那时有个关于"亚细亚形态"的辩论。当时就有人引述马克思晚年的思想：在传统的生产力水平之下，人们无法逾越地理障碍，导致不同的文明发展线索。古代中国对于西方来说，不仅遥远，而且有着无数的地理障碍。南面的喜马拉雅山高不可攀，西面是大漠，北面是冻土带、荒原，东面是大海。所以西方人没有过来，因此中国维持着不同于西方的"亚细亚形态"。后来，为了得到苏联的援助，我们才在理论上照搬了被苏联教条化的"五个历史阶段"，甚至把那些主张中国属于"亚细亚形态"的学者批为"托派"。

近 10 年来，我有机会两次去马克思当年做研究的大英博物馆，两次去巴黎的卢浮宫和纽约的大都会博物馆，以及欧美其他汇聚人类文明的大博物馆。在对古代文物的观察中，感觉到马克思提出的"亚细亚形态"确实有道理。因为我看到人类文明的发展线索的确差异明显。古地中海和近东的古巴比伦文明，主要是狩猎和采集文明，当地气候温润，物产丰富，使得那里的人可以伸手摘到果子、扔出石头打倒野兽，从那里的 3000~5000 年前出土的文物中可以看到，文化表达主要突出的是个体的人高马大，而有群体场面的则是战争，因此那里产生的是以个体为基因的文明。这种个体文明的侵略性非常之强——它从来就是要打仗的。欧洲最早的《荷马史诗》几乎就是掠夺和战争的描述。

这与古代东方必须以群体劳作才能实现灌溉和防洪的农业文明根本不同。中国最早的政府"夏禹王朝"之所以与西方不同，恰恰在于它不是产生于战争，而是产生于"大禹治水"过程中以共同防治水患为目标、以"三过家门而不入"为德政，对沿黄河各部落的成功组织。这也是中国必须强调"以德治国"的政治传统的本源。

后来欧洲人先扩张到尼罗河流域，再到中东地区、印度。到印度以后就非常困难了，因为地理障碍补给跟不上，所以中国就变成了一个在西方殖民化进程中没有完全成为殖民地的国家，因此中国属于相对比较独立的类型。这也是中国要走自己道路的历史原因。

四、守拙：重大国际变局下的唯一选择

近代历史上，从 1840 年到 1857 年，大英帝国对中国进行了十几年的侵略后得出经验教训，中国这种人口众多、历史悠久的超大型的大陆国家是不可能被完整征服的，所以认为中国必须分裂。相应地，所谓"大英帝国远东战略"，就是各国都可以在中国拥有殖民地，但任何"列强不得形成独占利益"。然后，这个既成战略又被后起的美国在 19 世纪末期变成了"门户开放，利益均沾"，成为列强们都认同的殖民化中国的政策。也就是说，英美领导下的西方列强在中国的战略其实就是"分而治之"，逐步肢解；而且从 1857 年大英帝国远东战略制定之后就基本确定了，那之后没有大的变化。

当前，在重大国际变局下，中国外交政策就应该相对更为谨慎。客观上我们既不可能重复欧洲人搞"绥靖政策"的做法，也不能像有人要求的那样，一定要站起来代表第三世界大声疾呼。我们不得不继续"守拙"。

（一）谁才是美国真正的对手？

如果从国际战略格局的变化看，我们首先应该认识到，真正有可能成为美国资本对手的是欧洲。

俄罗斯及其他欧洲国家都非常愿意看到美国在战略上把"两洋"改为"一洋"，把亚洲作为战略重点，把军事力量转移到西

太平洋。

毋庸讳言，美国把战略重点转移到西太平洋对欧洲也是一个历史机遇。人们已经看到，同期欧盟乘机抓紧东扩、加快欧盟的一体化进程，抓紧利用美国和中国的紧张关系，创造欧洲第二次崛起的机会，希望成为可以和美国抗衡，进而替代美国霸权的另一极力量。

我于去年（2001年）和今年（2002年）两次去欧洲，和那里的学者讨论到这一点的时候，欧洲的有识之士看得很清楚。欧盟国家本身并不想和俄罗斯对抗，但是，北约是美国主导的，欧洲人想从"法德军团"变成"欧洲军团"，建立自己的军事力量，然后以之来代表欧洲利益。这当然遭到在欧洲军事上占绝对优势的美国的强烈反对。美国认为有北约就够了，因为北约的军事主力基本是美国军队，第二次世界大战结束后美国在欧洲各国的战略要地驻兵，客观上压制着欧洲各国的崛起和对美国的反弹。为什么欧洲各国除了法国之外，大多数政治家对美国的批评非常谨慎小心，因为只有法国领土上没有美军；显然，德国的军队根本对付不了在德国领土上驻扎的美国军队。所以相对来讲，政治独立的、态度比较强硬的，只有领土上没有美国兵的法国。当然，如果这次法国极右翼势力上台，那可能就比较麻烦了；如果一直是中间势力或是中左势力执政，对美国就不利。而法德联合，推进欧洲一体化，对整个世界再次形成两极制衡是有好处的。

因此，我们应该高度评价欧盟崛起，积极发展对欧洲的经济

第一部分　全球化危机与现代化困境

政治合作关系，尤其应该适度支持欧元汇率提升；同时，必须低调宣传中国的发展，公开暴露制约中国发展的"人口膨胀、资源短缺"的国情矛盾。我们隐含的希望——就像毛泽东当年希望的那样——如果发生第三次世界大战，最好发生在欧洲，而不是亚洲。遗憾的是，现在对于中国第三代、第四代领导人来说，军事冲突和战争的威胁已经日益迫近到亚洲而不是欧洲。这时的欧洲人急于想实行绥靖政策，就像第二次世界大战一样，把战争的祸水往东方转移，尽量让美国人到东方来。

（二）中国周边国际形势

现在中国的周边是多事之秋，有以下几点原因。

首先，日韩两个重大的亚洲经济体跟中国存在结构性的经济冲突。

问题很清楚，东南亚根本不是我们的对手，那些国家的产业结构不完整，没有重型工业，没有原材料工业，没有支撑国家基本建设的大型制造业，只有日本雁阵式战略转移过去的加工业，只可能对我们华南地区一般产品制造业的出口，比如服装、食品等低附加值出口构成竞争。因此中国提出"十加一"，跟东南亚结盟，这就可能重新形成亚洲的地区经济结构整合，有利于中国的产业输出。

不过，我们这样做，客观上必然和日韩冲突。

20世纪过去的两次大战都是在那些产业结构趋同的国家中发

第五章 中国能再争取20年和平发展的国际环境吗？

生的，日韩和中国一样，都有着完整的重型工业，由重型工业又必然带动大型机械制造，如造船、汽车等战略产业的发展，然后才是次级产业的发展，所以，越是产业结构完整的国家，其稳定性越强。同时，如果不扩张的话，它的内部危机就会越来越严重，包括我们的国企问题，之所以解决不了，也是这个道理。重型工业结构国家的大型制造业必须是生产线输出才能有活路，这一点是所有的老牌工业化资本主义国家的必经之路，而当代的中国就是走不了这条路。我们现在仍然是一般产品输出，既没有产业输出又很少有设备输出。从发展规律看，我们其实只靠对内剥夺完成了原始积累，离真正的资本主义工业化还有一个不可能逾越的对外扩张阶段。

因此，"9·11"之后，美国在中国周边形成的基本战略布局是值得我们谨慎考虑的。比如说美国打阿富汗，军队驻到了乌兹别克和吉尔吉斯，于是，就能够扼制西亚乃至整个中亚。中国苦心经营的上海中亚五国合作机制这样一个想整合中亚、协调中国西边石油生产国关系的设想，很快就被美国人打阿富汗给突破了。这就意味着，美国要在中亚搞面向西欧的石油通道不仅得到军事保证，而且得以进一步控制欧盟的石油命脉。而中国修建的西气东输工程，其隐含的战略意图是进一步向中亚五国的石油资源地发展，乃至将来如果可能，发展中、印、俄三角关系，分享里海的石油资源。这个战略意图看来是难以实现了。

中国要按照目前这个工业化、城市化的速度发展，没有外部稳定的石油补给是很难维持的。越来越多的人要买汽车，城市还要改烧天然气，所有这些消耗大量能源的项目都发展起来的话，其结果必然是中国成为一个石油和能源的高度进口依赖国。

日本现在人均消费两吨石油，1亿多人口每年要进口两亿多吨石油。马六甲海峡每天对开180艘巨型油轮，给日本运送石油。就这一个制约因素，使得日本经济即使全球第二，哪怕成为全球第一，也必须紧跟美国。

从目前我们国内的发展情况看，中国预计10~15年之后会实现7亿城市人口的目标。我们即使没有日本那么大的消耗量，按照他们的一半算，再过10年，估算下来我们的石油也将有70%靠进口。马六甲海峡目前已经非常繁忙了，现在海盗又重点袭击油轮。要想挡住中国的这条几乎是唯一的石油运输线，是非常容易的。当年苏联在越南的金澜湾、美国在菲律宾的苏比克湾，都建设有大型军事基地，两个超级大国都是为了控制亚洲的生命线。我们过去靠自力更生的时候，经济上没有那么大的外需，军事上可以立足于人民战争，可以没有远洋海军和战略空军，更没有海外军事基地。现在，经济对外依存度近年来曾经达到45%以上，就不得不面对这些既没法回避也没法解决的问题。

所以，我们现在遇到的问题几乎类似于当年日本在工业化崛起之后、第二次世界大战前所遇到的问题。

（三）欧盟和欧元崛起给我们的历史机遇

中国不可能有条件成为美国的敌人，当前完全没有必要造成国际上的"错觉"，只能一而再、再而三地示弱下去，除非关系国家主权、民族独立，否则就不要强出头。中国一旦强出头，那就必然导致日本、韩国更加紧紧地绑在美国的战车上，它们生怕中国崛起，成为世界或者亚洲的强国。历史上，只要中国在亚洲崛起，日本和韩国就没有好日子过。诚如前面所讲，中、日、韩三国都建立了相对完整的产业结构，东南亚小国则谁强跟谁走。

我个人认为：真正有条件成为美国金融资本的敌人的，只能是欧洲。美国真的觉得它的战略平衡失控的时候，一定会把战略重点转向欧洲。

欧元1999年刚刚问世时，在国际汇市上就比美元高十几个百分点。这是因为欧洲经济比美国经济健康得多。美国经济80%靠服务业，欧洲的服务业也就占40%~50%。有人说美元币值高估70%，公认的说法是高估20%。既然欧元比美元币值高，欧洲经济又相对比较健康，必然导致各国调整外汇储备。比如日本1999年大约有3000亿美元的外汇储备，假定要调换20%的欧元，就意味着要卖出600亿美元的国债（因为大部分外汇储备在美国都是以国债和其他债券形式存在的）。假定外汇持有大国（包括阿拉伯石油输出国等）都看好欧元，为了防范汇率风险，就都要买入欧元同时抛售美元，那么结果是大量资金进入欧元市场，欧元一下子就会被托起来，美元就会被打下去。也因此，才发生了巴尔干战争。

欧洲的巴尔干冲突是长期潜伏的，科索沃危机由来已久。为什么会发展成美国主导的大规模军事干涉？那是因为美国想阻止各国把资本投向欧洲，阻止买欧元的潮流，防止美元垮！所以20世纪90年代初就有的巴尔干冲突到1999年才全面爆发。背后导致这场战争的原因就是典型的经济原因。欧洲各国发行欧元的前提是各国的财政赤字不得超过3.4%，巴尔干战争一打，所有欧盟国家赤字都超过4%，欧元立时就掉下来了，汇率跌落20%以上。各国马上停止调整外汇结构，因为，战争使欧元成为不稳定货币。

按照传统理论，货币被当作一般等价物、交换中介。欧洲区内贸易大于区外贸易，一旦欧洲整合成功，形成欧盟统一货币的情况下没有汇率损失，而区内贸易的实际量就会增加，因此它的经济健康程度大于美国。美国现在实际成了全球最大的吸血鬼，它要把所有制造业国家创造的利润吸到自己这里来，把自己发行的美元给他们，再将美元吸引回来投入自己的资本市场。这是一个恶性的经济循环。当它的制造业大规模移出的时候，实际上把经济变成了一个"从纸到纸"的循环。

世界发展到金融资本主义阶段，发生的危机不再是传统的产业资本过剩，而是金融资本过剩导致的危机。欧洲和亚洲的中国、韩国等经济没有严重"泡沫化"的国家，发生金融危机的时候能够幸免于难，不是因为金融方面的决策或者技术上的操作正确，而恰恰是因为这些国家以制造业为主。中国的产业结构是完整的，资本市场没有对外开放，所以中国在东亚金融危机中没受什么影响。韩国的产业结构相对完整，所以它复苏得最快，只要把泡沫挤出去，产业就会继续运行。同样的道理，从拉美经济三支柱——巴西、墨西哥、阿根廷的情况看，墨西哥、阿根廷先后都垮了，巴西为什么到现在还没垮？也是因为巴西是其中产业结构最完整的国家。

金融危机中垮得最深的，是与国家政治强权结合的金融资本。作为以实物经济为主的国家，中国并不担心国际上发生大的金融危机，充其量损失外汇储备。如果美元在金融危机中垮掉，那么中国的2500亿美元外汇储备可能大幅度缩水，但在本币坚持不开放的条件下人民币并不会垮。

国内外很多人希望人民币对外开放，但我认为如果现在开放人民币，很有可能重复苏联和东欧国家的厄运，这是因为我们的货币总量太小，总规模连美元27万亿至28万亿的零头都不到，而人民币折合美元充其量才1万多亿美元，无法与国际金融资本对抗。除非有特殊条件把我们国家约40万亿元总资产的80%实行社会化分配，并且根据发展到不同层次的资本市场交易的需要增加货币发行，才能在较短的时间内快速提升国家金融资产的规模，形成与国际资本抗衡的实力。

冷战后苏联解体、东欧剧变。苏联的资源基本上是沉淀性资

第一部分　全球化危机与现代化困境

产而不是流动性资本，由于资源向资本转化、占有资本收益是靠货币化来进行的，因此，解体后的俄罗斯政府承认德国马克在俄罗斯流通，就等于德国政府凭借政治权利在俄罗斯占有铸币税。此时欧洲资本进入苏东，把资产转换为可以增值的资本，就可以取得资本化收入。这给了欧洲金融资本一个空前的扩张机会。俄罗斯在17—18世纪占领了一大片亚洲土地，加上东欧大量的熟练技术工人，对欧洲金融资本来说，这是空前绝后的有利条件。而欧洲也恰恰是在这个时候加紧内部整合，形成一个统一的大市场和统一的货币，并没有坐失良机。欧元作为欧洲的统一货币进入苏东国家，能够占有苏东资源向资本转化的几乎全部收益，使之不被美元资本占有。于是，这两大货币代表的两大资本集团的斗争，必然是你死我活的。

我在1999年的文章中分析过，欧盟和欧元的崛起意味着欧美两大金融资本集团斗争的开始。欧盟刚一发行欧元，美国就发动巴尔干战争，打了欧洲的"下腹部"，欧盟各国不得不参战，导致资本大量流出欧洲。后来，2002年1月，欧元正式流通，接着就是进入美国资本市场的外资从3000多亿美元迅速滑落到1000多亿美元；在美国的外资流入中，欧洲曾经占四成以上，现在则不到一成；同期，欧元的汇率恢复到超过1∶1的水平。

在欧洲区域一体化的发展时期，为什么英国无论哪个党派执政都紧紧绑在美国的战车上，干扰欧洲的统一进程，而且至今不加入欧元体系？关键原因是英镑币值高估，汇率长期比美元高约

50%，而金融业是英国的第一大产业，制造业早就从这个老牌资本主义国家移出了。如果加入欧元体系，英国的欧洲金融中心地位不保，英镑汇率就会掉下来。因此，英国必须与美国保持紧密的战略同盟关系。

在中国的国际环境变化趋势上之所以注重欧洲问题，就是因为实现了一体化的欧盟，必然形成与美元抗衡的货币体系，而欧元随欧盟东扩一旦真的形成强势，必然置美元于死地。因此，在可预见的将来，一旦美国完成控制亚洲的战略部署，在中国周边形成包围，而中国自身经济增长不足以缓解人口膨胀的压力，不仅内部矛盾复杂，而且又处处"服软"，确实没什么可怕之处。那么，美国下一步的重点还应该是在欧洲。

当然，中国也完全有可能长期处于逆境。记得当年苏联解体、东欧剧变以后，我在纽约听一个美国政客说"我们能够打破铁幕，当然就能够打破竹幕"。美国霸权在亚洲推行若没有任何障碍，则有条件联手日本，先把中国肢解了再去整治欧洲。

但这取决于中国是否能够正视国际环境和自身问题。如果中国仍然继续保持集中统一的局面，并且得以改变过分依赖外需维持增长的问题，通过类似"西部大开发"这种内部调节战略不断缓解自身的复杂矛盾，也许会使美国意识到它可能和19世纪中叶的大英帝国一样，在中国无法形成独占利益，而日本、韩国参与中国瓜分又可能在若干年后进一步威胁到美国的世界霸权……或者，这个时期欧洲崛起比较快，欧元对美元打击比较大，等等，那么，美国可能先掉头西顾。只有在那种情况下，才可能给中国留下一个相对和平的发展空间。

总之，我们希望看到欧洲统一，欧盟迅速崛起；看到俄罗斯和欧洲区域一体化迅速融合。这样，欧洲的金融资本整合苏东资源就能够取得更大的成功。当欧元进一步稳定并且强大到和美元资本对抗的时候，就会迫使美国重新把战略重点转向欧洲。

当然，我们必须在这个有限的时间内抓紧解决我们的问题，不能再延迟。

附一：
中国改革走的是"第三条道路"[1]

一、中国制度与西方式的私有化制度不同的历史根源

中国在漫长的农业社区文明中，社区和农户之间自发性合作并经历史沿革而成的"两级产权"，与西方私有制经济制度下的产权关系是不完全相同的。中国不可能第二次再走西方指示给我们的道路。

---

[1] 编者按：本书第一部分虽然讨论了中国的战略对策，但是在会议发言和演讲中，不可能谈得足够深入和系统。16年前，本书的第一版是与作者的另一本学术论文集《我们到底要什么》同年发行的，两本书可以互补着看。现在，《我们到底要什么》中相当多的内容已经扩充为其他学术作品，不宜再版，是以选择其中的两篇作为本部分附录，以期帮助读者把握作者思路的整体框架。本文是根据作者1996年在对地方试验区干部培训时的讲课录音整理而成的，收入本书时有删节，题目也是修改时加上的。

第一部分　全球化危机与现代化困境

（一）任何理论都是灰色的

根据中华人民共和国宪法确定的"四项基本原则"，中国公民应该坚持以马克思主义为分析依据。马克思早就看到，即使是西方的私有制经济，当它在向生产的社会化和股份制发展时，也在扬弃着私有制。他说："资本主义的股份制企业也和合作工厂一样，应当被看作由资本主义生产方式转化为联合生产方式的过渡形式，只不过在前者那里，对立是消极扬弃的，而在后者那里，对立是积极扬弃的。"（《马克思恩格斯全集》，第25卷，第498页）此处所说的"后者"就是合作制。他还在1858年4月2日给恩格斯的信中写道："股份资本，作为最完善的形式（导向共产主义），及其一切矛盾。"中国的城市改革很大程度上可能是"消极扬弃的"，以为可以通过股份化改造企业产权构成；而农村改革之初的分地和后来"股份合作制"的发展，却在实践着"资产的社会化与生产的社会化相结合"。

在这个历史性的社会经济变迁过程之中，"任何理论都是灰色的，而生命之树却长青"。应该注重的是从实践中去发现问题，提炼出一些带有理性的经验，而不是把传统的或西方的理论结论或理论概念，套用到现在生动活泼的经济现象上来。农村的分田到户，并不意味着私有制的产生，而是集体经济"产权两极构造"的又一种实践形式。

（二）东西方不同社会基因的形成

从历史的角度来说，西方的"个体化"的私有制经济，是建立于西方自己文明形成和发展的历史过程当中的；而东方这种"群体化"的公有制经济类型，则是建立在自己五千年东方式的"亚细亚形态"文明发展过程中的。

据我所知，20世纪30年代中国知识界对此有过争论，80年代初，我在大学里也对此有过讨论。带着这些争论中未决的疑点，我曾经有机会在马克思做研究的大英博物馆认真地做过观察分析；后来在法国的卢浮宫、美国的大都会博物馆、俄国的冬宫博物馆、德国的日耳曼博物馆……在那些汇聚了人类文化财富的地方，认真地做过一些研究分析。

尽管我并非历史学家，但作为一个有心人，我感到震撼的是，在三千年乃至五千年前的那些古墓葬挖掘出来的文化遗产中，可以清楚地看到一种悬殊的差异：西方的古代文明发源于地中海沿岸的采集、狩猎文化，那些地方的出土文物所表现的人，是充分"个体化"的人。无论是古希腊的雕塑还是壁画，所表现出来的人物各个不同，但主要表现的是人的体魄的强健。

而东方，包括古埃及、古印度及其他古代小国，所有这些立足于原始灌溉农业的古代东方社会，挖掘出来的墓葬壁画却都千人一面，体现出典型的"群体化"特征。即使是部落酋长，比如说大禹，也不过是个头高点。大家都着一样的衣服，有一样的面孔；甚至那种多年延续的一样的单线平涂式的表现手法，也体现不出东方古代社会人的"个体化"突出特点。

古代东方社会可以总结为浅显的"以群体为基因"的社会形态，

西方社会则叫作"以个体为基因"的社会形态。这两种社会形态导致后来两种不同的社会经济发展类型。我认为，这种基因是决定东方无论如何都照搬不了西方经验的内在原因。

从经济基础上看，地中海文明首先发源于古希腊、古罗马，这些地方具有得天独厚的自然资源的优势。即使现在到意大利半岛去看，那里还是气候湿润，物产丰富。原始氏族部落制的时候，西方是狩猎文明或采集文明，体格强壮的人伸出手就能拿到果实，扔出石头就能打到野兽，如果没有自然资源或者资源不足就会发生战争。所以，西方古代社会第一部成文的历史《荷马史诗》反映的是战争史。我们读过著名的"特洛伊木马"的故事，这个故事表面是讲因海伦而发动的战争，实际上是资源配置而导致的一场战争。后来，西方社会在从中世纪向现代工业文明发展的过程中，仍然以战争来控制资源和市场。

而东方古代社会产生于原始农业，比如，中国最开始崇拜的是"神农氏"，因为他"尝百草而事农耕"，所以这位原始农民就成了"三皇五帝"之首。后来，第一个从部落酋长转化成国家统治者的则是大禹。大禹治水也与西方迥然有异。为什么中国的最初国家权力形成于治水政绩和"三过家门而不入"的德行，而非西方式地形成于战争或暴力？因为，原始的灌溉农业这种经济类型要求人们必须结成社会群体才能防御水患，才能利用水力，才能引水灌溉。所以，它突出不了个体，一个人开不了一条河，一个人防御不了洪水，依托大江大河的原始灌溉农业，演化孕育出的必然是群体基因的社会形态和德政的政治形态。

（三）中国应该有第三条道路可走

两种不同类型的原始经济基础决定了两种不同类型的社会基因，奠定了两种不同的文化底蕴。即使发展到今天的这个世界格局，也仍难脱其窠臼。

到现在为止，我们实际在走着既不同于西方也不同于传统的"第三条道路"，但却还没有产生于自己脚下这块热土的中国人自己的经济学理论。理论界实在是非常苍白的，还没有从我们自己的发展过程中脚踏实地调研，一个一个地去界定社会经济范畴，去发现它们之间的本质关联，去挖掘出质的规定性，去总结提炼出我们的基本理论和概念……要么照搬苏联的理论，要么照搬美国的理论，照搬理论是没出息的。我相信"行万里路胜读万卷书"的古训就是注重调查研究、注重交流，特别是从基层调查研究当中产生感性认识，为深入的理论研究提供实证材料。

二、改革开放以来经济危机的成因

中国的改革开放并不能改变经济的周期性规律。20世纪80年代以来，中国经济不仅仍然表现为周期性波动，而且周期缩短，原因迥异。

第一部分　全球化危机与现代化困境

（一）财政金融体制改革引发国家资本部门垄断和地方政府原始积累

如上文所述，1982—1984年中国经济开始高涨。其中非常重要的变革就是为减轻财政负担，实行"利改税"、"拨改贷"和"财政分灶吃饭"。从过去的财政"统收统支"体制改造成各部门"留利交税"，财政对企业投资改为银行贷款和中央地方财政"分级承包"。

所谓"统收统支"，就是任何一个单位所创造的每一分利润都要逐级上缴财政，所花的每一分钱都要由财政统一安排下达。这是全民所有制存在于财政并对全民进行分配的必要条件。财税改革在调动了各部门和地方理财积极性的同时，客观上以"单位所有"取代了全民所有，带来了三个重要的现象。

一是财政改革以后，出现了各个部门根据自己实际占有的国家资产来决定上缴和留利的情况；于是，出现了部门之间的财产分割，也就是"国家资本的部门垄断"。

在财政体制改革之前，中央政府是有绝对权力的。因为，各个部门的资产都是全民积累的，是农民、工人的剩余价值形成的。因此，这个国家从一穷二白、完全的农业国发展到70%以上的产值来自工业，发展到改革开始时国有工业固定资产达10 000亿元，这是全中国劳动者的剩余价值形成的。因此，中央政府代表全民有绝对的财产权力，甚至连各部门的人都认同这是国家的财富。

但财政改革使各部门突然有了收益权；从收益权就开始转成财

产占有权,因为收益权来自对财产的实际占有。于是,就开始出现了部门之间的收益差别。其实,权力份额最差且最无资本利润可占的是农口部门[①],因为农民把财产先分包到户了,人民公社也解体了,农口各部就成了几乎没有资产可供垄断占有的政府部门。

部门之间的收益差别现象导致了后期的部门垄断资本形成。现在所谓的"块块之争、条块之争"皆起源于此。因为每一个条条都有自己的部门利益,所以就有了部门之间出于利益在决策上反映不同意见,进而再让人大通过部门为自己起草立法并予以合法化的情况。这就使部门利益到了尾大不掉的地步。

部门垄断资本形成也是中央调控失灵、"设租寻租"型政治腐败泛滥,陡然加大制度变迁成本的直接原因,只是人们对此无可奈何罢了。

二是"拨改贷"改变了全民所有制国有企业的性质。企业从银行贷款进行扩大再生产投资,还贷后所形成的资产,按理应为该企业全体职工劳动剩余转化而成,视为共同所有。现在则因产权改革滞后而已经演化成为"单位自有资产"。政策理论上不承认"拨改贷"后企业资产性质上的"共有制"变化,片面强调"国有",实际上是部门垄断资本自我保护的政策表现。

三是"财政分级承包"启动各级地方政府为自己的财政利益而进行地方政府资本"原始积累"。在改革开放之前,我国只完成了

[①] 农口部门,指与农业结合得较为紧密的部门,如林业、牧业、水利、气象、扶贫等部门。

国家一级的工业资本原始积累，这意味着国家所直接控制的大中型城市基本上形成了完整的工业体系。但是，地县以下普遍工业基础薄弱。于是，在财政改革后，全国形成了各个层次的明确的收益主体，数千个县、市，乃至数万个乡镇便都突然有了一个要求：完成各级地方政府的资本原始积累。

大家看到：20世纪80年代中期有一个现象——"跑步进京"。就是地方政府到北京跑部门，从部门垄断占有的国家资本和收益中挖一块给这个地方，甚至拉高干子女当地方官，于是官场腐败应运而生。随之就出现了80年代中期投资规模的空前膨胀。而又由于整个国有经济的内部分配机制是完全不能制衡的，新增投资约有一半要转化为消费基金，于是，投资的膨胀又导致了消费的膨胀。

财政金融体制改革带来上述问题，因此出现了投资、消费双膨胀的局面，形成了改革以来的经济过热问题，进而引发了经济危机。

（二）危机调控政策分析

1985年经济增长出现高潮，也导致财政出现了较高赤字。这时提出的经济调整的口号基本上还是"调整、整顿、充实、提高"，和上一次发生危机的1980年的八字方针差不多。不过，1986年提出的"拍、租、转、股"则因其触及国有企业产权改造，而显然比上一次的"关、停、并、转"有本质上的进步意义；但这个进步由于仍没有进步到承认企业资产中的职工劳动剩余价值的深度，因此得不到广大工人的响应。加之种种体制环境原因，1986年提出的方针终未得到认真贯彻。

对农村经济发展的影响是,当时的投资膨胀使国有企业资源供给严重不足;于是1986年开始提"乡镇企业大进大出,两头在外"。但实际上因为外贸垄断,只能是"两头在外贸"。

不仅是中央控制的大中城市投资、消费双膨胀,而且由于财政体制改革创造了层层利益主体,大约7万个地方政府也都在尽力争取投资,试图完成地方政府的资本原始积累。这就在全面经济膨胀之中产生了地方差异扩大,以及随之而来的各级政府不可遏制的"现代化攀比"问题。这是中央1985年即已提出紧缩政策,而到1988年仍未能见效的主要原因(统计上看只在1986年投资略有回落,但并不构成一个周期)。接着,从现象上看,还是由于供给不足和消费基金的过快增长造成了1988年夏季的大抢购,并导致当年出现18.6%的物价上涨幅度。

值得进一步分析的是,大抢购只是20世纪80年代的特殊现象,此后则不足为训。

因为我国处在改革开放的初期阶段,政策语言上刚开始讲商品经济,并不承认市场经济体制,经济上还是非市场化的。当时老百姓面对的可进入市场只有两个,就像一个跷跷板:一头是高档大件消费品市场;另一头则是生活必需品,即粮、棉、油、肉、菜、蛋市场。那时没有股票、房地产,没有任何资本市场,也没有听说过谁买医疗、养老、财产等社会保险;当时连旅游都不是市场化的,大家都抢出差机会,借机出去旅游。因为这些消费都是非市场化的，是国家包着的，所以对于市民而言，除了基本生活用品和高档大件消费品两个是刚放开的消费品市场之外，没有其他消费品市场来分散资金投向。因此，抢购就集中在这"两极跷跷板"上，任何一极消费压力稍微加大，都会导致物价波动过大。

当抢购高档大件消费品使物品价格上涨时，对应政策是增加高档消费税。这间接大幅度提高了高档大件消费品的价格，又在客观上无异于刺激市民对价格上涨的预期；无处释放的社会消费就只能转向基本生活用品，市民甚至开始抢购布、盐、粮食……

两极化的消费使物价波动显得很大，随即引发了公众挤兑。为了防止银行存款下降，政府又较大幅度提高了存款利息，同时实行保值贴补。高利吸储虽然确实使银行存款随即大增，但在贷款利率未调而且严格规模控制的政策作用下，银行当年即出现数百亿元的亏损，并导致财政赤字相应增大。于是，接着就必须调整贷款利息。这时，地方和企业在紧缩政策于1989年之际突然有政治条件实现的同时，又遇到资金成本突然大幅度上涨；政治和经济的双重作用，终于使国民经济在1989年以后进入萧条阶段。

对于后来者，这种宏观调控政策及其作用过程本应引以为训。

（三）萧条和复苏

1990—1991年是很典型的萧条期。企业"三角债"一度高达3000亿元，库存占压达2000亿元。为了安定团结，银行被迫增加贷款，用于收购企业库存，甚至给亏损企业发工资，导致不良贷款大幅度增加。这样延宕到1991年，中央一方面继续实行紧缩方针，另一方面对国有企业只能实行"点贷解扣"。此时的农村，直接表现是农民收入连续三年下降，负担相应增加，干群矛盾激化。

到1992年，逐步适应了当时政策的各种民营经济和三资企业经济开始有所回升。此时邓小平"南方谈话"仿佛一剂猛药，突然使地方经济以大办开发区为特征猛然进入高涨阶段；当时国有企业劳动生产率所反映的效益并未提高，但在股票、期货、房地产三大投机同步作用下，再次出现1993—1994年投资与消费都过度膨胀、财政赤字和物价都过度上涨的局面。

另外，1992—1995年，每年360万亩农民土地的非农占有，约等于每年从农民手中拿走3000亿元的国民收入。

（四）"信用膨胀、生产停滞"型的第四次经济周期

1994—1995年，连年的高物价上涨源于两个与20世纪80年代不同的新因素。

一是在市场经济体制确立过程中，必然伴随产生"经济货币化"（或称"资源资本化"）所推动的货币超发。

随着资本市场的逐步放开，90年代社会公众所面对的市场显然已经不再是原来的"两极化跷跷板"了；金融资产的多元化及投资结构的多样化，加快了我国经济的货币化进程。每一份在原来产品经济时代不用货币即可分配的资源，在90年代的市场条件下，则必然要求对应增发一份等值货币，以实现通过货币为中介的交换和资

源配置。在节省货币的信用手段和契约化的信用关系都不发达的情况下,这种方式当然会促使货币大量增发。

二是高利率造成"信用过度膨胀、企业生产停滞"的恶性循环。

有经济学家说,1994年全国贷款总规模是34 000亿元,当年的官定贷款利率是在年息10%左右。但实际上大部分企业拿到贷款的利率一般都在20%以上。这中间至少有十个百分点的利差,折合人民币3400亿元。若不是银行,那是谁吞掉了这3400亿元?这个问题无法直接解释。

据《金融时报》说,中央财政历年亏损对银行透支已经超过了银行的自有资本金。财政部1994年向全国人民代表大会提交的报告说:今后赤字不再向银行透支,靠发行国债弥补。于是当年国债是1000亿元,1995年增加到1500亿元,1996年当高于上年。大规模增加的国债只能高息发行,这就客观上推高了银行的负债率和资金利率。

而银行在上一轮周期之中被迫放贷,已经有大量的不良贷款收不回来,只有用剩下的可回收贷款去牟取高利,才能偿还存款人本金,以及只有在存、贷款利率倒挂的不利条件下硬挺着支付利息。最为极端的例子是,三年期以上的存款加保值补贴,1996年1月到期时年获利约24%,而贷款按调整后规定的利率年息只有约13%。存贷之间差十个百分点以上,这还不加银行经营费用。

表面上看是存款利率高于贷款利率,但这只是按照国家法定利率计算的。事实上全国大部分银行单位都坐好车,发高额奖金,盖好楼……这就在客观上决定了对于银行而言最起码的经济选择：官方银行既然官定不能破产，就只能采取某种追求利润的行为——变相放高利贷。既然规定不能高息，那就只好通过搞财务公司、投资公司的违纪拆借等手段，由这些相关公司去高利放款，这就是企业到银行借不到款，而要拿到贷款就得都是高息的原因。

另外，银行在利率倒挂的条件下，存款增加就要多支付利息，但是还必须大力吸收存款，因为贷出去的款已经收不回来了。如果不增加存款，就没有新增贷款能力，所以一定要增加存款。这就是信用膨胀。

一般而言，在资金利率高于10%的条件下，除非投资于银行或"泡沫经济"，否则在实物经济领域中的任何投资都几乎是无利可图的。这也是近年来"公款私存"和社会存款都大量增加的直接原因。

信用膨胀的直接结果是：企业之间的连锁负债至1995年第三季度已经突破8000亿元；库存占压约5000亿元。二者都是上一次周期的2.5倍。并且，企业在负债率高达80%、资金利润率又只有约3%的情况下，亏损面必然扩大，从而导致生产停滞。

接着是恶性循环：企业不良债务导致银行之间的信用关系恶化，贷款大量转化为坏账、呆账或逾期贷款、不良贷款。到现在为止，金融系统承认的不良资金大约占贷款总规模的不到30%，其他部门说法不一。理论界最为极端的说法是高达50%以上。

（五）经济危机中的地方政府

1991年以来，60%以上的县级财政赤字，80%以上的县级工业亏损。在中央和地方的财政、信用状况都不断恶化的同时，有些地方政府行为也发生了本质性变化。

一是变相吃存款。某些地方政府指使银行给县办工业贷款，在贷款的同时把税扣下，银行则先把利息扣下，以此满足本届政府的眼前需求，包袱甩给后人。

二是配合某些外商掠夺资源。在国内资金利率过高而且受规模控制的约束下，某些地方政府往往不顾环境污染，以有限资源置换引进外资。

三是剥夺农民地权进行原始积累。在缺乏外部资源的地方，某些地方政府伸出手去以地生财，大规模征占农地垄断出售。

（六）有关讨论意见

根据金融资本运行规律，既然银行信用的基础只能是政治强权，那么信用恶性膨胀的下一步将导致政策支持下引入浮动汇率制，或对商业银行注入低息资金，从而通过不断扩张信用，避免金融破产及其连带的政府信用危机。作者认为，对此唯一可做出的早已不是价值判断，而是制度成本分析。

对于这方面的详细分析可参阅我另一篇文章——《建国以来四次周期性经济危机及宏观调控政策分析》，发表在1996年第1期《发现》杂志上，文章分析了信用恶性膨胀的结果，认为按照经济周期规律，近期经济危机的主要特征是信用崩溃，直接表现为孔夫子所担忧的"礼崩乐坏"，即广泛的社会性"赖账"。不仅企业、银行，各部门和地方之间也互相赖账。一旦银行赖账，"金融资本异化于产业资本"，信用危机就到了崩溃的边缘。对于决策者而言，也就是到了不得不做出取舍及抉择的岔路口上了：是要产业资本还是要金融资本？

企业不景气已经是不争的事实。如果把现在国有企业没有积极性、经营效果不好归因于高的负债率，那么，农村也有同样的问题。全国乡镇企业统算账，资产负债率67%。其中，大型乡镇企业（经营规模最大的1000家乡镇企业）资产负债率78%，接近国有企业，这反映出企业自我积累能力过弱，资产负债率过高，是经济危机和萧条阶段的普遍问题。

一般而言，企业的债务率达到50%，效益受到影响（不包括流通企业，我国流通企业相当多是全额负债的），因为利润中有相当一部分要变成银行利润；当企业负债率达到60%时，一般产业几乎无利可图；到60%以上的时候，企业出现负利润；而如果达到80%以上，多数就该破产了。

理论界有人说，银行应把债权转为股权，就是把企业欠的债务转成银行对企业的股权，也就是银行的左口袋拿钱，右口袋装钱。也有人说，过去从财政拨款改为银行贷款是改革，现在改回去，把企业债务再算成财政拨款。总之，还是在原体制内循环。

还有一种说法，向管理要效益。认为只要加强企业管理，就能增加效益等。十四大政治报告中明确讲,建立市场经济体制的前提是产权清晰化,就是要先搞产权制度改革。不能以加强管理来否定产权改革。好在从"十一届五中全会"起又讲明晰产权了。只讲加强管理的说法早在1978年就提过,但就是执行不下去。当不触动产权的城市改革导致企业的亏损面进一步扩大时,1986年才认识到要调整、盘活存量资产。从那时起,因为非经济环境变化又耽误了十年。现在企业负债率进一步提高,坏账率进一步增加,当老路再也走不下去的时候,才终于又走回来。

与产权改革对立的另一种说法是"国有资产流失"。事实上,从中华人民共和国成立起两代劳动者的剩余价值都转化在国有企业资产中间了。如果不承认劳动者在国有企业中的产权,只给他们一个劳动合同,一旦他们遭解雇就失去了生存基础,这当然不是"主人";也无法阻挡工农劳动者的劳动积极性大幅度下降。所以,如果不改革现行产权制度,就不能防止资产流失。

有一种国际知名的理论说,中国的改革是"渐进式的增量改革"。但是,农村改革一开始就是"突变式存量改革",就是"大包干"让农民分地。第二步农村改革的突破也是南方率先开始搞的"股份合作制",就是要把包括土地在内的农村资产进一步以股份形式量化到人。"不动产权的改革不是改革。"建立新的财产关系是其他制度创新的基础。而由于农村人口占中国人口的74%,这也就意味着改革是对大部分中国人不动产权的存量改革。也许渐进式增量改革只反映城市,但那块只是渐进,却并没有增量;而且存量越来越少，差不多全变成负债了。若再延宕，无异自弃。

三、20世纪90年代的改革与发展

（一）"抓大放小"存量调节

中国的国有工业固定资产统算账将近 40 000 亿元。国有房地产统算账，按重置价格计算也是大约 40 000 亿元。这样，城市固定资产总规模仍然在 80 000 亿元左右。农村所拥有的固定资产包括土地在内统算账，应是 80 000 亿元到 90 000 亿元。现在资产总存量仍在 160 000 亿元到 170 000 亿元。中国的希望在此，发展的基础在此。

流量调节已无出路，存量调节迫在眉睫。如何减少存量调节中的社会震荡，就看如何做出调存量的决策。

1995年中央五中全会提出的"抓大放小"是重大决策，几乎雷同于80年代初农村改革中保留4000家集体工业发达社队不分包到户的安排。现在按40万家企业计算，抓住1000家国有大型企业集团，尽管政府仍占有国家资产总额和利税的约70%，但是毕竟放开了其他39.9万家国有企业，这就可能较大幅度地开放资本市场。

（二）国有资产社会化

资本市场放开应体现"国有资产社会化"的社会主义原则。形式上并非照搬规范化的股份公司，而是根据国情，至少搞一定比例的"劳动贡献股",推行体现工人产权,可产生较高积累率的"企业职工股份合作制",再通过拍卖、租赁、转让、破产等形式来市场化配置资源。

产权改革的实质是:必须重视对劳动者财产权利的承认,还原他们在国家工业化原始积累时期付出的劳动剩余价值。改革存在于广大劳动群众对自己财产权利的觉悟之中,不能把希望寄托在"乞求贵族再光荣一次"上。

开放资本市场是存量资本调节的最关键环节。这一步迈得大、动得快的地方将占很大"便宜"。因为最稀缺的、流动性强的要素仍是资金,只有资本市场先放开,货币要素才能较便宜地集中流入。工业省大中型企业较集中,如果能够率先开放资本市场,在存量调整上先走一步,发展速度可能非常快。

(三) 中西部加快发展与资源资本化

中西部与东部之间的差距表面是差在收入上,由此对应产生"财政转移支付"的扶贫政策。但收入是一个变动幅度大、变动频率迅速的变量。收入之差这个现象所掩盖的本质实际上是资本量所产生的资本收益之差。西部有自然形态的资源优势,但不是资本优势。深化改革的制度安排有可能创造极大的制度效益。

例如,湖南怀化的山地制度建设试验,只是通过把原来按人均分的山地改变为可流转的"山权长期租佃制",就使24亿元资金流入这个贫困山区。

又如，地处黄淮海盐碱地区的山东济阳县孙耿镇，"集地滚地"1700亩办工业开发区，三年之内镇财政收入从40万元跃升到8000万元，办法就是每个农民拿出半分地，从远村往近村滚地，最后集中到镇区国道两侧变为工业用地。只要保证农民地权不变，就能实现从传统农业进入现代工业的零制度成本。

如果西部能够加大改革力度，打破部门对资源的分割垄断，有权自主加速资源资本化，加速开放资本市场，西部的资本量就能陡然增长，甚至无须财政转移支付就可赶上东部，因为其人均资本收益会随之大幅度增加。

（四）完善农村财产关系

农村资产90 000亿元中的80%是地产，现在农村即使已经建立了合作社或乡镇企业的集团，也没有把这最大的资产计算进去。各个地方乡以下应该抓紧实现以土地为中心的社区股份合作制，重构和完善农村财产关系。

曾经有过20世纪80年代初农村重构财产关系、创造经济高速发展的经验。从那以后，农村经济已经发展成了工、商、建、运、服、农、林、牧、副、渔十业并举，形成产业门类齐全、专业分工初步社会化的商品经济框架，但财产关系基本还停留在人民公社解体时农民"大包干"分地时的那种状况，因此大有调整余地。

完善财产关系应包括乡一级在内，因为乡一级政府一般不存在国有资产；乡政府现在占有的资产就是原来人民公社三级集体所有、在社一级内部平调或积累的资产,人民公社解体后,转化成了乡镇政府占有的资产,其属性仍是集体所有。所以,农村的产权制度改革要特别强调把乡镇及政府部门占有的、以原人民公社社一级集体积累资产为基础的那块资产的属性明确为乡域内全体成员共有的集体财产,并予以作股到村民组。只有这样,农村产权关系才能清晰。村委会更应该是在村社区范围内推行全员资产股份化,通过配股折股量化到人。

完善农村财产关系应包括乡村全部工商业固定资产和农业固定资产。农业固定资产当然包括土地资产。不抓紧作股量化工作是重大失误。中央文件早在20世纪80年代就强调农村要素的市场化流转。不把土地从实物形态向价值形态转化,土地无法流转,也就难以真正实现分工分业、规模经济。要素市场化流转的前提是要全环节地实行农村资产股份化。

(五) 以小城镇建设吸纳农村过剩人口

在东部发达地区和中西部发展较快的地方,乡镇企业产值已经占农村社会总产值的60%~80%(在地方工业产值中占40%左右),约50%以上的劳动力在乡镇企业或其他非农领域就业。发展到这个阶段,实际上已经具备了加速城市化、尽快转移农业人口的条件,应及时把乡镇企业和非农就业人口集中到小城镇,把土地所承载的过剩农业人口转出去,缓解基本国情矛盾。只有土地承载的农业人口降下来,才能实现农业的规模经营,才能提高农业的商品率、劳动生产率和积累率，农业才能市场化，也才有可能逐步改变分散的小农供给和城市成规模需求在体制上不对接的状况。

非农转移受财产关系制约。原来"大包干"分地时，大部分社队是按公平原则分的。只有把社区资产包括农民的土地都作了股，社区成员占有股份，才可以在进城进镇后保留家里的那部分股权，产生收益凭股分红，农业剩余人口才能转移出去。如果不把土地从实物形态向价值形态转化，谁离开就意味着谁丢失了已经实际占有多年的利益，那农业中的多余人口是转移不出去的。因为农村资产总量80%以上的地产约值80 000亿元，而且越是发达地区地产越值钱，农民为什么要丢？更何况原来"大包干"时土地的第一次分配本来就是按公平原则分配的，而且实际上多数搞了社区股份合作制的地方，第二次再分配股权时，仍体现了传统社会的公平原则。

这个问题在广东刚兴起开发高潮的时候表现得尤其尖锐，农民开着拖拉机包围政府，在开发区的推土机前静坐。广东46%的上访告状是因为土地纠纷引起的，而原来广东农民并不要地，到处弃耕撂荒。但是，一旦土地当作商品被开发，农民就不干了，那是农村祖祖辈辈留下来的财产，怎能让人白白拿走？地方政府往往3万块钱1亩征，30万块钱1亩卖，中间90%的利润流失。

在土地纠纷非常尖锐的情况下，广东省政府发现一部分地区基层创造了农村股份合作制，经规范化在全省推开后，上访告状没有了。

让农民占有股权收益的办法同样可以有效促进小城镇建设，这个制度安排的效益非常大。因为城建占地要投入，而土地股份化可以不占地，初始投入可以节省下来用于城镇发展；只要政府允许社队和农民土地以股份形式参与商业开发或工业开发，按股享受红息，就可以节约制度成本，这本来就是最节约制度成本的办法。

（六）降低乡镇企业团地化的门槛

乡镇企业集中进入工业小区也面临同样的问题。村以下乡镇企业发展快，主要是劳动力极度过剩条件下社区追求就业最大化和福利最大化的结果。企业办在村，可以得到社区土地资本增值收入转移的好处。

乡镇企业创办之初，没有多少货币投入和设备投入，主要是地便宜，劳动力便宜。企业办在村受自治法保护，"大盖帽"们一般不下乡；可以土地不交钱，劳动力不付钱；不用搞行政后勤系统，也不用建职工宿舍和食堂；一切社会福利保障都不要支付。这就节省了乡镇企业启动资本。如果企业经营不下去，产品卖不出去，老百姓不发工资回家种地去；什么时候卖出去再给钱，这又节省了一部分机会成本。如果连行政干预和市场风险都可以低成本避免，企业当然办在村更好。由此造成的破坏资源、污染环境，是现行的制度成本；只有改革，别无良策。

政策上强调乡镇企业集中进入工业小区，实现规模化、团地化发展，前提是先要降低进入乡镇企业小区的门槛。企业一旦离开本村，地得买，宿舍、食堂也得盖，企业成本就得提高。此外，乡镇企业的进城高门槛,还在于政府垄断征地、开发商再转手倒卖的地价太高。

县以下不实行国家征地,允许乡、村两级土地作股,可能有效地降低门槛,从而降低制度成本。乡镇企业进镇用的也是农村用地,为了农村经济综合发展,企业可以让地权股份化,这样既可以解决乡镇企业进城会增大成本的问题,也可以至少保证无地农民仍有股息收益。

如果在一个县或镇的范围内,能够让四乡八里的乡镇企业向小区集中,还可大量节约土地,节约出的土地既然是股份化的,也就便于流转,便于区域化种植,从而实现农业的规模经济。

(七) 重建农村积累制度

积累制度包括两个方面:一是劳动积累,二是资金积累。其中应特别重视的是资金积累。

在生产力要素中,资金要素是起组织作用的龙头要素。所谓重建农村积累制度,就是紧紧抓住资金这个龙头要素,在现在这样对立的城乡二元经济格局下,要保住最为奇缺的资金要素尽可能少地流出农业和农村。

千投入万投入,真正的农业投入主体是农民。中央决定加强在农村投入,但实际不到位,因为不存在投入机制。国家银行不可能对应2.4亿个小农户,现有的金融工具在小农户小规模的农业生产上都无法进行金融运作。信用社最基层在乡一级,不能对村以下农产小额信贷做审查监督；农户贷款成本过高，风险过大。所以，尽管1994年农行统计仅6%的资金投入农业，而农业生产照样增长。实际上，改革以来这些年，维持农业投入的主体是农民。

但是农民这种高度分散的小额投入不利于提高农业积累率。资金这个龙头要素如果形不成规模，就不成其为有组织作用的要素，就没有再扩大生产的能力，也就改变不了农民自给自足、农业商品率低的局面。

积累制度建立仍要把"以土地为中心的股份合作制"作为基础。

第一，明晰集体地权，促进土地从资源形态向价值形态转化。其中，无论是实行"两田制"、"租佃制"还是"股田制"，或是实行"四荒拍卖"，都意味着转换了一个重要机制：从原来按公平原则、完全按人分配所侧重的福利功能转换为侧重生产的功能。除了保证农民基本生存需要的自留地（口粮田）外，体现生产功能必须是土地要竞争才能包得到。农民要把竞包的承包费先交给集体才能种地。"四荒拍卖"也是竞争拍卖才能种地。一旦实行了这样的制度安排，农民自然会主动交钱给集体。于是，包地交钱这种制度安排连带产生了大于农户投入规模的资金要素。

第二，承包费和拍卖金都要作为农村资金积累制度建立的基础；要及时建立农民合作基金会，把所有农村中产生的资金成规模地集聚到村、乡两级。农村资金积累制度建设是中央早已用政策语言明确规定了的。从调查看，比较好的县一级农民合作基金会，集聚的资金规模大体上能达到三四亿元；比较好的乡一级农民合作基金会规模能达到三千万至五千万元；极端的能达到一亿元。

第三，可以利用农民合作基金会这个载体搞生产要素在流动中的优化组合。比如专业户承包开发，到农民合作基金会融资，应允许以拍卖到的山权、林权、地权做抵押，如果经营不善收不回资金，抵押物和不动产期权可以收回重新发包。因为农民合作基金会是农村社区合作组织内部的信用组织，所以，全世界范围对这种合作信用组织都是给予足够的优惠的，如社区性基金会免交八种税费，不注册，不登记，不纳税，这样资金成本就比银行低，且利率还可以上下浮动。

第四，要严格执行不对外搞存、贷款的政策界限。会员都应是乡、村两级合作组织成员，只进行会员内部的资源融通。由于乡镇企业也是会员，所以，乡镇企业的产权流动也可以通过合作基金会柜台交易。山区开发果园期权转让、山林期权转让，都可以通过合作基金会开个窗口，以便于规范转让，防止纠纷。

第五，再进一步讲，可以在会员、社员之间进行结算。在乡镇企业范围内、在不同专业和环节之间不用走现金，节约了现金的在途，也就节约了资金，无形之中就增加了资金量。

（八）第三产业的规模效益

第三产业的规模效益也要靠发展农村小城镇来实现。

工业的规模经济是能够创造规模效益的，但这并不绝对化。因为工业产品是可运输的，所以工厂即使相对分散，也仍能生产。对于规模经济而言，更为重要的是第三产业，因为第三产业没有规模人口和规模消费就不可能存在。

就在胶东、辽东、苏南、浙北这些集体经济高度发达的地区，由于忽视了产权制度建设，因此尽管小城镇和县级城镇超前现代化，大楼盖得很好，马路修得很平，路灯都很美，但就是没有第三产业。在苏南很多小城镇，一到晚上七八点钟以后，农民下班回到村里去了，镇区里边街道是"这儿的傍晚静悄悄"。第三产业是不能放在轮子上移动的产业。饭店、理发、洗澡、娱乐业等，没有成规模的人口，就没有成规模的消费。所以，农民进不了城，就发展不了小城镇，就没有第三产业的较快发展。

大凡这些经济发达地区的农村，按照国有工业的模式搞福利，按照城市模式搞农村现代化：村村通柏油路，村村通自来水、通电话；家家盖别墅，户户买轿车。然后搞村级公园，村级敬老院，村级办公大楼。高度分散，高度浪费，这些全部都进入乡镇企业成本，造成乡镇企业资产负债率过高。这不仅是严重的资源浪费，而且在这么大工业比重的情况下，城镇不得不"带状分布"；产业结构得不到合理调整，第三产业得不到发展，农业人口也转移不出来。

所以，小城镇和第三产业发展都必须以产权制度建设为前提，只有在要素从实物形态向价值形态转化之后，才可以加快向城镇流动，农民才可以在占有收益而不直接占有实物资产的条件下"离土离乡"。

（九）农业产业化

推进农业产业化的最大难度就在于城乡对立的二元格局至今没有被打破，农业的投入和产出的两头是在城市被垄断的。部门垄断资本是当前改革的一大难题，导致市场经济条块分割的也是部门垄断。所以，推进产业化首先强调的还是打破加工、流通、金融等部门的垄断。

第二个难题是产业化使保证农业生产者获得平均利润这个目的难以实现，其背后的核心矛盾仍是产权问题。泰国正大集团可以让养鸡农户和加工企业分享利润，因为它在资产权益清楚的条件下倾向于长期收益。所以，有恒产就有恒心，无恒产就无恒心。假如城市的产权没有通过股份制或股份合作制的改造，城市的企业家和职工都无恒产，那他就没有恒心，就必然是短期行为。当年城市企业搞承包制的时候，就是厂长、经理和职工一块拼光耗尽设备，增大短期收益。如果没有长期目标，不追求中长期收益，就形不成平均利润，产业化也不能发展，因为产业化就是要在生产、加工、销售各个环节上大致都能得到均等收益的前提下，产业链才能形成。

所以，检验产业化是否成形的根本标准就在于：能否形成产、加、销各个环节的平均利润率。

以上所有农村改革的步骤尽管历年都已被中央文件所明确规定下来，但是，真正地贯彻执行还有待于宏观环境的进一步改善。当然，在大的环境逐步改善之下，地方才有可能通过自己的工作创造出有利于发展的小环境。

附二：
国家资本再分配与民间资本再积累[①]

本文可能引起争论的观点如下。

第一，东西方社会的主要差异源于不同的资源环境和不同国家的资本原始积累的历史过程，这也是形成不同政治体制甚至是意识形态的基础因素。中国是一个典型的进行东方式原始积累的国家，她并没有像西方国家那样对外掠夺扩张，而是主要对内"自我剥夺"：一方面通过工农产品"剪刀差"，从农村提取积累；另一方面以票证形式计划、分配，维持城市劳动力再生产的限额

[①] 本文最初是作者于1991年在美国哥伦比亚大学做演讲时的提纲，回国后整理成文，征求有关杂志意见后获得积极评价，但却由于当时某些方面的困难，没有任何刊物的负责人敢于公开发表，只好在我工作的农村改革试验区办公室内部刊物《改革与试验》1993年2月10日第2期上首发。那期刊物发出后所留下的上百份存底很快就被人要光了。随后，本文在《发现》杂志1993年秋季号上公开刊登，《新华文摘》1993年第12期随即转载（删去了第二部分）。此后，《战略与管理》主编坚持要求再发，于是本文在该刊1994年第6期第三次发表。此次收入本书时，同样删去了第二部分，略去了图表和注释。——作者自注

消费品,从城市提取积累。

第二,中国历史上,农村社会管理一向是"社区自治",村民们根据传统道德规范及对本地区社会经济发展贡献的大小,筛选出"社区精英",组成"管理集团",对农村社区进行管理与统治。应该认识到:上下几千年的中国文明史中,只有在国家资本原始积累这个特殊历史阶段,政府控制才真正下伸到农村基层,它凭借的是"农产品统购统销"和"人民公社"这两种相辅相成的制度。这时,政府对全部生产、交换、分配、消费环节实行集权控制,而极端化意识形态的作用则在于国民动员的有效性。

第三,对财产的控制和对资源的配置是权力的出发点和归宿。集权体制建立在国家对全部资源实行垄断占有的基础上。在20世纪80年代改革过程中,原有的以"按级分配"为标志的全民所有制,已在"利改税"之后渐变为"单位所有制",国家资本蜕变为部门垄断资本;而又由于后者并不是剩余价值的直接付出者,因而根本无权占有国家资本及收益,其法权占有必致腐败。在中国大城市发生的一系列经济和政治问题,症结就在于此。

第四,中国当代的改革其实应被看作由亿万劳动者积累的约三万亿元国家资本的一次再分配。国家资本的再分配是"民间资本"再积累的基础,它意味着城乡经济主体有机会根据自己的社会经济条件,在重新获得必要的启动资本的基础上,不计代价地

第一部分　全球化危机与现代化困境

以劳动投入替代资本投入，重建自己的财产权力结构。正是由于这一基础及社区血缘、地缘关系这种传统中国农业文化在国家资本再分配中所起的作用，中国近年来的农村改革和发展才能取得成功。

第五，具有家族（家庭）结构特征的农村社区组织在经济上有两个主要功能：一是区域资源配置，二是收入、福利的整合。在农村组织创新建立市场经济新体制的过程中，这两者都是无成本或低成本的。中国经济体制改革必须重视与中国传统文化的融合，因为它无论是在民间资本的再积累过程中，还是在减少制度变迁费用方面都具有积极作用。

第六，基于农村改革中农户家庭凭借社区成员身份对地产和农业固定资产进行再分配的成功经验，人们必须在城市找到一种方法，即能像分房"打分"一样，来核算每个劳动者拥有的与其工龄和贡献相应的国有资产份额（包括消费性固定资产），可以让这种"劳动者份额"在政府注册之后继承、抵押或抵顶政府税费，但不许兑现。只有当这种社会化了的国家资产在新的产权关系促进的高积累中增值，才可以进入股票市场兑现。

第七，研究中国体制问题的焦点在于认识城乡差别。中国存在着两种社会、两种体制、两种政府。城市政府相对于农村政府恰像一个"倒置的金字塔"。不同的财政来源导致权力方向上的不同。而这种城乡矛盾的对立统一，又正好是中国社会得以在稳定中渐变的基础。近期的改革选择是：要在城市中对国有企业和政府资产进行界定，重建一种财产关系清晰但产权结构复杂的资本形式，一步一步地打破部门资本的垄断，形成政府与各种经济主体的契约关系。

第八，国有资产社会化再分配问题对于多数东方国家来说是相类似的。如果一味地等着外国投资或本国公众购买国有企业资产（这些企业资产按理本该属于为国家资本原始积累无偿地付出了剩余价值的劳动者），那么这种做法将会使国家资产在产权矛盾造成的经济混乱和社会动荡中日益贬值。20世纪90年代的中国改革，正越来越多地撞击着一个绕不开的难题：对于大多数已经在40年国家资本形成过程中付出了艰苦劳动的人而言，改革的确走到了必须进行选择的岔路口上：要么通过新的产权制度安排还原劳动者在国家资本积累过程中付出的剩余价值，并以此作为民间资本再积累的基础；要么任由已经成形的部门垄断资本分割国家资源，造就出一批既不具有任何现代市场经济特征，又有悖于社会主义性质的官僚资本家。

在社会主义市场经济终于作为一种体制被确认下来之后，那些一向主张市场取向的改革者甚至还来不及感受最初的欣慰，就和社会公众一样，眼睁睁地看着国家资产的瓜分狂潮忽然莫名其妙地翻涌起来；尽管人们在某种程度上开始感到"资本主义的丑恶"，然而又大都无可奈何地把即使在资本主义社会也被视为非法的政治权力控股和垄断剥夺，当成市场经济与生俱来的同胞兄弟。

第一部分　全球化危机与现代化困境

显然，一向在理论上和实践上都以能代表中国人民最大多数的根本利益为宗旨的中国共产党，不会听任一部分已经在事实上垄断性地占有国家资产的既得利益者，无论是以计划体制下的"国有"为名，还是以市场体制下的"股份"为名，攫取本国劳动人民的资产和收益。当十四大政治报告明确地把理顺产权作为深化改革、发育市场经济主体的基本前提时，不期然抛出的这一块"试金石"，便对所有认同或号称改革的人做出了检验。那些大多已经在国家资本利润分配中稳定地占有既得利益份额的人，那些意识到手中含金量很大的权力正在资源重组之中渐趋弱化的人，或是那些曾经有条件借助于权力造成的财产关系混乱以"公有"谋私的人，几乎都乐得接受以往放权让利式的"改革"，但却几乎都不愿看到"产权清晰化"成为现实。于是，恰恰是他们，成了国家资产瓜分潮的始作俑者……

本文的理论发现不仅仅在于对改革之前的 30 年重要政治事件与国家工业资本原始积累的因果关系做出解释，更为重要的是对 15 年改革中非官方的民间资本再积累做出分析。民间资本这种前所未有的高度再积累，恰恰是建立在由亿万劳动群众创造的剩余价值所形成的国家资本进行再分配的基础上的。如果说改革是社会主义的自我完善，那么我的全部观点可以概括为一句话：当前改革的核心问题是通过国家资本社会化来还原劳动者在改革之前的 30 年原始积累过程中付出的剩余价值。对此，我将以模型和公式来解释劳动者个人或家庭如何计算他们在国家资本再分配中的份额，以及怎样与政府重建相应的经济契约关系。

人们需要一种通俗而又系统的思想来解释发生在他们身上却又困扰了他们40年的重大历史问题。好在我们这两代以自己的剩余价值无偿投入国家资本原始积累的劳动者还在；好在用我们的血汗积累而成的国有资产，不论在账面数额上还是在可供分配的实际价值上，都还不难计算。

一、国家工业化时期的资本原始积累

（一）历史不存在假设

分析历史的目的也并不仅仅在于批评判断某一事件中的谁是谁非，而在于找出一定历史时期各主要事件合乎逻辑的本质联系。无论如何，在中华人民共和国成立初期，中国仅用了28年即完成了从农业国向工业国进步所必需的资本原始积累，留下了价值两三万亿元人民币的国家资本，包括工农业固定资产和房地产。同时，还留下了一个表现为对立壁垒状态的城乡二元结构社会。

（二）政治因素的考虑

国家资本的原始积累是在极短时期内以极高的速度完成的，这就必然带来众多的社会和政治问题。因此，在做制度成本分析时，绝不应仅仅考虑经济因素，同时还要考虑政治因素。

1949年中华人民共和国成立初期，中国是一个典型的落后的农业国，只有15%的城市人口，5%的工业人口，15%的工业产值和50美元的年人均国民收入。没有海外殖民地，没有国际市场，除了苏联之外，没有外部资金投入，而苏联投入伴随着无法接受的条件（当然，在朝鲜战争中苏联曾给予过援助）。中国自1950年以来，地缘政治环境险恶，朝鲜、印度、苏联、越南和柬埔寨等区域战争和边境争端接连不断。战争需要工业，民族独立需要工业。毛泽东作为"英雄政府时代"的代表人物，拒绝以主权为代价换取苏联的资金投入和技术支持，中国人只能靠自我剥夺来完成工业化所需的原始积累，即马克思所揭示的最大限度地把剩余劳动创造的剩余价值转化为资本。至于是由资本家还是由国家来实现这种转化，则是原始积累这个任何国家任何不同历史时期都无法跨越的历史阶段所派生的问题。从经济实质来看，马克思在《资本论》第一卷第二十四章已有明示："所谓原始积累，只不过是生产者和生产资料分离的历史过程。这个过程之所以表现为'原始的'，是因为它形成资本及与之相适应的生产方式的前史。"[1]

为了实现国家资本的原始积累，中国政府在接收了仅值一百多亿元的原国民党的官僚资产，使之成为国家工业化启动资本的

---

[1] 马克思：《资本论》，中共中央编译局译，人民出版社1976年6月第1版，第783页。

最初投入之后，不久即进行了私人资本主义的工商业改造，使之不能与稚弱但又是垄断性的国有企业竞争。于是，国家拥有了实现工业化的"启动资本"。然而，处于幼稚期的国家工业要求有稳定的原料和产品市场，可它面对的却是有五千年历史的自给自足的小农经济和传统的农村集市交换。中国台湾学者柯志明曾在分析大陆20世纪50年代的原始积累问题时提到：1952年政府还可以购买到70%的贸易粮，但1953—1955年，政府购入的贸易粮迅速从800万吨下降到200万吨。这是因为第一个五年计划使工业劳力和城市人口大幅度增加，粮食的市场需求上涨导致粮价上涨（柯志明·塞尔登，1988年）。而政府恰恰在1953年开始推行统购统销，试图保住国家工业的原料和产品市场。其实质是推行"剪刀差"——高价卖出工业品、低价购进农产品，这样，政府可以在买卖双方中都获利，国家把所获利润通过政府财政二次分配投入工业建设和城市居民生活消费之中。

但是统购统销在推行之初不仅"统不了"，而且适得其反，其问题在于分散的4亿农民，在农民占人口绝大多数的中国，不可能照搬列宁的方式，让武装的工人以革命的名义强迫农民上交粮食，因此，毛泽东提出合作化，并进一步发展为人民公社制度，即把自治形态的农村社区变为准军事化的人民公社，使分散的自给自足的小农成为公社社员，这就奇迹般地在中国历史上第一次使政府的控制下伸到农村基层。以一大二公、政社合一为特征的人民公社，代表国家占有了除简单工具和居住用房之外的一切农村财产，执行对生产、交换、分配、消费等全部经济环节的计划控制。

1958—1978年——在中华人民共和国成立40年的当代史中，只有这20年可以说是集权体制，实践证明这个体制在国民动员上是极其有效的。这是一代人以革命的名义无私奉献，为了国家工业化而自我剥削的20年。从国家固定资产的投资额来看，年积累率最高可达40%，年工业固定资产投资额由200亿元增加到600亿元以上。就这样，最终给邓小平领导的改革，即对财产和权力的再分配与再调整留下了一个两三万亿元的基础。

（三）经济危机与体制改革之间的因果关系

周期性的经济危机与中国屡次进行的社会经济体制改革之间存在因果关系。在回顾危机周期之前，有两个因素必须首先考虑：一是在集权性的政府经济体系中，财政是最重要的核心部门；二是在1980年之前，除了通过国家财政再分配对全社会固定资产进行投资以外，没有其他资金来源。所以，财政收支变化直接反映经济周期变化。

第一个经济危机周期（1958—1968年）。1958—1960年是危机发生期。政府财政赤字占收入的比例从5.6%增长到14.3%，三年赤字总额达到200亿元。1960年以后，由于财政投资能力下降，就业严重不足，政府不得不动员大约2000万城市人到农村去生产自救，以解决城市的失业问题。

1961—1962年，经济萧条期。国家财政年收入进一步由572.3亿元下降到313.6亿元。从1982年公开发布的1964年政府统计数据可以看出，1960—1962年这三年的人口增长曲线呈下降趋势，"未增加人口"大约为2000万人，其中大部分人口被认为死于饥饿。人们称此段时期为"三年困难时期"。

1963—1964年，经济复苏期。由于政府在全面危机压迫下放松了经济控制，允许农民（人民公社社员）搞"三自一包"（这种以"放"为特征的经济改革15年后再次进行，只是改名叫"联产承包"了），因此，农业税收占财政收入的比例由原来的8%上升到22%，财政形势好转。

此时，由于中央领导人之间在经济政策上的分歧和在政治路线上的斗争越来越明显，而"社会主义教育运动"又无法解决基层阶级斗争问题，因此，"文化大革命"正处在孕育阶段。

1965—1966年，经济高涨期。国家在经济形势初步好转后，增加了对工业的投资，使得经济发展速度加快，但紧接着财政赤字再次出现。随后，1968年上百万的城市"知识青年"奔赴农村，其真正原因仍在于城市无法解决高失业率问题。

（四）第二个经济危机周期的发生

第二个经济危机周期（1978—1986年）。1978—1979年，危机发生，国家财政赤字每年约为200亿元，占总收入的比例高达20%，比上一次危机爆发时的比例还高5%。其中的原因不仅仅只是"文化大革命"对经济的影响,还有"洋跃进"——大规模举债用于工业投资及中越边境战争造成的非预算性开支。

1980—1981年,经济萧条使得政府再次采取"放"的政策,逐步解除了对农村地区的控制,降低农业税收,提高农产品价格,允许农民分户经营,承包土地,开放集市贸易。这就是农村改革的第一步。这不仅是上一次为缓解危机而采取的"三自一包"政策的翻版,而且很像中国历史上的那些通过战争获取新政权的统治者为了恢复经济而采取的"均田免赋"政策。与上一次经济危机不同的是,这次没有迫使城市人去农村解决就业问题,因此,城市犯罪率增高,监狱暴满。

1982—1983年,经济复苏阶段。由于对农村土地的再分配和农产品自由市场的开放,粮食产量每年增加20%,这三年的总增加量约为75亿吨。中国第一次用自己的力量解决了吃饭问题,同时,农业产值也提高到工农业生产总值的40%。

1981—1986年,经济高涨阶段。工业产值增长幅度加快,同期财政赤字每年大约增加100亿元。其中较重要的原因即是1982年"利改税"之后形成的国有资产"单位所有制"。由于国家垄断金融的低利率政策和政府财政投资的无偿性,因此,相对于较高的物价水平而言,任何单位获得投资本身即意味着吃进利差,这就必然造成投资膨胀;又由于单位内部"利益同构",固定资产投资总额中一般有30%～50%的部分会以各种渠道转化为消费基金,自1983年以后,非生产性建设投资大幅度增加。

于是，消费膨胀接踵而至。在投资和消费双重膨胀的压力下，供需矛盾和由赤字转化的超发货币量终于引发出全面通货膨胀危机。

正如20世纪70年代末的危机导致了第一步农村改革一样，80年代中期的危机也促进了城市改革。农村改革中，人民公社解体，使农村发育出各种独立的经济主体，并成为商品经济的基础，农村社会恢复了自治形态，使得以人民公社体制做组织保障的统购统销制度难以运作，农业投入品和产出品市场渐次开放，于是真正具有革命性的商品经济新体制在农村形成。同理，城市改革从80年代中期开始日益触及产权，城市企业产权主体多元化和股份化使政府部门垄断和计划控制相对弱化，工业投入品和产出品市场也渐次放开。因此，假如没有新的战争把现在的中国"平民政府"再一次打造成"英雄政府"，则中国的市场取向的改革趋势是不可逆转的。

（五）传统行政手段对资本的调节造成的极端性后果

1988年全国范围内发生的通货膨胀危机，如果可以不考虑意识形态的影响来分析政府决策，则可以看到，在使用传统的行政手段强行压减投资、消费双膨胀未能奏效的情况下，政府于1988年末开始连续大幅度调高利率，存、贷款利率一度升高70%～80%。这种流量资本调节的极端性措施是在不触动存量资本的情况下运作的，因此，必然会由于企业产权虚置而造成极端性后果:银行高利率造成企业资金成本大幅度提高——使用流动资金贷款最多的商业企业被迫减少资金占用,改购进为代销,向生产企业转嫁成本负担——生产企业如法炮制,缓付原材料款,向原材料企业转嫁产品成本占压资金负担——连锁负债迅速波及全社会。在这样恶劣的经济环境之下,企业管理效益每况愈下,中央财政捉襟见肘。可供中央分配的资源和利益份额减少,调控能力随之下降,各部门与地方之间"条块"矛盾加剧,终于,传统体制无论是在经济上还是在政治上又都走到再也走不下去,非变革不可的地步了。由于过去不动产权的改革已经给政府留下了足够的教训,因此,进一步深化改革必然触及"公有国营"经济单位的产权关系。

二、中国与苏联、东欧社会主义国家经济改革的比较分析

(一)中国与苏东国家经济体制上的相同之处

中国与苏联、东欧诸国在国家经济体制上有许多本质上的相同之处。中国十年改革成功的原因,即在于从国家垄断资本控制最薄弱的环节——农村入手,将国家以人民公社的名义所拥有的土地资本再分配为以农户承包为形式的小额劳动者资本,创造了以大量劳动替代资本投入、进行民间资本再积累的基础。而城市改革把"利改税"入手作为第一步,恰恰让各部门根据实际所

占有的资产收益留利交税,这就静悄悄地使国家资本转化为部门资本。

无独有偶的是20世纪80年代下半期,当中国的经济改革开始触及城市工业体制中部门垄断资本的产权问题时,所遇到的麻烦与苏联、东欧诸国绝无二致,随着国家资本演化为部门资本,全民所有制演化为单位所有制,国有企业产权的"灰化"程度越来越大,部分城市的企业职工早已把"爱厂如家"变成"厂里有啥家有啥",而各类干部则依托自己控制的部门资本份额来进行"资源置换、权钱交易",社会性的腐败正在蔓延。而从传统意识形态出发,在经济上采取对国有企业"输血""倾斜"的政策,则不仅造成数千亿无效益投资转化为库存占压资金和消费基金的大量增加,而且还进一步加剧了社会腐败。

(二)原始积累过后的产权不清问题

苏联的国家资本原始积累阶段也充满了激烈的政治斗争,甚至是无情的肉体消灭。布哈林在20世纪20年代即揭示出原始积累对于后发达国家的必然性。布哈林和普列奥布拉仁斯基曾经指出,发达国家与后进国家在原始积累过程上是不同的,前者是一种依靠商业资本的市场渐进过程,而后者则是国有企业对农民进行不等价交换的计划过程。尽管布哈林和联共(布)党内一些人反对以国家的名义剥夺农民,但世界上这第一个社会主义国家仍然让自己的人民承受了自我剥夺的历史性痛苦。无独有偶,中国

第一部分　全球化危机与现代化困境

人忽视了布哈林主义，但其积累过程却仍被布哈林不幸言中。

既然在完成工业化原始积累的东方社会主义国家中，国家资本的部门垄断或称部门资本，以及全民所有制演化为产权关系极度模糊的单位所有制，具有苏联、东欧诸国，以及中国城市体制的本质性弊端，那么，解决的办法就是"国家资本社会化"，即通过明晰国有企业产权，还原劳动者付出的剩余价值，据以建立劳动者资产份额，并以此作为劳动者资本再积累基础的经济机制，以此改造国家垄断资本和官僚政体，发展由劳动者占有生产资料的社会主义商品经济。这当然不是私有化，而是真正按马克思原意走向社会主义的必要的一步。

西方舆论界对东欧国有企业民营化的诸多问题有不少分析，较为表面化的有两种：一是分析企业本身的问题，即认为企业设备陈旧、管理水平和职工素质低下，无法运转；二是市场环境问题，认为不仅政治环境不稳定，而且缺乏资本市场必备的资产评估，而要等东欧诸国建立起必要的制度环境和完善的资本市场，他们认为起码还需 30 年。无论是根据西方经济制度提出的私有化方案，还是套用西方经济理论得出的分析判断，其针对的仍是苏东诸国传统的"全民所有制国有企业"概念，而问题的症结恰恰在于这种"完全公有制"现阶段只是名义上的或理念上的；实际上，无论苏东诸国还是中国，公有制国有营企事业单位早已在开放市场、货币交换的同时，静悄悄地转化为了"单位所有制（企业所有制）"。

附二：国家资本再分配与民间资本再积累

大多数"二战"之后形成的东方社会主义国家，在国家工业体系建设的过程上有相似之处。在工业化初期，国家凭借革命战争形成的权威占有全部生产资料，获取工农业劳动者的全部剩余价值，形成国家资本。而对付出剩余价值的"国家主人"——劳动者，则通过平均分配消费品或票证供应支付维持劳动力简单再生产的生活资料。此时，体现在最终消费环节上的平均化，使得"国家主人"并不产生强烈的"相对剥夺感"，在这个意义上，全民所有制在原始积累阶段是存在的，也是可以掩盖产权主体不清的问题的。

但是，一旦资本的原始积累过程结束，各产业门类之间日趋频繁的交换便产生出日趋明显的不同利益，国家资本的公有制形式和内容即演变为各个国有单位依据事实上占有的不同国家资本份额享有不同的资本收益，从而造成社会收益分配差别化的部门资本。部门资本的受益主体是政府部门自身，而这些部门并不是付出剩余价值的劳动者，为了维护其所有权的合法性，部门资本所派生的既得利益者阶层一方面必然加强政治强权，形成官僚集权政体；另一方面则必然强调"既得利益者所有制"的合理合法，维持僵化的意识形态控制。如果真是坚持马克思主义，就应该认识到：这种资本形式包含的产权关系不仅是最模糊的，而且也在理论上是对马克思主义的反动。东方后发达国家普遍存在的国有企业长期不景气、财政包袱沉重、社会收入分配不公，甚至社会动乱等现象的根本原因即在于此。以这种产权关系为内容的所有制和以这种所有制为名的企业资产，在任何主义、任何制度、任何国家中，尚无成功运转的先例。

因此，应该从企业产权清晰入手，还原不合理的部门资本所占有的劳动者份额，再建立独立的产权主体，使之进入有制度约束的市场。这样才有可能打破国家（部门）资本的垄断，铲除官僚集权政体的根基。这个过程中，公众中新的利益分配机制产生，人们才会意识到产生于市场交换中的平等自由是不可侵犯的权利。于是，民主政体和市场经济便有了社会基础。而这个过程的起码条件是要求有相对稳定而权威的政治控制……如果像苏东各国那样搞私有化，把已经产权关系不清楚的国有企业统统交给一个新组建的、从未在资本形成过程中起过作用的、依靠一种并不稳定的社会政治结构的"私有化部"来售卖，当然解决不了苏东诸国的问题。

（三）中国城市经济问题的关键

如果单纯从城市经济看，中国的问题与苏联、东欧诸国相类似：国有企业效益低下——政府税收困难，财政赤字增加，举借内外债，通货膨胀——政府调控能力下降，社会动乱……造成此类问题的根源也是类似的，即国家资本原始积累阶段完成之后，社会化大生产促进专业分工——各个产业门类之间交换频繁必然要求符合价值规律的市场体系取代旧的计划分配体系——市场化的商品交换冲击了旧的集权主义政体。

如果以上描述成立，那么中国20世纪90年代以来的改革与发展趋势也就清楚了。

正如上文提及的，国家资本的本质属性并非"公有制"。中国20世纪80年代上半期城市经济改革提出"利改税"之后，政府各部门分割占有国家资本并享有资本收益的"部门垄断资本"性质，即随着部门之间日渐明显的既得利益差别而显露出来。中央政府（国务院）决策也渐渐从"统一号令"转化为"平衡协调"。在宏观价格体系尚未理顺、市场环境尚未形成的经济条件下，占有较大份额国家资本或低价资源的政府部门即可获得较大份额的收益，接着发生的就是"权钱交易""官倒"。从根源上说，这些政府部门并未在原始积累阶段付出自己劳动的剩余价值，因而无权分割并垄断性地占有国家资本及其收益。可以认为，国家资本悄然改变为部门垄断资本，这是认识中国城市经济问题的关键。

进一步对归属于政府主管部门的国有企业做分析则可以发现，企业产权的实际属性也已从国家所有制演化为"单位所有制"了，即企业负责人与职工利益同构，共同占有企业资产并分享资产收益，但无人对资产增值负责。80年代中期以来，由于没有认清上述问题，在未对企业产权做界定之前即推行企业承包，便造成企业负责人与职工共同拼设备以扩大消费份额的短期行为。

既然部门垄断资本和单位所有制是中国乃至苏联、东欧诸国国有经济的通病，那么，解决问题的方法只能是明晰产权，即通过还原企业资产中劳动者剩余价值形成的积累为"劳动者资本份额"，使之成为劳动者大量投入劳动、进行民间资本再原始积累的基础。这是推行股份制的真正合理内涵。

三、国家资本再分配是民间资本再积累的基础

（一）中国内向型积累方式的独特之处

如前文所述，中华人民共和国在成立后的40年中，曾有两次明显的经济危机周期。两次经济危机周期的共同点在于：导致危机发生的直接原因都是内向型积累的唯一来源——国家财政发生严重赤字；而缓解危机的有效政策都是"三自一包"，只不过第二次是"大包干"，即把国家资本的一半做了一次静悄悄的分配。农村人民公社的地产和农业固定资产根据区域血缘、地缘关系所赋予社区成员的天然权利大多分配到户，使劳动者与生产资料直接结合。于是，农村户营经济有了再原始积累的基础，从而不期然地创造了80年代上半期农村经济的高速增长。其理论意义，类似20世纪90年代初捷克、罗马尼亚的"国家资本社会化"。

其不同点有两点。一是中国农村是国家垄断资本统治最薄弱的领域。农村的国家资本再分配是国家资本垄断经营获取剩余价

值的基础——人民公社制度和统购统销制度同时解体，中国从此有了发育独立经济主体和政治主体所必需的市场化前提。二是这种再分配为"民间资本再原始积累"奠定了产权关系基本清楚的基础。劳动替代资本，即个体经济或户营经济不计报酬地大量劳动投入，创造出成倍于国家资本原始积累的民间资本再积累率。

于是，中国在国家资本原始积累过程中形成的城乡二元结构社会，在20世纪80年代改革中有了新的变化：集中的部门垄断经营的城市资本与分散的民间市场化的农村资本相对立；与之相关联的，则是城市政治和农村政治，因为利益结构不同和权力指向不同而对立。这两种对立是中国得以在苏联及东欧巨变之中幸免并仍可稳定发展的根本原因。

占中国人口80%的农民从事商品生产并演变为纳税人阶层，除缴纳农业类税赋外，还向地方基层政府和社区组织缴纳以提留、统筹为名的"行政税"，以农业主产品合同定购为名的"经济税"。因此，农民与基层政府的关系日渐现代化。农村社区自治组织通过普选实现直接民主；基层政府与村级组织建立经济契约关系，变行政控制为管理服务。而在城市，除个体私营经济的从业者之外，市民仍为非纳税人，并且是享受全面消费补贴的既得利益者阶层；城市政府对于市民仍通过既得利益分配机制来保持集权政体的行政控制关系。

（二）第二次工业化浪潮

中国从20世纪70年代末开始的农村改革，说到底是允许农民对之前留下的巨额资产的一半，即人民公社的地产和农业固定资产，由农民自发地按照平等原则，做了一次静悄悄的革命——权力财产的再分配。它意味着农户经济在形成之初，即有机会获取最起码的"启动资本"，可以在农户规模内优化要素配置。农户家庭和具有家族（家庭）结构特征的农村社区组织在经济上有两个主要功能：一是区域资源配置功能，二是收入、福利的整合功能。在农村组织创新建立市场经济新体制的过程中，这两者都是无成本或低成本的，因此，效益最优，收益和剩余绝对化。这是中国传统文化对于改革的特殊贡献。"大包干"之后，村、户之间形成两极化的产权构造，利益关系基本清楚。其后的发展则是合乎逻辑的。因为，农户经济的发展实质是一次非官方民间资本的再原始积累，表现为农户家庭成员不计成本的活劳动替代物化劳动资本投入后所创造的高积累；农村户营经济的剩余必然转化为货币，并且投向在"剪刀差"作用下可以产生超额利润的非农产业。然后是城乡壁垒条件下的第二次工业化浪潮。

与第一次工业化（国家工业化）浪潮不同的是，这一次是农村工业化——乡镇企业的高速发展，它随着农村中工业对于规模经济的追求和市场条件下不同产业之间平均利润率的形成，乡镇企业团地建设和小城镇建设得到同步发展。此时，农村中以国家资本再分配为基础的第二次工业化浪潮及与其相伴生的大规模市场交换，必然对另一半国家资本，即城市国有企业固定资产和政府房地产形成压力，迫使城市国有资产进行社会化再分配，以此为城市非官方民间资本再原始积累奠定基础，形成20世纪末市场趋向的第三次工业化浪潮。[①]

（三）国家资本社会化再分配的经验

城市国有资产民营化已经普遍，国家资本社会化再分配也已经有很多经验可循。从改革试验区的操作经验来看，界定企业产权，划分劳动者资本份额是第一步前提，正如股份只是企业资产的一种形式一样，劳动者资本份额也可以表现为股份。可参照的模型和公式如下。

模型：$\sum_{i=1}^{n} = （C-I-GF）/En$

公式：

$LC=[（C-I-GF）/En \times AW-H] \times P$

LC= 劳动者资本份额（Labor's Capital）

C= 企业账面资产（Captial）

I = 银行借贷投资（Investment from Bank Loan）

F = 政府财政优惠（Government Financial）

En = 企业职工总数（Employee Number）

[①] 本文公开发表之时的1993年，中国确实发生了第三次工业化浪潮，民间资本也确实有大的发展，但是并没有出现"社会化分配"。我们显然低估了部门垄断资本捍卫权益和左右决策的能力。——作者自注

AW= 企业年平均利润率与个别职工劳动工龄构成的系数（Coeffeciancy of Average Interest by Different Working Ages）

H= 企业提供给个别职工的福利或住房（Social Welfare or Worker's House Distributed by Enterprise）

P= 职务权重（Wighting of Position）

即使参照上述公式划分了股份，也只是一种表面化的"骗局"，因为迫使劳动者资本份额成为民间资本再积累的基础，大幅度促进劳动替代资本投入，以高积累率加快经济发展才是第二步要实现的目标。其中的原则是：不通过自己的劳动创造再积累的人，其份额和股份永不兑现。可参考的做法如下。

第一，由政府财政、税务、工商管理、劳动人事和国有资产管理局等部门合组一个权威性办公室，为国家资本再分配确定劳动者资本份额做登记。

第二，在原企业中工作的职工可依据经过登记的劳动者资本份额作股，并享受股息红利。被原企业解聘或自愿辞职的职工，可凭份额申领私营、个体工商营业执照；上述联合办公室通过减免税的办法逐年冲抵该职工份额，同时将冲抵数转账，使之成为政府股份；政府可通过股票市场出售收回的股票。

第三，被解聘职工若被其他企业雇用，其在原单位资本份额即从账面转入新单位。此时，政府可通过逐年增加原单位税费同时减免新单位税费的办法来转移此类职工的资本份额。

以上公式和操作步骤尚待更多的实证检验。

附二：国家资本再分配与民间资本再积累

进入 20 世纪 90 年代，中国城市国有经济"负效益"十分严重，国有企业亏损面从 30% 扩大为 60%；国家财政补贴占全部财政开支的三分之一；企业新增债务和新增库存占压资金加上历年财政赤字形成的超发货币量，几乎等价于国有工业账面固定资产……这种险恶的经济局势比苏联、东欧社会主义阵营解体时的状况更为严重，但中国仍能不垮，其原因全在于占人口 80% 以上的农村商品生产者所提供的农副产品商品量占市场份额的绝对供给量；全在于被隔绝于城市体制之外的农村有一个发展了十几年的市场化的民间资本再积累，它创造出了数以万元的新财富增量。中国城乡关系好比"四抬大轿"，四个农人抬一个城市人，四平八稳。可以说，中国的发展，原因在于农村生产力解放；中国的政治稳定，原因在于农村自治社会与基层政权的新型政治关系。

第二部分

"三农"问题：百年回望与新世纪展望

第六章
我的困惑[①]

"我活着,因为我思考。"这是一句电视剧里的台词。

"我思考,因为我困惑。"这是我今天的台词。

我多次强调自己只是个"试验员",从来不认为自己是一个做规范性的学术研究的"学者"。因为这种规范研究,按照清华大学秦晖教授的说法,所追求的本来就应该是"一种片面的深刻"。我觉得这样研究的学问越精致化,就可能离客观现实越远,我们的书斋学者这样研究下去,就可能难以解释现实。

而我,由于得到了参与农村政策试验区调研的最好的机会,能够把人生中最好的时光花在用脚做学问上,因此才靠长期下基层搞调研积累了一些粗浅的感性认识。不过,也许恰恰因为不懂

---

① 中国改革杂志社组织的大学生支农调查评比出了获奖报告,要结集出个册子,编辑让我写个序言,正好2002年10月25日我在中国农业大学新报告厅做了个演讲,所谈的无外乎近期的所思所想。与当时在场的老师、学生交流,气氛很好。有同志帮我记录,形成了摘要,权且摘录其中的第一部分作为序言。本篇即为此序言。——作者自注

多少理论，这是我的不足，所以，搞了20年的调研，到现在也只不过收获了一堆困惑。因此，说实在话，我只能向大家汇报一下我的困惑。

一、怎么理解中国在遍地小农经济的条件下追求农业现代化？

我的第一个困惑是：怎么理解中国在遍地小农经济的条件下追求农业现代化？

记得是1998年，江泽民总书记在一次讲话中，把过去的文件中一向强调的农业现代化，实事求是地改变为"率先在沿海发达地区实现农业的现代化"。这当然是与时俱进的表现，因为在我国中西部的大多数传统农区，农业的生产力水平确实没有、以后也难以得到根本改变。

尽管中国经济总量已经进入世界前5位，但是，就大多数中西部传统农区而言，小农经济的基本特征改变了吗？由于人地关系的紧张这个基本国情矛盾的制约，我国农村地区客观上不得不长期维持小农经济。这是农业的生产力水平一直没有条件根本改变的原因。

在最近有关中国加入WTO的讨论中，国务院发展研究中心的陈淮研究员指出，在完全市场经济条件下，如果按照中国实际已经达到的中等发达国家的水平,当前全国的19.5亿亩土地应该只需要4000万至5000万的劳动力。其他讨论意见虽然没有那么极端,但大多数了解实际情况的学者比较一致地承认,我国农业在生产组织形式上基本上仍然属于传统农户的兼业化经营,因此,如果加上农户的养殖和其他经营,农业实际上只需要1亿的劳动力。那么,农村中剩余的大约4亿的适龄劳动人口,理论上应该处于"潜在失业"状态,当然就需要非农就业。这确实没有现成的经验可以借鉴,因为,世界上没有哪个国家有这么巨大的剩余劳动力要安排,客观上也没有安排到哪儿去的可能。因此,在中国,农民的非农就业问题越来越突出。

在1995年有关实行紧缩方针的讨论中我曾经提出,应该把促进就业作为基本国策。近年来的政策讨论环境相对来说更宽松了,我也就有条件更多地强调自己的观点:如果20世纪中国最突出的问题是土地问题,那么21世纪中国最突出的问题则是就业问题。

中央领导早就指出,要想富裕农民,就得减少农民。不过,国内有没有农村剩余劳动力就业的针对性政策?目前来看,至少各有关部门需要进一步贯彻"与时俱进",因为相关政策还没有出台,或者很不完善。将来即使政策完全对路,农村城市化加速,从中长期看,今后20年内,农民人口的比重也可能会下降,但绝对数仍然会在7亿至8亿。"不得不小农经济"的问题,也是有中国特色的、中长期难以解决的基本制度约束。

在"不得不小农经济"的制约下,如果农户的人均土地面积难以增加,绝对地租也就无法增加,种植业从长期看可能就是低效益甚至负效益的,那么,资本、技术这些至少应该得到平均利润的要素又怎能进到农业来?如果劳动力难以转移出去,小农经济条件下劳动力的边际效益哪怕下降到零以下,仍然不可能被其他要素替代,那么,市场经济所依靠的"看不见的手"又怎样发挥作用?

如果上述制度约束问题无法根本解决,人们可能就会比较容易达成共识:不能用农业现代化的思路来解读中国的现实。

二、农业经济科学是伪科学?

接着产生的或者派生的困惑,可能显得更有挑战性。如果由于上述种种原因,我们中国客观上没有条件重复西方的农业现代化的道路,那么,是不是应该提出农业经济科学是什么科学的问题呢?

一般认为,农业经济学是个部门学科,是属于西方经济学微观领域中的部门学科。它之所以是西方的科学,是因为这种理论主要是从西方的经验中提炼出来的。但是,在中国,并没有与西方相同的给定的成立条件。因此,农业经济科学在中国农村,难以称为科学。

这要提到什么是科学，以及相关的方法论问题。

大家都会同意：所谓的科学成果，一般是通过试验获得的。如果我们通过试验，某个科学的一些道理或者假说不能被证实，严格说就叫证伪。如果我们从西方翻译过来的农业经济学的道理被证伪，或者这门科学几乎不能解读占世界农民人口27%的中国农民面临的现实问题，那么，这种科学有没有普适性？如果没有，那么，学生在校学的、老师教的、研究人员据以进行论证的都是什么呢？

随之派生的困惑可能不是我的，但却更令人不安。因为在大多数场合我只要这样提出讨论，马上就会有人指出，如果不能按照西方的科学理论来解释农村的现实问题，难道要我们退回到传统的所谓计划经济理论中去吗？其实，这样的非此即彼地提出问题，本身就是受西方"一元论"哲学支配的不自觉的反映。对此我往往只能反问：所谓计划经济，难道不是另外一种西方的理论吗？

有鉴于此，我们当前最需要的应该是"问题意识"，最忌讳的则是"意识形态化"的问题。

需要说明的是，我本来一向是尊重理论的，但是那些不切本土现实只是盲目照搬的理论，实在容易使我这种搞实地调查出身的人产生困惑。因此，我一向不敢轻易地与人议论"理论"，尤其是对那些所谓的"体系"只能敬而远之。

将来，你们这些年轻人可能会逐渐形成根据中国农村发展的经验过程归纳出的理论，那现在，还是别急于盲从。即使不敢对老师"发难"，或者对学科本身提出颠覆性的观点，但能在平时学习的过程中多一点困惑，或能够"困惑着我的困惑"，也就不容易了。

当然，中国的知识分子不能就此停下，不能对国家、民族、历史和现实不负责任。因此我认为，我们这一代与共和国一起长大的人有责任去解构（deconstructure），通过下基层调查，通过向广大干部群众学习，向实际学习，重新认识已经被我们这一代约定俗成的概念和共识。例如，我今天汇报中所提出的，我们是否应解构"农业现代化"？然后，也许我们这一代没有能力，将来要由下一代再建构（reconstructure）。

当然，建构本来就在解构之中，"不破不立，不塞不流，不止不行"。吴敬琏老师几次提出"需要再来一次思想解放运动"，我们实在到了需要"大破大立"的时候了。

说了这么多，最后归纳的仍是一句尽人皆知的话："实践是检验真理的唯一标准。"无论过去还是现在，那些盲目照搬、照译的书本上的理论有不少是伪科学，是垃圾，根本不能用以指导我们解释中国农村的现实问题，因此，我们的解构，其实就是一种挑战。

第七章
世纪之交的"三农"问题[①]

主持人： 会当凌绝顶，一览众山小。"世纪大讲堂"欢迎您。

很早以前，有一位杂志的主编跟我说，咱们中国人大多数上溯两代人都是农民，所以关心农民的命运就是关心我们自己。今天我给大家请来了经济学家温铁军博士，请他给我们带来一场精彩的报告，这个报告的名字就叫"世纪之交的'三农'问题"。好，有请温教授上场。请坐。我听说您是1951年出生的，但不知道您出生在什么地方？

温铁军： 北京。

主持人： 就出生在北京。算了一下您的年龄，我觉得您应该是经历过上山下乡的。

温铁军： 对，1968年插队。

[①] 本文根据2001年5月作者应香港凤凰卫视邀请在清华大学"世纪大讲堂"进行演讲的记录稿整理。

主持人：也在北京插队吗？

温铁军：不，在山西的汾阳县。

主持人：离北京不算太远。

温铁军：现在属于吕梁地区。

主持人：您是一直研究农业问题、农民问题、农村问题，那当时这段插队的经历，跟现在的这个研究有没有关联呢？

温铁军：当然很重要，因为我觉得我们现在研究的问题和当年从插队开始那十几年的工农兵经历很有关系，如果没有在基层滚一身泥巴，跟基层这些群众在一起，我们至少没有从基层出发看问题这样一种角度，也可能不会有这种关注农民的感情。所以我觉得，今天搞政策研究的人如果没有当年那段底层生活经历，只从书本出发，恐怕是搞不好政策研究的。

主持人：好，我想听听到底怎么个底层法？您是哪一年从北京出发的？

温铁军：1968年。

主持人：正是"文化大革命"最火的时候。

温铁军：接近于不火了吧。

主持人：那您心里愿意不愿意去啊？

温铁军：当时我们是一颗红心，真是"党让上哪儿就上哪儿"，没有任何思想抵触，真的是满腔热情地去农村跟贫下中农结合，然后尽我所能去做农村的事情。我当时虽然只有十六七岁吧，十七岁，但是我没有任何思想上的抵触情绪。

第七章　世纪之交的"三农"问题

主持人：给我们简短描述一下当时您看到的那个底层是什么样子。

温铁军：怎么说呢？当时如果从农村的角度来说，我觉得最大的问题是大家不明白到底为什么要这么辛苦，要这样做。所以老百姓说我们是"老背兴"。比如说，我们一起去交粮食。交粮食嘛，当时公社就把好粮食收了，把不太好的粮食，质量稍微次一点的退回来。然后呢，我们书记跟我们一块去交粮食，书记说，这个瘪麦子、不好的粮食是咱们"老背兴"吃的，好粮食那是给城里人吃的。当时，我们无论是想干什么都受控制。比如说，尽管今年麦子丰收了，可以多分一点，但是你的分配是上级计划的，从县到公社然后再到大队，你不能因为丰产了就多分一点，所有的这些东西都是按照从上到下控制的，控制得很严。所以我们这批知青刚下去的时候真是拼命干，自己觉得特别积极，干活干得特别卖力，可是老百姓就觉得你们傻，因为你干了活卖了力，最后分不到那么多粮食，你还等于要亏。后来，我在农村做调查的时候，大量去访问这些农户，当年的收入高低各不同的这些农户，和我早年在农村插队的时候老百姓给我们发牢骚说的话，其实还是一样的。

主持人：几乎没什么变化。

温铁军：没什么变化。

主持人：那好，你说的那个"老背兴"的那个"背"，是您自己的意会还是跟咱们说的"老百姓"不一样？

温铁军：山西人是谐音，我们插队的那地方"老百姓"和"老背兴"是谐音。

主持人：就是你自己想的这个"背"可能是很背运。

温铁军：他说的就是背兴，因为咱们背兴，所以咱们就吃瘪麦子。

主持人：噢，是这个意思。

温铁军：大队书记他就是这么说。

主持人：好。我知道您是在中国人民大学学新闻的，按说您更应该成为一个记者，怎么成了农业问题的研究专家了呢？

温铁军：当时新闻系明确告诉我们，我们是专业调查研究人员，未必一定要学报纸。我的兴趣更多的还是在政策研究，因为我工农兵都干过了，所以觉得很多问题确实需要不是一般地去报道反映，而是需要你深入研究，这是其一；其二，我本科是新闻，但我博士学位是经济管理——后来还是沾了点经济的边，所以搞了很多经济问题的研究。

主持人：最开始研究"三农"问题是什么时候？

温铁军：说到"三农"问题研究，不应该说我们这一代人，不是我们提出"三农"问题。因为，20世纪两个最伟大的中国人，一个孙中山，一个毛泽东，都明确地讲中国的问题是农民的问题，所以说，讲"三农"问题研究应该是从他们开始的。

主持人：您自己研究"三农"问题是什么时候？

温铁军：我是20世纪80年代中期去搞调研的，当时（所在的）的中央农村政策研究室，就是搞农村政策研究的。我的职责就是下去跑农村调研，在调研的过程中间就发现很多问题，这些问题又以农民问题为主，所以我们当时就认识到，恐怕不是简单地讲"农业政策"就能解决复杂的农民和农村问题的，我们更多地应该关注农民问题，关注农村可持续发展问题。而所谓农业问题，我当时就认为这是派生的。所以我们在制定农村政策的调查中，特别是在80年代那个时候搞的政策调查中，比较强调如何关注农民，关注农村发展，并不是简单的农业问题。可见，我今天要讲的主题为什么是"三农"问题，就是要说"三农"问题并不等同于一般地讲农业经济问题。

主持人：开始研究"三农"问题是从80年代中期，到现在已经有15年了。

温铁军：16年。

主持人：16年。那接下来就请我们洗耳恭听温铁军博士给我们带来他的报告，他的报告名字叫"世纪之交的'三农'问题"。

一、16年的试验证伪

我想，十多年的农村调研，是不可能在半个小时之内把它完全讲清楚的，难免挂一漏万，只可能是蜻蜓点水，好在我已经有了一本书，就是这本书——《中国农村经济基本制度研究》，它之所以会受到这么多人的欢迎，会卖光，我想大家关注的其实不是我的研究，而是关注中国农民。因为我们大家都知道，尽管我们国家到现在为止，已经被国际组织在经济发展水平上列入前十名，世界前十名，甚至有的国际组织从增长潜力上来看，说将来在不太长的时间内中国会进入世界前三强。但是，因为中国是个二元结构的社会，我们有机会到农村去的人都会看到，农村相对还是比较贫困、比较落后的，当然沿海发达地区情况不同了，但是大多数传统农区应该说还不能跟得上整个国家高速发展的现代化的过程。因此，人们越来越多地把眼光集中到农村问题上，尤其是最近一两年，人们慢慢地开始接受这样一个概念：中国的问题不是农业问题，中国出问题是出在"三农"问题上，也就是农民问题、农村问题和农业问题上。

因此，我的研究特点，包括我今天讲的特点，主要是从我十年的试验研究中，是从基层的实证过程中间所产生的一些看法。这当然会和一般地从理论或者从书本出发做规范研究的那些东西有很大不同，所以我请学界的朋友原谅，我说的东西如果和规范研究给你的那套知识谱系不同的话，请你能够考虑一下我是从实际来的。我使用的是试验方法，它本身在社会科学方法论中就是要求不断证伪的，其实自然科学的试验方法也是要求在不断证伪的过程中间接近真理。那么，政策科学研究使用试验方法，我们怎么证伪？

接下来我就跟大家说，经过十年的试验研究，被我们证伪的是什么。既然是试验,既然是证伪,那么被证伪的东西是什么?我今天要讲的,就是经过试验证伪的这些提法。

(一)证伪农业经济理论

我们不太认同一般的学界,特别是院校派的研究人员所提出的政策建议。比如说,一说到中国的"农业",就要用农业经济科学的一般理论来解释。一段时间以来,无论是报刊宣传还是理论文章,都是在讲中国农业问题如何如何。我们经过十年的试验之后才说,中国其实既没有纯粹意义上的农业经济科学,也没有单纯的农业问题,农业经济科学的一般理论不可能对应地解决中国现在的复杂的"三农"问题,为什么这么说?我想做点解释。

一般我们讲农业经济科学,都是说在市场条件下,市场这个"看不见的手",对于农业生产的基本要素,也就是土地、劳动力、资金,产生作用,在每一个要素出现要投入边际效益递减的时候,就会发挥作用。它根据边际效益递减规律来调整要素,假如土地要素的边际效益递减了,那么会有劳动力来替代它;如果劳动力投入的边际效益递减了,那么会有资金来替代它。所以这个市场看不见的手的作用就叫作"优化要素的配置",或者叫"优化资源配置"。这是我们所有微观经济学理论的基础,而且也几乎是我们颠扑不破的真理,当然农业经济科学也是这样解释农业问题的。

但就中国的农村经济来说,这些东西能起作用吗?

我们是一个城乡二元结构的社会，我们的农业劳动力到现在为止（2001年），按照国家统计公布的数据是5亿，即劳动年龄人口是5亿。我们这些插过队、当过队长的人知道，在你这个正式统计公布的劳动力人口基础之上，恐怕还得加个30%。为什么呢？因为还有半劳力呢，你怎么能说60岁以上的人不干活，怎么能说十六七岁以下的这些半壮小子不干活？农村十几岁的孩子干活是正常的事，60岁以上的老人没有"退休"一说，他照样得干活，这是正常事，这么算下来，得加30%。中国的劳动力就农村而言有多少，有6亿多吧。那么我们农业按照现在的生产力条件需要多少劳动力呢？1亿多嘛。往多了算1.5亿吧。那还有多少是属于相对就业不足的呢？在这种情况下，在劳动力绝对过剩、无限供给的条件下，你拿什么来替代它？相对于劳动力的无限供给，其他任何要素都是价格昂贵的，因为劳动力可以不算钱，所以才出现劳动生产率长期维持比较低的水平。在现在的家庭经济条件下，我们的农户调查测算已经连续3年劳动力投入产出是负值，就算它的边际效益递减到零以下，它能被替代吗？你把它替代到哪儿去？这个世界上有哪个地方可以让中国农村的劳动力被替代出去吗？这是不可能的。就这一条，我请问，我们怎么用"看不见的手"来调控农业生产要素，来优化资源配置？不可能。这就是第一大要素——劳动力要素，事实上不能被替代。

第二大要素：土地。我们的土地是不可能增加的，只在不断减少。每年非农占地至少是几百万亩，再加上沙化、盐碱化等自然的减损,每年农业耕地减少大约……咱们也不好说绝对数,反正是比那几百万亩还要多,大家可以查统计资料。总之,土地是不会增加而只在不断减少的,劳动力是没有减少而只在增加的。于是,随着人口的增加,二元结构不能打破,对不对?

第三个要素:资金。农村中一个要素是只能增加不能减少,一个要素是只能减少不能增加。在这种情况下,农业生产连社会平均利润都产生不了,因为劳动生产率是下降的,劳动力投入产出是负值,所以就产生不出利润来。那么请问,假设我们认定资金按一般的规律,至少要分享社会平均利润,那么假如农业生产产生不了社会平均利润,资金进得来吗?进不来。请问这三要素怎么在现在这样一个农业经济科学理论框架之内来考虑它的市场配置?所以我说,我们证明了半天证明不了的东西,就只能证伪。那当我们告诉学界这东西被证伪的时候,学界什么态度呢?说你这东西不符合我的理论!那我只好说,请你修改你的理论,你只能从实际出发嘛。所以这种对话是困难的。

可见第一个被我们证伪的,就是说你一般地跟我讲市场条件下要用"看不见的手"去优化资源配置,我告诉你我三个要素不能被你优化配置。因此我们出现什么情况呢?农村资金净流出。很多人建议要加强农业投入,请问加强农业投入的条件是什么呢?是资金作为一种要素投入进来,它能得到大致平等的社会平均利润率,它才有投资回报,对不对?更何况相当多的资金所有者并不只是要求一个社会平均利润,近年来投资者大量进入资本市场，是要拿超额利润的。在这样一种不规范的投资条件之下，你怎么能让农业增加投资，怎么可能增加投资呢？再加上，如果投资增加了，而其他要素不能相应地去优化配置，那么会导致什么呢？成本上升。而且我们看到，这几年农产品价格长期低迷的一个重要因素是什么呢？是天花板价格的封顶。什么叫"天花板价格"？就是国际市场价格。我们大家都说现在农民没有种粮积极性，说农民弃耕撂荒，要想办法解决农民弃耕撂荒的问题，怎么想办法？怎么解决？你这个粮食价格让农民种粮食，农民当然不种了，为什么呢？价格上不去，成本在往上涨。20世纪90年代以来，平均农业硬成本上涨10%，涨到什么程度呢？甚至涨到我们国家的农业按基本产品（就是按主粮产品）算。我们的基本农产品的成本价格甚至在某些时段上高于"天花板价格"，就是"地板价格"高于"天花板价格"。这是非常荒谬的一个现象，怎么能让"地板价格"高于"天花板价格"呢？

（二）中国是农业大国？

接着要问的是，在上面那种情况下，你怎么进行农产品贸易呢？因此，我们挑战的第二个观点就是，中国是不是一个农业大国。很多人说中国地大物博，是农业大国。我说非也，中国是一个农民大国，而非农业大国。

有几点可以来证伪"中国是农业大国"的观点。是什么呢？

第一，人均农产品的产量。无论是粮、棉、油、肉、菜、蛋，中国全都接近于世界平均线，个别产品超过世界平均水平，但也很低，与农业大国不能比。例如美国，它不仅是工业大国、科技大国、资本大国，还是农业大国，因为美国的人均农产品的产量大大高于世界平均水平。尽管我们中国农业按照总产量来算，可能是比较高的——所以人们说中国是农业大国，但其实应该说我们不是，因为按人均算它只是接近世界平均水平，甚至在很多品种上低于世界平均水平。

第二，我们的农业商品率非常低。比如说，我们以农业主产——粮食为例，常年看，平均的农业商品率，就是粮食商品率是多少呢？30%多，不到40%，哪个农业大国的商品率这么低呢？美国农民种粮食，但他吃自己种的粮食吗？他买面包吃。因为他的粮食全部进仓，然后就有做加工的厂商买走了，农民再去商店买面粉回来才能烤面包，对不对啊？他不会自己去磨麦子吧。所以，美国农业的商品率几乎是100%。美国农民也不吃自己养的猪，不吃自己养的牛，他不宰杀嘛，对不对啊？我们呢？70%左右是自给自足。当然统计上问题很多了，咱们不多说，但是就现在公布的统计数据看，我们的商品率按主产品算，也才是30%多，当产品不能大规模商品化的时候，怎么能够叫一个农业大国呢？所以，就从这两个方面看，我们不能说中国是农业大国。

可见我们通过证伪得出的第一个看法，就是中国不能简单照搬农业经济科学的一般原理来解释我们的农村经济现象；第二，

159

我们不是一个农业大国,我们是个农民大国。

二、为什么叫"三农"问题?

我们反过来再说为什么中国的问题叫"三农"问题。有个朋友帮我把它翻译成英文是 three dimensional rural issues,什么意思呢?就是它是三维的农村问题,是三维的,也就是要求你立体地去看中国的农村问题。如果你只简单地、一维地去看,那你就是投入产出,供给需求,那就是一个纵轴一个横轴就解决了。如果三维地去看,那你就能看到我们刚才所说的农民人口众多的农民国家的问题。

于是,很多人就开始跟我们讨论了:你说农民人口众多,那为什么不加快城市化,为什么不在工业化加快的同时去加快城市化呢?你如果解释不了这个问题,你提出的观点也是站不住的。

(一)中国独特的工业化道路的影响

我可以这样告诉他:中国因为处于别的发达国家已经完成工业化之后才开始工业化起步的这样一种地位,所以它一上来上的就是重工业;并且又是在战争环境之中——我们20世纪50年代初的时候,周边地缘环境非常险恶——所以,一上来就是重工业。重工业一上就是资本增密、技术增密、排斥劳动,这是重工业的特点。因此，中国不可能随着自己的工业化，就是工业产值占的比重的提高，来带动农业就业人口向非农的转移。由于客观上我们没有条件随着工业化带动农村的城市化，没有条件大量转移农业劳动力，因此，直到我们几乎完成工业化，即 2000 年时，GDP 中工业占绝对比重，农业大概仍在 16% 以下，在这样一种条件之下，农业人口仍然占将近 70%。这就是中国的特殊国情。

中国不是一个搞了几百年工业化的国家，从当代史上看应该从 1950 年或 1951 年开始。咱们从 1952 年的"一五"计划算起吧，"一五"之前中国有什么工业呢？比如，北京有什么工业呀？石景山制铁所，是日本留下来的。除此之外，北京有王麻子剪刀、大串糖葫芦，那叫工业吗？就是些作坊嘛。现在你看，这个国家整个工业化水平多高。但因为它是这样一个特殊的过程，这样一种一上来就是以重工业拉动的工业化过程，就根本不可能像西方发达国家走过的路那样，随着工业化带动农民的就业，带动农村人口的转移，形成农业人口占非常少的比例的高度城市化，比如美国只占不到 3%，日本大概不到 10%。可见，没有哪个国家像我们这样，有 5 亿农业劳动力，这完全不可比嘛！所以，这是中国第一个基本国情。

（二）人地关系高度紧张的基本国情矛盾

那接着会有人说，为什么现在不能通过加快城市化，来转移更多的农村人口呢？我们说，如果从绝对数看，改革开放之前30年城市人口就从4000多万增长到2亿，搞了改革这20年再翻一番到4亿，可见，50年来我们转移农业人口的速度确实不慢。但是由于人口基数的作用，如果从比例上看，尽管我们已经搞了50年的工业化，却仅仅把城市化水平从15%提高到30%。那再往今后数50年，城市化就算加快一倍；或者，我们不往50年算，按2020年、2030年算，因为讲人口学的人都会说，2020—2030年是中国人口最高峰，到那时候中国的人口是16亿多。就算加快城市化，到那时候农业人口转移以后占总数的一半，农村还剩多少呢？8亿多农业人口。现在我们多少呢？8.7亿，到那时候大约还是八亿几千万，绝对数差不了多少，可能才差几千万人口，还是8亿多农民人口嘛。绝对数还是没有减下去，还是人均不过一亩地，户均不过是四五亩、五六亩地，这怎么能够形成现在人们所说的规模农业？那么，在这样一个小农经济基础上，能够把刚才我所说的那些问题解决吗？

经济学讲预测，三年、五年的就算是远景了，要讲30年的发展前景，那几乎不可信。所以，我们只讲大的趋势。30年之后，尽管你可以通过转移人口实现50%的城市化，却仍然会有8亿多人生活在农村，起根本制约作用的人地关系不可能根本改变，因此，农村可能还是这样一个小农经济。

所以刚才主持人阿忆问我说，你当年是个插队的，现在又搞农村政策这么多年，你觉得到底会有什么大的变化？我说这个变化是肯定有的，大家生活好了嘛，对吧？土地产出率提高，是因为投入增加了，这些都是重大变化。但是你说从根本上改变农业的制约条件，我觉得很难。也就是人地关系高度紧张这个基本制约条件很难改变，我们把这个制约叫作"基本国情矛盾"。咱们中国的任何政策研究，假如忘记了人地关系高度紧张这个基本国情矛盾，单纯地依据某个科学理论或者某种科学理论来制定政策，就会很麻烦。

把我们刚才讲的做个归纳：因为从一开始就是重工业导向的这样一个高速度的工业化过程，所以没有同时带动城市化；又因为我们再往将来看30年，到那个时候农业人口即使不再占绝对比例，但仍然还会有8亿多农村人口。所以我们才说：从长期看，中国农村的小农经济这样一种基础是不可能发生根本改变的。有鉴于此，我们就不得不客观地承认，中国城乡二元结构这个基本的体制矛盾，也将是一个长期的体制矛盾。因此我在基层搞的10年试验把我变成一个注重现实的人。我们最终能够证明的，无外乎一个最简单的常识，这就是中国是个农民大国，它的长期发展受制于两个基本矛盾：第一是人地关系高度紧张，我们把它叫作"基本国情矛盾"；第二是基本体制矛盾，就是城乡二元结构。

第二部分 "三农"问题：百年回望与新世纪展望

三、解决"三农"问题的办法

因为时间有限，所以我尽可能简单地说点结论性的东西。

我们做了这么多研究，对"三农"问题有什么办法没有？我们说所有的办法大概只能瞄准一个目标，就是如何缓解中国人地关系高度紧张这样的"基本国情矛盾"。假如我们的政策导向确实能够有效地缓解这个矛盾，那就有可能给中国农业和农村经济的发展带来一线希望。如果不能缓解，我们恐怕就很难有可持续的发展条件。例如，中国最基本的国策除了计划生育之外，还应该再加一个，就是"就业最大化"，这应该作为一个标准。无论你发展什么科技、引进什么项目，是否能够带动就业就应该是评价项目的标准之一。这是咱们这个农民国家需要的第一个大政策。

第二个，我们说应该有些政策来为农民安排必要的保障。大家知道，因为人地关系高度紧张，那么实际上土地承担了双重功能，它既是生产资料，又同时是农民的生存保障依据，或者说是生存保障基础。所以，很多的政策都强调要实现土地的规模经营，如要发育大户，要搞大农场等。但是，假如你们不能把土地上所承载的对农民的保障功能剥离掉，那么这个土地就永远得按人分配，因为每增加一个农民，他没有其他的生活来源，城市又不可能短期内解决那么多人的就业问题，所以他得依存土地生存。因此土地就变成了什么呢？越是人口增长，越是土地资源短

第七章 世纪之交的"三农"问题

缺，土地的保障功能就越大于生产功能。那么，有没有什么政策能够有效地解决这个问题呢？到目前为止还没有。因此，我们能不能照搬发达国家的制度来解决中国农民把他的生存保障依存于土地这样一个问题呢？也不能。即使你把最现代化的美国请来，它也不可能为一个国家70%的人口——9亿人口去解决保障问题。可见，在没有解决土地承载双重功能的问题之前，至少在中国农村照搬西方的制度搞现代化是不可能实现的。

接着，我们再说今天农村所发生的方方面面的问题。你们看，农业的产值只占15%左右，但人口却占70%左右，请问哪个国家能够把15%的产值所产生的利润作为基数去提取税收，支付70%人口的公共品需求？这是一个倒置的结构，根本就是不可能做的事情。另一方面，怎么可能要求政府从城市收取的税收，用来支付70%的农村人口公共品开支呢？也不可能。所以这种矛盾同样是尖锐的。无论是什么样的人来搞政策，恐怕都要面对如此尖锐的矛盾。你们看南亚次大陆，你们去看中南美，很多发展中国家，在追求工业化的过程中间，是不为农民人口提供基本保障的，因此出现大量的农民弃耕撂荒，因为农业是负效益嘛。然后农民流入大城市，在大城市周围形成大面积的贫民窟，然后就是黄、赌、毒泛滥，黑社会泛滥，产生大量犯罪，于是乎军事独裁就有了借口；然后，集权导致社会矛盾尖锐复杂，就开始出现社会动荡、不安定。而我们这样一个十几亿人口的大国一旦出现社会的动荡不安定，对于每个人都是严重的威胁，所以这个事情与所有的中国人都高度相关。我们强调的绝对不是一个简简单单的农民保障,实际上强调的是中国的长治久安,强调的是我们这十几亿人的福祉,长远的福祉。

综上所述,就是我们证伪的两个问题,我们提出的今后政策上应该注重的两个方向,当然,这只能是作为一种希望提出的。我想,今天长话短说吧,不过是简单地概括一下我们这些年从试验中得到的感性认识,大概就跟大家说这些。

附:提问

网友"亲爱的葡萄":我知道您一直在四处呼吁重视"三农"问题,而且强调您说的"三农"不是传统的顺序,农业、农村、农民,而是把过去放在"三农"最后的农民提到最前,把原先放在最前的农业放在最后,即农民、农村、农业。不过,我听说社科院农村所所长张晓山认为,"三农"中的三个问题不可分,根本上是搅在一块的,很难说清谁重谁轻。言外之意是,如果把农民、农村、农业三个因素都放在第一,那才是最好的,而单纯把农民提到最前,当作"三农"之首,不见得科学。您怎么看这个问题?

温铁军:首先我是对所有的社科院或者其他院校的老师都一概表示尊重的,因为我是学生出身嘛。但是我刚才一开始已经讲了，把农民问题放在第一位不是我说的，而是 20 世纪两位最伟大的中国人，是他们说的，所以让张晓山去跟他们争论，我退出。

主持人： 一位是孙中山，一位是毛泽东。

温铁军： 对，这是他们说的，他们说中国的问题是农民问题。在一次回答记者提问的时候我曾经说，不仅 20 世纪的中国问题是农民问题，21 世纪的中国问题仍然是农民问题。只不过，20 世纪农民的问题表现为土地问题，因此我们前 50 年有三次土地革命战争，后 50 年有三次以土地为主要内容的改良，也就是土改、"大包干"和江泽民总书记倡导的土地承包 30 年不变。这三次都是在村社内部按人平均分配土地，以农民人口为分配的基数这样一个分配方式为主。因此 20 世纪解决农民土地问题还是第一要务。21 世纪我说中国的问题仍然是农民的问题，是因为 21 世纪面临的最大问题是农民的就业。我刚才已经讲了，按统计计算，到 2001 年我们有 5 亿的农村应就业人口，就是劳动年龄人口。我们说农业只需要 1.5 亿人，当然有人说乡镇企业解决了 1 亿多人，但那有相当一部分是"两栖"就业的。村以下的乡镇企业至今仍然占乡镇企业个数总量的 90% 以上，那些在村以下就业的农民是完全转移了吗？当然不能这么看。所以你说 1 亿多乡镇企业的就业人口有多少是真正实现了非农转移呢？恐怕很难做出一个准确的判断。然后还有很多人说现在进城打工的农民也有 1 亿多了，不错，进城农民是有 1 亿多了，他们放弃土地了吗？

因为土地是他们的生存保障呀。所以我们说，假如20世纪的中国农民问题是土地问题，那么21世纪的中国问题仍然是农民问题，但这个问题将主要表现为就业问题。

观众： 我就想问一下，最快要多长时间才能让咱们农村脱离现在这种情况？谢谢。

温铁军： 我们觉得其实中国这50年的经济增长过程，已经在很大程度上改变了农村生活的状况，特别是沿海发达地区，我们很多人知道，在沿海发达地区，有些农村的生活状况要比城里人好得多。更何况他可以享受比较干净的空气，比较好的水源，比我们城里人的担心还要轻一点。所以我说，50年的中国经济发展过程中间，至少部分地区农民生活已经得到了很好的改善，现在问题其实集中在那些贫困地区或者是资源相对短缺的地区。针对这种地方的问题，我们恐怕需要采取不同的政策。我个人的看法是，对那些资源已经短缺到不足以维持农民生存的地方，恐怕很难寄希望于在当地推动经济发展来解决他们的问题，恐怕就需要易地扶贫，或者是国家有目的地实施一些大型的工程项目，来带动这些资源短缺地区的农民就业，以提高他们的生活水平。而在中部传统农业地区，就是以粮食生产、粮棉油生产为主的传统农业地区，恐怕要通过一定程度地改变现在的农村经济的结构来解决问题。

现在国家的农村经济战略结构调整已经逐渐提高到了一个很深的认识层次上，就是说不再把一般的结构调整认定是农业的结构调整。现在已经提出的政策语言叫作"战略结构调整",也就是说,要通过加快城镇化、加快农村工业化,加强农村基层的农民自我积累、自我发展能力,等等。国家将用一系列的安排来解决中部传统农区农民收入的问题、农民生活水平提高的问题。所以我说,笼统地谈中国农民的生活状况,恐怕那是过去的说法。进入21世纪的时候我们看,尽管中国的问题仍然是农民的问题,但是至少可以说,在部分地区农民的问题已经相对比较轻了。那么在贫困地区,这次不是刚刚开过全国的扶贫工作会嘛,已经定向地采取了一些特殊的政策来解决那些贫困地区的问题,而比较难解决的实际上是大量的中部传统农业地区的贫困问题,恐怕这个工作量很大,真的需要像当年毛泽东所说的要做"第一等的工作",真的是要扎扎实实地、一点一滴地、一步一个脚印地去做,而不是大轰大鸣地去做。

我还要多说一句话,20世纪80年代能够靠大包干"一镢头刨个大金娃娃"的事不可能再有。当时是胡耀邦说这话的,他说,"没想到大包干一镢头刨个大金娃娃",那时候是一个政策就能调动全国农民的积极性,然后带动一个时期的高速增长。那种情况,在今天如此错综复杂的矛盾纠合在一起的情况下已经不可能产生了。就是说,再不能寄希望于搞一个政策,就能把中国整个农村问题解决,那是不可能的。这恐怕需要分区,根据不同情况来采取对策。

观众:*我想向温教授提两个问题。*

第一个问题,"入世"在即。我们知道中国是一个土地非常少的国家,"入世"以后,中国将会向美国、加拿大、澳大利亚、阿根廷、墨西哥这些国家开放粮食市场,将会在粮食方面给中国造成一个很大的冲击。那我想问,刚才教授讲了两个要点——一个是我们中国的土地越来越少,一个是我们的人口越来越多。这样的话,国外的粮食进入中国以后,我们生产粮食的这批农民将会到哪里去?做什么事?

第二个问题,就是说"三农"问题中的农民问题已经成为影响中国稳定的大问题,现在国家正在考虑对农民的社会保障,那么对农民的社会保障怎么实施?我想请教温教授,谢谢。

温铁军: 你提的这两个问题非常好。因为我们恰恰在上周刚开了一个关于WTO与中国"三农"问题的研讨会,我很高兴有人能关注这个问题。农业问题将面临重大的挑战,这个挑战甚至是很严峻的,这一点我想大家是有共识的。

但是具体到粮食产业,我想这个恐怕要具体问题具体分析。为什么呢?你看东亚小农社会,当然没有谁像咱们小农这么多,农民人口这么多。但是在东亚小农社会,不论是日本、韩国,还是中国大陆、中国台湾,除了中国大陆之外,其他的都是按照"日韩模式"来重新建构对农业生产的一种保护结构,什么结构呢?就是说,政府其实并不把资金直接用于农业生产投入,但是政府在加强什么呢?加强农民的互助合作,加强对农村的社会性投入。同时,必须向农民的生产合作、农民联合起来建立的合作

第七章 世纪之交的"三农"问题

组织,开放所有农业生产之外的涉农经济领域,比如说投资、比如说保险、比如说购销、比如说超市、比如说加工,等等,只要是农民联合起来所形成的合作组织,都可以低税甚至免税地进入。然后政府还要给一定的投资来帮助这些事业——就是涉农的农民合作事业发展起来后,以这方面所产生的收益来反哺到农业生产上。比如说,农民联合起来搞的农民金融,它就规定是60%以上的收益要定向地用于农村各项事业的开支上。也就是说,与现在的做法相比,可能有点不太合适的地方在哪儿呢?我们还让生产最低价值产品的农民承担很多税费,因此他们就亏本,就弃耕撂荒,农业就没有竞争力。如果不让这些人承担税费,同时又让这些人联合起来形成合作,让他们能够进入各种各样产生比较高利润的经营领域,比如把涉农领域干脆让给他们,然后政府再扶助,再以低税的或者甚至免税的待遇鼓励他们进入。政府大量的农业投入进去以后只作股不分红,为了扶持他们发展合作经营,为了让他们产生利润,来抵补亏损的种植业生产。所有东亚国家和地区所采取的措施都是我们可以借鉴的,所以我说不是无路可走。这是第一。

另一项政策对我们来说,普遍还没有采取。我们现在还是一个农业收益净流出的现象,很多人测算,平均每年从农村流出的,大体上能算出几千亿元来,所以怎么办呢?不是没有办法,当然我们提出的只是建议,还需要讨论,绝对不是定见。既然我们国家在土地一级市场上维持的是政府垄断,那么政府垄断征占土地，现在又说每年有数以百亿的收益在流失。那如果不想流失，政府就把垄断征占土地所产生的任何收益都用来建立土地基金，每年大概也是几百亿元嘛，那几百亿元的土地基金上市所产生的增值收益，完全可以定向地用于支付农民的保障。必须先用于无地农民的社会保障，再逐步地和贫困农民的社会保障挂钩，特别是和中西部、和不发达地区的农民社会保障挂钩。当这些地方的农民还不能从国家的工业化过程中间去分享收益的时候，那就只能先由政府以垄断征占土地所产生的增值收益去建立保障，特别是对无地农民的保障，这可能是一个权宜之计，但却能够用中国人自己的办法，不是照搬西方的办法，来解决中国人自己的问题。

网友"平地摔跟头"：新中国成立之初，我们采取的是不是"苏联模式"？为什么农民问题的"苏联模式"没使苏联变成咱们今天这个样子？

温铁军：这方面的问题在我这本书里做了回答。

我专门对100多年的农村制度变迁过程做了分析，我这本书的第二部分和第三部分实际上是在详细解释中国农村这个制度变迁过程是怎么回事儿。很多人习惯于把责任归于过去，就是说，这个责任跟我们没什么关系，是上一代人造成的。这样大家就轻松了，可我觉得这样简单地去做判定是不负责任的。有以下几点原因。第一，其实早在1947年，你去看看当时的文件、当时的讲话，我想当时的讲话肯定是内部的，就已经认定了中国不可能照搬任何发达国家的模式。而且到1949年的时候,毛泽东还在讲,如果想在这样一个小农经济遍地的条件下去搞社会主义,充其量是民粹主义,或者说是农民的社会主义,那是根本搞不成的。1950年,毛泽东在全国政协讲话的时候,也讲得很清楚,说社会主义还是遥远的将来。

第二,到底什么情况下导致农业开始出现合作化、集体化?人们一般都以为是意识形态造成的。我们特别要提醒大家,那当然不是因为意识形态,造成中国从土改然后互助、合作、集体化,这几个步骤和中国追求工业化这个宏观环境的巨大改变有直接原因。什么原因?比如,为什么陈云同志当年主张搞统购统销?那是因为咱们土改之后,尽管农业生产有了很好的增长,你看那个曲线是这样的,很陡地往上走,表明农业产量在大幅度增加,但是同期供给在下降。这里边有个什么道理呢?你知道中华人民共和国成立前,搞土改之前,地主这个阶级是万恶的,他是剥削阶级,但他客观上起了什么经济作用呢?他收租,收了租他自己吃不了那么多租——地主只占人口的7%~8%,他收的租大体上能占到20%~25%,但只消费7%~8%,那他至少要有12%的租子变成市场供给的商品,所以地主客观上自发地起了农产品"规模供给者"这样一个作用。

但是中华人民共和国成立后的和平年代,你靠谁来解决与4亿高度分散的小农交易的问题呢?所以当你的交易对象数量达到一个这么大的、数以亿计的时候,交易成本空前推高,因此(粮食)供给上不去,尽管产量上去了。所以,到1952年秋天的时候,陈云同志当时主管财经,他向毛泽东、周恩来报告说是咱们粮食连过冬都难以保证,更别提春荒了,怎么办?当时考虑了八种到十几种的方法,最后选定了统购统销。你搞统购统销的对象还是4亿农民,怎么解决呢?毛泽东就发出号召组织起来,组织成400多万个合作社,这个统购统销就跟合作社交易,交易成本就降低了。所以,最初搞合作化根本不是为了解决中国农业自身的问题,而是解决当时工业化加速的问题。你知道1952年有多少人进城吗?当时是2000多万青壮年农民进城,因为需要大量的挖土方、修马路、盖房子的工人,工业化初期对简单劳动力的需求是非常大的,那时增加了2000万劳动力进城,而当时城市总人口才大约5000万,所以这一进城就突然增加了一大块对粮食的需求,当然就导致得解决(与分散农民)没法交易的问题,对不对呀?所以统购统销加合作化就是这么来的,绝对不可能是因为意识形态造成的。

所以,我们如果看经济问题,只能就经济谈经济,咱们把意识形态的那些解释先放一边儿,看很多当时的会议上领导人的讲话,他们绝不比现在我们提问题的这些人智力水平低。所以我说,要看当时的问题是什么。有的研究人员已经把那个时候的文件全部整理过来,发现我们农业组织化程度提高,逐步提高到人民公社化的过程,其实都和国家的工业化需求高度相关,尤其当国家开始生产出拖拉机的时候,你的拖拉机给谁?连这400多万个合作社都不可能成为接受拖拉机的主体,对不对?我当队长的时候,我们村里面一旦公社派拖拉机来耕地的时候,农民说什么?说咱们又倒霉了,为什么呢?它得要多少麦子。我们其实用自己的牲口完全耕得了那个地,为什么要拖拉机呢?农民当时是不需要的,是国家强迫给农民拖拉机。那国家没拖拉机行吗?没拖拉机就没坦克,拖拉机摘掉上头的驾驶室放上炮塔就是坦克,国家能不生产拖拉机吗?今天的人应该懂这个道理,是我们现在的人没有实事求是地去看当时的情况而已。更何况,1956年开始中苏交恶,中国不会再有苏联的后续投资,你从哪儿弄来工业化投资?重工业追加投资的比重是相当高的,每年没有30%~40%的积累,重工业能上得去吗?"两弹一星"怎么上天?靠重工业基础。中华民族想自立于世界民族之林,没有这些玩意儿不行,因为全世界都靠这些玩意儿在那儿自立于世界民族之林,中国能免得了吗?如果我们农民就使用锄头、镰刀,不使用拖拉机,那么,就没农民买拖拉机,就没有坦克,国家当时就得用卖拖拉机的钱去顶坦克的成本。所以那个时候,这套体制自上而下地这么贯彻下来,就是让农民做出牺牲。要我们说,那一代人,包括我们这半代人——因为我们至少干了几年活儿,正是我们的牺牲,形成了中华民族自立于世界民族之林的基础,形成国家工业化的基础。所以我们觉得不亏,我们为民族做了牺牲是应该的,我们是骄傲的。

主持人:好,最后一个问题,您只能用一句话来回答,这个问题是,在世纪之交谈"三农"问题,到底有怎样的重要性?

温铁军:我要说,中国是中国,它不可能重复发达国家的经验,变成一个高度发达的国家,所以我们还得眼光向内;解决农民问题就是解决内需问题,解决内需问题就是解决了中国的发展问题。

主持人:好,谢谢温铁军博士,谢谢现场观众。

第八章
"入世"与中国"三农"问题[①]

一、题解:"入世"影响的是农业还是"三农"?

我说得不对的地方请大家当面批评,有严重错误的地方请大家当场批判。凡属不符合当前意识形态所宣传的内容,请一律以报纸、杂志、文件为准,请务必如此。

人们既然已经比较普遍地接受了"'三农'问题"的这个提法,就先得弄清楚中国"入世"到底是对农业有影响,还是对"三农"有影响。

在这几年的讨论中,已经有越来越多的人认识到,无论有没有 WTO 的挑战,无论入不入"世",中国已经面临比较严重的农民、农村、农业问题,而且现在人们已经注意到,单纯讲中国

---

① 本文根据作者 2001 年 11 月在北京大学的演讲整理而成。

农业问题似乎不太合乎时宜。人们已经越来越多地开始把研究中国的所谓农业问题，转变为研究"三农"问题。尽管"'三农'问题"的提法在中国官方的文件和报纸里排序，还是农业、农村和农民，但是对于做农村政策研究的人而言，我们从一开始就是讲农民、农村和农业问题。这个排序的差别是明显的。因为我们首先认为中国是一个农民人口大国，主要面临的问题是农民问题，尽管在说法上学界还有不同意见。新闻界的朋友问到我的时候，我说"中国的问题是农民问题"并不是我提出的，20世纪两个最伟大的中国人——孙中山和毛泽东——都曾说过，中国的问题是农民问题。所以说，是他们把农民放在"三农"问题之首的，我只不过按他们的提法延续下来做点研究而已。

因为农民问题是第一位的，又因为农民居住在农村，而土地这个农村最大的资产，它的产权是以村社为边界的，所以，如果讲农业经济研究，也需要把这种客观现实存在的产权制度作为基础来研究农村的财产关系。如果从理论角度研究农村基本经济制度，我们也应该首先看到，中国农村实际存在的是"小农村社经济"这样一种不同于西方的特殊制度。所以，"三农"问题中，我认为第二位的问题应该是农村问题，也不是农业问题。我在比较不是那么理论化地探讨问题的时候甚至说过，在中国，农业问题是派生的，是因为有了农民问题和农村问题，才派生出农业问题的。

假定中国有9亿农民这样一个世界最庞大的农村人口基数，

从中长期看不可能有根本的改变，就是说农村的人口数量不可能在中长期会大幅度下降，不可能下降到现在一般发达国家的水平（也就是说下降到10%以下）。那么有限的耕地——过去说14.5亿亩，现在说19.5亿亩——不管统计上说多少，相对于9亿农村人口来说，耕地的主要功能就不可能是生产资料了，而是这么多农民的基本生活保障。因此，这也就决定了另外一个制度基础：谁能向农民提供基本的生活保障，谁就是这种生活保障资料的所有权主体。比如说，国家向你们在座的这些大学生和学校的老师提供基本的保障，包括医疗、失业、养老保险等，那国家就不仅是这种被称为公共品的社会保障的提供者，而且是税收财政资金的所有者。而在农村，因为我国是城乡二元结构，农民得不到足够的国家提供的社会保障，所以客观上农民的社会保障，也就是它的生存基础，只能是依托于土地的。那么谁来给农民土地呢？是村社，从"土改"以来的50年里，都是村社来给农民分配土地的，因此也就形成了农户有土地的使用权、村社有土地的所有权的双层结构，这就是中国农村的基本经济制度。

所以说，首先得搞清楚，中国的"三农"问题是什么。不是一般的农业问题，而首先是农民问题，然后是农民赖以生存的村社——可以归结为农村社会经济的可持续发展问题，然后才是前二者派生出来的所谓的农业问题。这个观点和教育界、学术界长期教给大家的理论有很大的差别。因为，在我国的经济科学这个领域中，农业经济学作为一个微观经济科学，已经被当作大学教育内容或者理论规范存在了很多年，我们只有农业经济系，没有农村系，也没有农民问题研究所；我们有农业大学，没有农村经济大学。研究土地问题，我们有土地经济系，那也是把土地作为生产资料来研究的。经济学研究土地的要素生产率，研究土地这个要素在市场这只看不见的手的作用下，当它在边际报酬递减的情况下就会被其他要素替代，等等。但近年来没有人将农村、农民作为教学科研的重点来研究。所以，我们说"三农"问题是农民为首，农业是农民和农村派生出来的一个问题，这对教育界、学术界恐怕是一个挑战。当然，我所说的这种学问能够成立与否尚待实践检验。

我基本上不认为WTO对农业构成单独的影响，而是对中国"三农"问题构成影响：主要对农民构成影响，其次对农村经济构成影响。这显然与其他人讨论问题的出发点不太一样。我们这些长期做农村调查的人，在讨论问题的时候首先想的是人，心里面装的是农民。因为我是长期搞农村政策的，长期下乡做调研，我认为能不能做正确决策，第一条取决于你心里面装的是什么。如果你心里面装的是农业，对不起，你错了，你心里面得装农民，否则就没有正确决策产生的可能。

这是进入正题之前说明的一点，我要对演讲题目做不同于既成理论规范的解释。

二、背景：GATT 向 WTO 转变的深层次原因

下面进入今天要讲的第一部分，先介绍一下 WTO 是怎么回事。

谁都知道，WTO 即世界贸易组织，是 1994 年成立的，但很少有人清楚其中的区别：在它之前的关税贸易总协定（GATT）和 WTO 这两者通常被认为是连续的，但如果深入分析一下，它们是有本质区别的。一般地说，中国经历了漫长的"入世"之路，报纸上说走了 15 年，这个说法可能不够确切——1994 年以前，我们要求的是加入关贸总协定，原来我们的公开提法叫作"恢复关税贸易总协定缔约国地位"，1994 年以后才叫"争取加入世界贸易组织"。其中的问题是，很少有人对世界贸易组织和关税贸易总协定的区别做分析。

长期以来，学校的老师在讲授这一内容的时候，约定俗成地会讲到一个原则：世界贸易组织体现的是自由贸易原则。他们会说几百年来这个原则是颠扑不破的，只要你贯彻了就会发展。假如你认为发展中国家在全球化的挑战之下受到的影响是负面大于正面的，他们就会说：没有哪个发展中国家在加入 WTO 之后垮台。这是大家经常听到的说法。对此，我认为有必要解释一下 WTO 和 GATT 的差别。

有些观点在我发表的相关文章中已经强调过了。GATT 形成于 1947 年第二次世界大战之后，它要推动的确实是商品的自由

贸易。而1994年之后的WTO主要推动的已经不是一般商品的自由贸易，而是推动资本的自由流动，其所隐含的原则是资本有建制的权力。所以，在国际上对经济全球化与WTO进行讨论的时候，人们会提到WTO与维护国家主权的矛盾如何解决的问题。也就是说，一个国家建立制度的权力，本来是一个国家主权的体现，WTO条款包括资本的自由流动，当然就要求资本有建制的权力。你要想接受外部资本，就必须按照外部资本的要求来建制。这和一般商品进入是不同的，因为一般商品进入以后，主要就是消费而已。比如说，人们告诉你加入WTO以后，你会买到更便宜的化妆品，抽到更便宜的香烟，你可能还会买到更便宜的汽车，等等，但那是指一般商品贸易。

有历史常识的人应该知道，GATT的背景与WTO是不同的。

1947年形成的GATT，是第二次世界大战之后经济重建时期的产物，当时条件是特殊的。我们知道第二次世界大战本身是1929—1933年的大危机、全球经济衰退的必然结果，而1929—1933年大危机是传统工业化结构趋同所造成的一个必然结果。问题很清楚，比如法国生产机械，德国生产机械，英国也生产机械，大家都生产机械，于是机械就过剩了。那怎么办呢？没法办。只有你不生产，而我生产，我才能胜。

欧洲的一些早期的工业化国家，麇集在这样一个狭窄的疆域。一次世界大战已经把殖民地瓜分完了，那些有殖民地的国家也用商品输出将世界市场覆盖掉了，没有殖民地的国家和战败以后被迫让出殖民地的国家，连这个条件都没有。因此，德国率先将制造业转向军工生产，而军工生产就是这样一种非常直接的比例关系，你投入的是100，他投入的哪怕是90，那他也必败无疑。这个道理是4年前由天则研究所的青年学者盛洪提出来的，我认为很多历史事实都可以证明盛洪的观点。比如我国和日本在甲午海战之前双方军事的能力是相等的，只不过慈禧太后将应该更新炮舰的那些钱拿去盖了颐和园，没来得及更新武器。我们和日本当年是在同步进行军备建设的，日本海军比我们多走了一步，甲午海战就把中国海军主力舰队打沉了，然后中国政府就得赔2.3亿两白银。日本拿到这2.3亿两白银，就投资上了钢铁工业，一步跨过了资本原始积累阶段。日本在资本原始积累阶段尽管同样是残酷的，但它当年也只是完成了初步的轻工业或者一般商品制造业的建立，而发展重工业，如大机器制造、钢铁工业，要进入这些资本密集的工业化阶段还没有充分条件。

中国的2.3亿两白银赔款对日本完成工业化是非常重要的，也是它跨越式地完成原始积累阶段的一个必要条件，日本把其中的1/3用于支持钢铁工业发展，建立了今天的新日铁的前身。1895年《马关条约》得到赔款10年之后，日本就用战争赔款形成的钢铁工业造出大炮和炮弹，打败了俄国，占据了中国旅顺口和辽东半岛，乃至后来占据整个东北。本来一般的通过轻工业和农业这种交换逐步形成初级工业化，需要很长时间才能逐渐为重工业提供积累，但日本是通过战争一步进入重工业，成为一个军事工业大国的。我用这个故事说明，在军事工业方面投资100和90的差异，就是国家之间竞争胜和负的差异。

1929—1933年，传统制造业的结构性经济危机发生后，德国率先转向军事工业，就打败了欧洲所有敌手，谁让你晚投军事工业呢？而美国人长期奉行"孤立主义"，当时认为这是欧洲的事，跟美国没关系。而且唯独美国在1929—1933年整个西方发生大危机的情况下，原来的传统制造业可以基本不调整——尽管大家的制造业都是同样结构、同样过剩的，但因为美国是新大陆国家，有德沃夏克那辉煌的交响乐所表现的新大陆的宽阔国土，就可以通过政府搞积极财政政策来启动国债投资，大规模开发西部，修铁路、修公路、修水利，以它过剩的制造业，能够以政府投资的形式来缓解结构性过剩这样的大危机。所以，唯独美国在1929—1933年大危机发生后幸免于难，但也并没有根本改变它的工业结构，并没有造成产业结构的提升。第二次世界大战期间，美国利用自己没有被破坏的工业结构，向欧洲输出军火，战后则以它更趋庞大的传统制造业这样的生产能力，向欧洲、日本和其他的西方国家提供"马歇尔计划"所需要的设备，这时候它恰恰主要是搞商品和设备的输出，因此，当然就要求商品无国界地自由进入，这就是GATT产生的背景。

随着美国"马歇尔计划"的推行，整个西方世界几乎都变成"美元区"，就好比东方的苏东国家变成"卢布区"一样。从"二战"后到20世纪50年代初，美元在西方货币中的总量一度超过76%，亦即大约有3/4的西方货币是美元。各个国家要想还美国的钱，手里就得有美元——借的是美元，当然还的还是美元了；欠债还钱嘛，天经地义。所以，就形成了"美元区"，这使得美元成为全球第一货币，后来逐渐演变为取代黄金的"美元本位"。于是就造成了这样的经济循环：美国把设备给你，来帮助你经济复苏，你经济复苏以后，生产出美国需要的消费品，卖到美国去以后，美国再给你钱，你才能还美国的债。

不过，随着第二次世界大战后欧洲、日本经济的不断发展，到20世纪50年代末期基本完成了再工业化就是重新工业化的过程，60年代制造业开始大规模发展。各国开始立足于本国的生产能力和对外贸易发行的货币，由于基本上与实质经济（实质经济，也有叫实物经济）的需要高度相关，所以，西方各主要工业国所发行的货币相对来讲就开始坚挺，逐步使得美元占世界货币份额的比重开始有所下降。随后，就有1971年布雷顿森林体系解体、浮动汇率取代固定汇率等，大家在各种教材上也都有所了解，不多说了。

总之，是因为第二次世界大战后"马歇尔计划"所带来的机会，美国得以通过大规模的商品输出，维系传统的制造业膨胀。但是，由于这客观上导致美元占世界货币总量的绝对份额，进而导致美国从20世纪50—60年代制造业膨胀达到顶峰以后，就出现了初步的经济结构调整，我把这种调整称为"金融资本异化于产业资本"。一般来说在GATT这个阶段，实际上并没有形成对欧洲传统制造业的结构调整机会。

后来到70—80年代，欧洲和日本也开始了经济结构的调整，大规模向发展中国家转移制造业。同期，在资本输出的带动下，德国马克和日元都出现过升值。这时，美国已基本上演变成了世界的中央银行，亦即美国可以通过发行货币，向世界上所有追求贸易盈余的发展中的工业化国家征收铸币税。这对美国来说是巨大的、空前的历史机遇，这个机会导致了美国的经济结构重大调整，逐渐调整成以金融服务业为主导。它可以逐渐让传统的制造业这种实质经济移出美国，而主要发展资本经济。特别是到了80年代里根政府时代，表现得尤为突出。随着美国逐渐演变成全球的金融中心，以资本交易、以金融为主的服务业在美国GDP（国内生产总值）中占的份额也越来越高；到了90年代后期，就已经超过了3/4，近年来甚至达到了85%。

于是，美国的实质经济基本上衰退，大规模移出本土，所形成新的经济循环是：跨国公司在全球范围组织生产，而利润回流美国，进入资本市场获取增值收益。80年代中期和90年代初我去美国考察的时候，眼见着美国的夕阳产业不断调整，看着像匹兹堡这样的地方从原来的钢铁工业中心，变成以旅游、金融和计算机为主的城市，经济结构调整很快。

正是由于80年代开始的美国大规模的结构调整，资本经济取代实质经济，因此它必然要求资本自由流动。于是，在1986年，里根政府提出关税贸易总协定不应该再满足于一般商品的自由贸易，而强调把资本的自由流动纳入关税贸易总协定中来。但因为各国反对的力量很大，所以才在 GATT 之外再搞个"乌拉圭回合"，把美国的要求列入谈判。这就是所谓"乌拉圭回合"的由来。同时又因为美国是新大陆国家，农场规模很大，它的主要农产品占世界农产品市场的 50% 以上，所以，同时列入"乌拉圭回合"谈判的就是这两个主要内容：其一是金融业，即以金融为主的资本自由流动；其二是农业。这两个都是战略性的或者说是基础性的产业。

可见，在 20 世纪 40 年代末期确定的 GATT 的制度框架下，各国本来只承诺一般商品的自由贸易，但如果金融业和农业也完全开放自由贸易，就能够动摇人家的国本了。

金融是什么？它是一种以货币为表现形式的社会信用。而到现代社会，信用是政府政治强权的产物。客观上说，金融背后起支撑作用的基础，就具有政权这样的政治特性。因此就又产生矛盾了：一方面，金融的无国界在事实上是不可能的；另一方面，发展中国家必须以所谓的维持国际收支平衡来保证币值稳定。也就是说，储存外国的硬通货是本国货币稳定的重要因素之一。今天看是什么意思呢？就是说存多少美元是决定本国货币是否稳定的重要因素，这就意味着我们作为发展中国家，只能承认美国客观上承担着世界中央银行的职能，你要储备它的货币才能保证你的货币的币值。

同样的道理，现在国内外很多经济学家在讨论汇率问题，各种说法都有。中国为什么不必调整汇率？其根本的经济原因是什么呢？就在于中国目前的外汇储备是世界第二。2001年底，我们的外汇储备将超过2000亿美元，日本2000年才不过2300多亿美元，内地再加上香港的大约1000亿美元，中国的外汇储备将可能是全球第一。有这么多的外汇储备，币值当然也就非常坚挺。为什么人民币越来越升值呢？就是因为外汇储备越来越多。中国的商业银行去评级，标准不高，也评不出什么好级来，这是因为银行的不良资产的比重相当大，但是中国的外汇储备太大，所以本币贬不了值。

综上所述，因为全球资本主义在第二次世界大战之后，美元独霸天下的条件下，终于进入金融帝国主义阶段，所以西方先后放弃了金本位和固定汇率制度。在美国保证美元对黄金的比值不变的前提下，发展中国家大都以美元为本位。尤其是1991年苏东国家解体以后，再没有另外一个对立的货币集团，于是后发国家大部分以"美元化"为资本自由流动奠定了基础。其间，1994年正式建立世界贸易组织表明了这种趋势：当资本过剩和农业资源充裕的发达国家得以把资本的自由流动和农产品的自由贸易纳入WTO的制度框架内，就能够主宰今天的世界经济。

三、中国想要加入 WTO 的原因

（一）缓解出口大增引起的国际摩擦之需

中国在 1992 年宣称，中国要建设有中国特色的社会主义市场经济新体制。在讲这个问题之前，中国并不存在实质性谈判的可能。为什么呢？因为无论关税贸易总协定还是后来的 WTO，都认定只有市场经济国家才有资格谈这个问题。而中国在 1992 年十四大以前，没有承诺过中国是市场经济国家。所以我们跟关税贸易总协定谈判谈的不是具体内容，讨论来讨论去，讨论的是中国是不是一个市场经济国家，中国有没有这样一个市场经济国家的资格和身份来恢复它的缔约国地位。以前我们恐怕谈不到 WTO 谈判的内容，因为是原则性的问题，中国要求恢复，台湾要求恢复，到底是谁恢复？中国大陆方面坚持应该是大陆代表中国恢复关税贸易缔约国地位，台湾也有它的一套说法。

总之，在正式建立世界贸易组织之前，以及中国正式承诺我们要建设中国式的社会主义市场经济新体制之前，这应该另当别论，它不是一个你如何去谈 WTO 的问题。即使中国希望以市场经济国家的身份开始谈要加入 WTO，那也是 1993 年以后的事。

在开始阶段，我们并没有很多的或者很迫切的、很强烈的要求去谈判这件事情，为什么？是因为我们在 1994 年、1993 年、1992 年中国经济进入高涨阶段之后，我们的进口大量增加，基本建设增长百分之四五十。而这是要靠进口的，进口消耗了我们大量的外汇存底，这样到1993年底只剩下180亿美元，因此造成1994年因为人民币的大幅度贬值刺激了出口，从而造成了出口的大量增加。1994、1995连续两年，中国因为出口的大量增加而造成了我们经常项目之下的顺差，这个数字大约每年在300亿元到400亿元，这就迅速地把原来的外汇存底局面扭转了。

我们出口的大量增加，引起了进口国的反倾销起诉。比如说纺织品，大家可能记得，美国曾经对我们在美国的公司进行搜查，把所有的资料拿走，对我们国家进行反倾销起诉。同时也引起了和中国有同样经济结构的，比如东南亚很多国家的不满。大家记得20世纪90年代中期的时候，东盟国家曾经和中国有各方面的冲突，各方面的意见。以后是和我们产业趋同的国家或是进口的国家，都因为中国出口的大量增加感到了威胁。因此，以反倾销为武器，以美国所谓"301超级条款"为武器，对中国进行制裁，这些问题才使得我们加入世界贸易组织的愿望开始迫切起来。这个谈判进入日趋紧张的阶段，应该是在1995年以后的事情。

（二）农业科技竞争力提高之需

举一个例子，比如说在谈判过程中，美国一个非常大的公司叫"孟山都"，它做了很多公共关系工作，要求进入中国市场，而我们卡着它，不让它进。我们要靠科学技术来提升我们整个农业的质量，提高农业的竞争能力，所以我们把大量的国家投资投下去。但是我们不如"孟山都"一个公司干出的水平，咱们干不过人家。经贸部说别进它的种子，你进了它的种子，我们整个工程就完了。我们曾经希望以种子工程带动中国资源短缺的农业能够有高增长，所以我们用科研经费进行了大量的初试中试推广，所有的东西都投下去了。那是很花本钱的，要是一放开，进口它的种子，而它的种子价格又低，品质又好，我们这么多年的投入就完了。你说这个东西是一个部门利益？说是也不是。这事说起来很怪，客观上部门确实有投入，再进一步看，国家的政策导向是进入高产，所有的科研投入拼的是高产种子。咱们就说玉米种子，怎么能让河北的种子到辽宁种高产，辽宁的种子到吉林种高产，吉林的种子到黑龙江种高产？

人家研究这个种子含多少油，含多少玉米蛋白，都是分品种搞的。人家的新型工程有几十个实验室，每年出好几个成果，我们在这儿折腾了几十年才出几个科研成果，你干不过人家。要不得科教兴国呀！农业要提高它的科技素质，提高它的科技含量，要的是什么？各部门当然很着急，但是他提意见说你不要进，美国可不是咱们这种制度。在美国，我是大公司，这个议员是我帮你竞选上去的，你要不压迫政府给我开辟这个市场，我就不投你的票，你就没有钱竞选。所以竞选者压力非常大，一定要中国进他们的种子，咱们就死顶，你一进科研投入就全完了。最后弄来弄去，找到咱们一个漏洞，就说合资行不行？跟河北一个县搞一个合资企业，上一个品种，比如说棉花品种，合资上一个棉花加工厂行不行？河北批了，投资量很小。一批就进来了。进来以后，抗虫棉好到什么程度呢？咱们是投资多少下去，生产抗虫棉的棉种，但咱们的就是抗不了虫。大量地生产农药、打农药，弄得棉铃虫抗药性极强，打上农药都毒不死棉铃虫。这使得河北地区的农民种棉花的成本极高，所以农民就不种棉花了。治不了虫，所以棉花的成本越来越高。结果中央部门按照政策，把棉花推到西部去，就推到新疆，甚至带动棉纺厂西迁，让西部地区发展棉纺厂的加工。但人家的棉花种子一进来，不用打药，就是基因工程，棉铃虫吃了就不育，没法再繁殖，就不用打药了。这个不用推广，不用打药，种出来的棉花就挺好。棉花从轧花厂出来以后，老百姓买走了。按说是基因工程第二代不起作用，结果不仅第二代起作用，第三代还起作用。用这个棉种繁育种子，生产就恢复过来了，成本低，不用打药。你看竞争多么厉害，没放开就把你竞争得一塌糊涂。棉花西迁了，东部一开始生产棉花，后来不生产的山东、安徽、河北一带，现在又开始生产了。你怎么解决这些问题呢？很难解决。

接着就是，你原来的结构调整还得再来过，花了大量的钱投西部种棉花，现在还得迁回来。在谈判过程中，各个部门谈的不同意见不是无源之水、无本之木，很大程度上牵扯到本部门的产业如何安排的问题。结果这就谈了两年，一直到1997年还谈不下来。各部门都有道理，谁能说道理不对？否则大量的科技投入就白投入了。产业带西移这个结构怎么安排，这些事情考虑不考虑，你说有道理没道理？说有道理也有道理。很多事情也是这样的。相关的产业，如专门生产治棉铃虫农药的厂子没有用了；很多相关的行业，包括基层的种子站、农机站都是靠卖药过日子，60%以上的收入是靠卖药。农机队伍怎么维持？供销社过去靠农药专营赚点钱，这块没有了，因为没有需求了，它怎么过日子？相关产业一连串的问题怎么解决？所以我说这个事情确实需要各部门参与意见，但是各部门的意见又不能全听，还得以人家为主，这一点咱们服从大局。客观地看，不是说各部门的意见不能参与，也不能说参与一定对，也不能说参与就一定起作用。

（三）国内就业问题解决之需

接着到1998年，中国经济如果不高增长，经济增长率低于10%，就业问题就会严重起来。所以现在就不得不开始让各个学校增收学生，缓解就业压力。中国这样一个人口大国，你如果没法解决就业问题，就会闹得到处犯罪。我们采取了积极的财政政策、积极的货币政策，这有很大作用，但是毕竟没有达到希望它达到的程度，所以经济问题就比较突出。在这种情况下，看来中国及早加入WTO是一个选择。

（四）国内经济发展资金之需

大家也不要把WTO谈判看成是一个整体，各部门的意见也不能说完全没有道理，但是小局服从大局，国内投资上不去，还得靠外资,靠外资就得加入 WTO,就得投向市场。说来说去,就这么一个过程,总得有部门让步。

四、利弊:WTO 与中国"三农"问题的讨论

刚刚我在开场白解题的时候已经讲了,在中国不能单纯地讨论农业问题,我认为现在一些说法并不一定确切,需要反思。

按照国内的提法,"1999 年 4 月 8 日美国单方面公布了中美'入世'谈判的文本",之后学术界曾经有过一些讨论。当时发表观点的经济学家基本上是在原则和理念上来讨论问题的,那些书斋学者中的大多数认为中国"入世""利大于弊"。而当我根据那个文本分品种给大家介绍我国的承诺,不同农产品的什么品种的不同品质价格差别会怎样的时候,有些学者显得很吃惊,甚至说,我们怎么不知道小麦还有硬麦、软麦之分,还有白麦、红麦、花麦之分?那么,是否允许我提个问题:如果不知道这些具体品种、品质和相关价格的差别,学者们怎么能够讨论 WTO 对农产品贸易的影响呢?可见,单纯从经济学的理念出发,对条款的利弊和约束是解释不清楚的。现在人们已经知道,目前中国小麦的总产量中大约 40% 可以叫硬麦,相对而言,面筋含量还比较高,但完全能跟国际上高面筋含量小麦相比的只占总产量的不到 20%,大约 80% 在品质上不能与美国小麦竞争,连加拿大、巴

西、墨西哥这些国家的我们也都比不上；但是在价格上我们高于国际价格的30%左右。这是在1999年的时候，在基本达成了中国跟美国的"入世"协定的时候。当时，我们的大米价格高于国际价格40%左右，我们的大豆价格高于国际市场50%～70%，而这几种重要农产品的品质，我国都比国际同类农产品的品质低。因此，要按照同类农产品质量算价格差别的话，中国的国内价格还要更高。

所以，在形成中美"入世"协定时，我们根据当时在网上看到的协定的文本认为，从基本农产品贸易的角度说，中国的确没有太多的机遇；至于所谓竞争力，中国的农业资源严重短缺，也几乎没有什么潜力可言。

当时有的同志说，尽管中国做了承诺，按照最低关税配额（TPQ），我们应该进口大约2000多万吨粮食，这也只是不到国内总产量的5%，基本上不构成对国家粮食安全的影响。还有人强调，尽管有按照最低关税配额承诺进口的数量，也并不是一定要进，它只是核定的一个额度。这些观点有一定的道理，但也值得进一步讨论。

我们知道，TRQ（关税配额管理）指的是象征性地征收1%～3%的关税。大约150年前，帝国主义列强曾经安排一个叫赫德的英国人主管中国的海关，当时定的是5%的关税率，而现在的TRQ是比这个还要低的关税。关税是一国的主权体现，因此不能不征，只是象征性地征一点儿。TRQ这个配额是各国

WTO谈判的技术手段，超过这个配额的部分就按照正常关税（减让以后）的比例来征。比如中国农产品平均关税从40%多减让到14.5%，亦即多于配额的部分，按照14.5%征收；在配额之内的，只能按照1%～3%征收，大体上就是这个意思。

接下来的问题是，是否配额就必须全部都进？有的同志曾经说：即使有配额，是否进口也取决于我的需求。这话说得非常之理性，它里面隐含着极为正确的经济学道理——什么叫需求。所谓需求有两个方面：第一，当然看你有没有消费了；第二，你的价格是否比人家高，如果比人家高，那么按照市场原则，人家的就自然会进来。我们一开始说我们的农产品高于国际市场价格，尽管有这个配额，你可进可不进，但如果你的价格比人家高，而客观上你国内又有市场需求，那就必然进口。当前的情况下，我们这两个方面都具备：第一，我们的价格比人家高；第二，我们国内有需求。所以按照配额的进口，毫无疑问得进。此外，还有超配额部分，就是按14.5%平均关税（税率分不同品种计算）的进口，就要看国内价格高于国际价格的程度，比如小麦价格高于国际市场30%，扣除关税14.5%后；高出国际水平15.5%，把对方的运费打进来；如果不到15.5%，那还得进。近年来的事实是：一方面国内农民饱受"卖粮难"的苦；另一方面，沿海和大城市已经大量使用进口粮食了。

在这种压力下，现在农业生产的情况是什么样的呢？就现在国内这样的价格水平，农民从事种植业已经是亏本的。特别是农业主产区的主粮产品生产，基本上是不挣钱的，如果算上活劳动投入，那就是负值了。统计数据也证明这一点了。从1997年以后，农户家庭经营条件下的种植业，资金和劳动力的投入产出均为负值，到现在已经是连续多年的现象了，不仅中西部传统农区如此，东部也是如此。所以，按照现在的国内价格水平，农户已经是亏本了，这就决定了我们国内的所谓农业政策空间有限，因为不可能再像过去那样，靠提高价格来保护农民的生产积极性了。大家知道，本来价格是有个弹性区间的，一般把国际市场价格叫"天花板价格"，国内的生产成本叫"地板价格"，但现在我们这个现象已经是很怪了，我们的"地板"在"天花板"之上，你怎么能谈竞争呢？

我们看近两年发生的事情。尽管中国是到11月10日才签订加入世贸组织的协议的，预期应该出现举国欢腾的场面，但不知为何没有出现。在没有加入的情况之下，去年中国已经进口了1200万吨大豆，我们大豆的价格比国际市场的价格原来高70%，近几年大约高50%，已经进口了1200万吨是什么概念呢？我们国内正常年份最高产量是1700万吨，个别年份达到过2100万吨，去年国内产量大约1500万吨，而进口1200万吨等于全年产量的80%以上。对国内大豆的生产、加工的相关产业的影响已经显现出来了。今年上半年，仅1月到6月又进口1000万吨，全年进口估计会接近总产量。

中国市场容量就是这么大，与国际上的价格差别又很大，从个别产业来说，如大豆，还未"入世"，国内生产所遭受的挑战就几乎是灭顶之灾。为什么？很简单，国内价格高，是因为小农经济条件下生产成本高；品质不如人，则是因为国外生产的是转基因大豆，它能使大豆的出油率比中国最好的大豆高 4~5 个百分点。按照中国在"入世"协定中所做出的承诺，中国按 TRQ 的配额应该进口的是豆油，如果按国外大豆 20% 以上的出油率折成大豆，即把我们按照 TRQ 需要进口的豆油折成大豆，就会比我们国内全年产量还要高。所以，至少在某些品种上，对我们的负面影响是比较清楚的。

但最后是否会影响到中国农民都不种大豆了？那倒未必。比如说，可以由在座的学生们宣传宣传，告诉老百姓说，他们进口的都是转基因大豆，虽说好，但谁知转基因会有什么毛病呢？还是吃咱们农民种的土种大豆安全点儿，磨出的豆腐才香点儿。可能只有靠这样的宣传，咱们土种的大豆才有市场。大豆这个东西不像一般的粮食，比如说小麦、玉米、水稻，农民自己可以吃一部分——中国粮食的商品率一般只有百分之三十几，农民自己要消费掉百分之六十几。而大豆的商品率却是百分之九十以上，农民自己除了磨点豆腐，总不能自己加工豆油吧？因此，越是完全商品化的品种，面对国际竞争就越是难以抗拒。所以今年夏天的时候，国家主管经济工作的领导人在讲话中明确表示他很担心，咱们还未"入世"，大豆就已经面临这么严峻的挑战了⋯⋯

此外，我们看到在"入世"谈判中所说的农业保护，跟实际

第八章 "入世"与中国"三农"问题

上我们中国农民需要的农业保护两者之间还不是一回事。我们现在谈判中所说的保护,不管是美国所要求的5%,还是我们提出的10%,抑或最后双方达成妥协的8.5%,其实都与中国9亿农民没有直接关系。我甚至认为,这个补贴在中国并不是对农业的补贴。向对方提出补贴问题,是因为我们这几年粮食的库存积压过于严重,把财政的补亏和银行的贷款占压得太多,所以,这几年不得不以政府财政拿钱来补贴出口,事实上是中粮得到出口补贴,国家是补给外贸进出口部门,进出口部门拿到钱来还在银行占压的粮食贷款。所以客观来说,这个钱仍然是在政府垄断部门系统内循环,跟农民似乎没有直接的关系。这样就导致中国农业从原来的补贴为零或负值提高到现在所说的二点几。

经贸部在谈判时当然要保护所属的中粮进出口总公司的利益,将来也还是希望国家财政给中粮进出口总公司出口补贴,因为利益主体明确,所以谈判就显得非常艰苦。我认为,时至今日农业仍然是负补贴,农民并没有得到WTO谈判的任何好处,我们至今仍然是从农业提取积累。从我们现在谈判的条件来看,从承诺的TRQ来看,对于农业主产品的国际贸易是相对不利的。如果以国际价格衡量我们的农业主产品,比如说粮食类产品、棉花、油料等,我们这种小农经济基本上是没有国际竞争力的。

当然,机遇或利益可以是潜在的。也许,将来随着世界贸易组织的发展,我们能够真正参与规则的制定,会制定出有利于中国9亿农民的规则,但这只在将来是可能的。我们,尤其是长期搞农村政策的，特别希望能够给一个解释，比如公布文件的时候，能够逐条说明哪一条是对农民有利的。但到目前为止，一未公布，二未解释，所以，我们只能是从网上看到相关条款，认为对中国农民基本上是不利的。我们得出了一个不叫结论、只能叫印象的东西，就是世贸组织谈判中，农业或农民的利益作为了一种让步。因此，WTO对中国"三农"问题的影响客观上是以负面为主。

有人得出结论，认为我们土地资源高度稀缺，因此，土地密集型的产品我们没有比较优势，只能依靠进口，这个结论客观上当然是成立的。其实早在20世纪80年代我们就说过，如果我们东部土地面积过少的地方能够进口美国、加拿大的粮食，那就等于进口人家的土地。中国土地密集型的产品相对来讲不具有市场优势，逐步退出农业生产领域是一个符合规律的现象。即使没有WTO，在东部相当多的地区，土地密集型的粮食类产品也正在逐步退出农业生产领域。很多地方在大幅度调整产业结构，政府下命令不准种粮食，只能种经济作物，这是符合规律的。但因此引发的另外一方面的讨论，其实80年代也已经有过，那就是：中国要在多大程度上依靠国际市场来满足十几亿人口的粮食需求？

有人说，按照我国承诺的TRQ的数量，进口粮食占国内总产量的比重只是4.6%，并没有达到我们国内研究提出的5%的粮食安全线。我对此不敢苟同，在我的文章中，中国和西方国家计算粮食安全所对应的基数不是总产量，而是扣除农民自给自足之后的那35%的商品粮。这是当时在讨论这个问题的时候,我提出的我们和发达国家计算粮食安全线的重大差别。

发达国家比如美国,他们的农民不叫农民叫农场主,生产小麦并不自己吃,他自己也是到商店买面包;他自己并不磨面粉,可中国农民要自己磨面,套上头驴,或用电磨,磨出粉来一筛,拿到家里包饺子、下面条、蒸馒头。我们的农民是自产自销,自给自足。而在发达国家,全部农产品都是商品化的,美国农业人口只占人口的百分之二点几,而中国至今以农业户口计算仍然占73%(统计上说法不一样,户口统计是73%,按照第五次人口普查是64%,按照县改市划入市镇人口的统计,那农村人口只剩下50%多),在全球来说算最高的。因此,我们的粮食自给自足的比例比较高,大约64%粮食产品是农民自给自足的部分,只有35%~36%是商品部分。

因此,中国计算自己的粮食安全线,应该是以什么为基数呢?当然不能以总产量而应以商品量为基数。因为进出口影响的是成为商品的那一部分粮食,而不直接影响总产量。忽视这种国情,又怎能计算出正确的粮食安全线?以为中国是美国啊?"暖风熏得游人醉,只把杭州作汴州。"所以,客观地看,以总产量来对应TRQ的计算法,本身就是值得讨论、值得推敲的,应该计算的是商品量对应的进口量。这是其一。

其二,正如前面已经说过的,进口量也不能按照TRQ来计算。只要国内有需求,只要人家的价格加税率加运费仍然低于国内价格，就会进口，无论是放开还是不放开国有垄断，贸易部门都会进口。

但现在似乎只有我持这种可以讨论的意见。"入世"对"三农"问题的影响怎么解释？看解释权在谁手里，有人就硬那么解释，那不就类似于指鹿为马吗？不顾中国二元结构的城乡差别，指着总产量就说它是基数，那是不对的；更何况，咱们从来就没有搞清楚过总产量是多少。谁知道总产量有多少？我们是长期搞农村调查的，下到农村去问农民今年打多少麦子啊？他回答18个蛇皮袋。一个蛇皮袋是多少？你去称吗？没法称。这不能怪统计局，要说过去，统计人员还可以靠拉对角线；现在农村都承包到户啦，谁让你去人家的麦子地里拉对角线？抓人家的麦穗过来算千粒重，你给多少钱？不给钱你上农民地里蹚麦子，行吗？过去行，现在确实不行了。现在要把握准确的数据，客观地说是做不到了。

到底现在中国有多少年产量，在统计上可能是模糊的。我们所说的粮食安全线之外还有一个更为隐含的东西，也没有人做过测算，我在1997年关于粮食周期问题的分析文章中曾经写过，有兴趣的人可以去网上看：每到中国比较大规模进口的时候，必然造成国际粮食市场价格大幅度抬升。1995年1月至1996年6月，我们曾经在连续18个月的时间内进口过3000万吨粮食，陡然之间就引起了国际市场粮价的变化，甚至引起了各个发展中穷国的抗议。你们中国人富了，你们吃得起，就把国际市场粮价抬起来了，中国大规模进口的结果是无论现货、期货，价格飙升。中国突然就成了全球最大的进口国，对全球粮价的影响非常之大。现在，只要中国一报粮食减产，国际期货价格马上就抬起来了。只要咱们中粮的工作人员一到那个地方，情报人员马上就跟上了，眼看价格马上就起来了。他知道你们是带计划来的，甭管多贵，你得买，得执行上级指示，你又不是真商人，你是真官员、假商人。在这些问题上，对国际粮食市场乃至于中国和周边国家特别是和发展中国家的关系，也会相对而言产生潜移默化的影响。这恐怕也是很重要的问题。

再进一步说，按照中国目前调整产业结构的速度，粮食面积已经大幅度减少，我们从 1996 年以后连年粮食总产量下降，而人口还是不断增长。如果做长期曲线会发现，中国的粮食产量基本上是一个伴生的变量，如果自变量是人口，因变量是粮食产量，那么人口增加，粮食增加。而目前这种政策调整思路，所谓农业结构的战略调整，是有意识地要在人口增加的时候不让粮食产量增加。而这个决策是在什么情况下产生的呢？是 1996 年在政府价格提高的刺激之下，粮食总产量突然大幅度抬升，使我们在 1996 年就提前完成了 2000 年的粮食产量目标。这就是说，粮食总产量本来应该是缓步增长的，但是因为我们 1994—1996 年连续给出了一个特别的价格信号刺激，所以到 1996 这一年产量是超常规增长的；而粮食增长的长期曲线本来应该是与人口同步的，人口到 2000 年平均每年应该增长 1000 多万，如果提前 4 年实现粮食产量目标，就意味着：人还没有增长上去，对粮食的需求还没有上去，突然粮食产量却超常规增长上去了。于是，就必然造成混乱，出现粮食库存积压。市场价格便宜，农民种粮不挣钱，种地不合算，然后就是弃耕撂荒，大规模涌起打工潮，在全国范围内涌动。且不说同期社会犯罪的增加，这还导致了一系列的社会政治问题。

尽管这样的分析太让人不高兴，但是客观上人们应该看清楚，任何突然的政策刺激所造成的粮食产量的突然变动，也就是政策造势所造成的突然变动，对这个农民国家而言都可能是灾难，无论这个政策的出发点是正确的还是错误的。

大家是否知道1984年有一次"卖粮难"？现在你们这儿上点岁数的人不多。当时我们叫作生产力的突破性释放。农村大包干，生产力解放了，造成了大丰收。大丰收应该是好事，1982年到1984年连续3年，粮食从原来的6000亿斤左右，一跃而增加到8400亿斤。陡然之间，粮食大幅度增长，长了2400亿斤，短短3年粮食增长了34%左右。当然，就出现了需求对供给的严重抑制，导致了"卖粮难"，粮食部门就压价，结果是1985年农民不愿意种粮食。人们到现在都还说，1984年的政策是好政策，但对于某一个单一的品种，比如粮食这个品种来说，对于某一个单一产业，比如粮食产业来说，它所造成的影响其实是灾难性的。以前从来没有出现过的粮食亏损也出现了，就是那次，造成国家财政给粮食企业补亏。

第八章 "入世"与中国"三农"问题

客观地说，1984年那次，因为农民实行"大包干"，积极性突然上升，一下把粮食生产顶上去了，一顶上去，卖粮难了，因此就造成了粮食这个产业本身的灾难。1996年是第二次粮食突然大规模地增长。从1994年到1996年连续3年，粮食从9500亿斤增加到了1万亿斤以上，这样突然增长的结果就造成了粮食的积压，因此现在是粮食部门压价，农民也不愿意种粮食了。但是历史告诉我们，这从来都不是长期现象。就好比1984年那次"卖粮难"，农民自发地调节种粮面积，1985年减少了7000多万亩的粮田播种，减产了540多亿斤，此后是连续9年的粮食徘徊，相对来讲供需之间的矛盾是有规律的。而这次连续5年的农产品难卖以后，按现在这个结构调整的政策走下去，会有什么结果呢？不会太久——我估计最近3年之内，中国会出现相对粮食短缺。那么，大规模进口粮食将可能是一个必然趋势。

过去有些事都是怪怪的，要么不进口，要么一进口就是2年到3年连续进口；而再进一步从人口的中长期增长趋势看，中国还是属于粮食供给短缺的国家。如果我们现在不注意，不能以某种政策在某种程度上保护农民从事基本农产品生产的积极性，也许到不太久的将来，等你们离开学校，走上社会的时候，你们可能会遇上一些比较严重的问题。希望到那时你们仍然记得住那句歌词，"某年某月的某一天"，我说过这样的话。那时候你们可能已经记不住了，"恰似一张破碎的脸"。

从长期看，中国的粮食形势其实一直不容乐观，因为我们是土地资源短缺的国家，我们叫作土地要素高度稀缺，客观来看，这是不容乐观的。我们稍微做一点分析。大家知道，农业的收益基本上叫作地租收益，而地租产生于土地资源的多少。土地资源大，至少绝对地租的量就大，也就是说为什么中华人民共和国成立前农民都拼命节衣缩食想当地主呢？一两代人节衣缩食，起五更睡半夜，背着筐去捡马粪，就是为了置地。而置地就等于扩张了土地资源，就等于扩张了绝对地租的量。中华人民共和国成立后咱们农村人口翻了番，土地不得不按人口平均分配，难以再形成规模，因此，中国不可能按照美国的农业模式来运作。

很多人在讲现代化的时候开口闭口谈美国，但是中国农村客观上做不到美国的现代化。为什么呢？美国平均每个劳动力所对应的土地面积是中国的828倍。很多干部到美国去做考察调研，去参观农场，大部分去参观的人都不懂英文，也就是看看人家怎么好啊，很少有人像我这样，在美国做调研的时候去找那些破产的农场主交谈，或去考察那些濒临破产的农场，去研究美国农场为什么也会破产。我发现，在美国800公顷以下的农场基本上不怎么挣钱，越是对应资本密集型的农业，它越得扩充面积，以面积扩充所产生的绝对地租量的增加，来抵补不断的资本密集投入所带来的成本的增加。这话说起来绕口，只是专业人员讨论起来爱这么说话，实际上就是说，你得拼命地扩张你的农地规模，你上的拖拉机、烘干机等设备的成本才能被冲抵进去，就这么个道理。所以我走了几家400公顷左右的农场，都是濒临破产的。小

第八章 "入世"与中国"三农"问题

于两三百公顷的就等着被兼并，根本没有利润可言。那么，我们农户的平均农地规模有多少呢？0.4~0.6公顷。我们如果以农户作为一个家庭农场（其实根本不是），它差了几乎上千倍。美国劳动力平均土地规模是我国的828倍，以赢利能力来看的话，恐怕差了上千倍。所以，美国的农场和中国的小农经济是不可同日而语的。

再进一步看，我们不仅是农户的农地规模过小，而且在一个户内还是土地分割细碎。家在农村的同学都知道，村里分地，总得好地、中地、差地都分一点，所以一户少说三五块地，多则十几块地，最多的有二十多块地。我们不是老讲这个故事吗——贵州山区的草帽田故事。说一个农户上山整地，他有26块地，整完25块却找不到最后一块了，拿起草帽一看，哦，在这儿呢，被草帽盖住了。你说这地块儿零碎到什么程度呢？扔一个草帽就能盖住了。

不但土地分割细碎，农户还要兼业化经营。东山上的地种点儿茶，西山上的地种点儿玉米，家门口种点儿菜，院里边养头猪，屋后面还得拴上头牛。不仅普遍兼业化经营，而且还是我们说的一兼户、二兼户，一兼户指的是种养两业兼营，这是普遍的，谁家种地不养点儿猪啊？我们叫作粮猪型小农，这是一个非常普通的常识性概念，一点儿都不可笑。为什么？因为中国的小农天然地形成了户内自我平衡机制，过去我国粮食的价格和生猪的价格正好相差一个生产周期，我们叫"粮价高，猪价低；猪价高，粮价低"。农民又养猪又种粮正好自己平衡价格风险，这就是小农经济条件下必然形成普遍兼业化的道理。可是，你问问我们现在这些搞经济学研究的，有几个知道粮猪型小农经济？有几个知道粮价高，猪价低；猪价高，粮价低？有谁认真研究过小农经济？几乎没有。那你凭什么说加入 WTO 对中国农业提出了极大的挑战？不做农户调查，就这么关在屋里说，连我都听不明白，"以其昏昏，使人昭昭"。如果承认小农经济是土地分割细碎而且是高度兼业化经营，那么请问你怎么能够计算它的商品率？哪些部分，比如农民杀了头猪，哪一部分是他自己吃了？多少商品率，多少自给率，能算得出来吗？书斋学者的困难在于，你不能用现在的统计原则来统计农户经济。我们做了十七八年的农村调查，始终就没能够设计好一个全国通行的调查表，我还是 20 世纪 80 年代被中国政府派到美国去学方法的人。客观地说，我做了这么多年的研究，又是比较早地被中国送出去学方法的，我都觉得底气不足，对付不了小农经济研究。

所以客观地看我们所谓的参与国际竞争，至少得知道美国和中国几乎不可同日而语的资源差别：第一，人家的劳均耕地面积是我们的 828 倍；第二，人家的农场规模是我们的上千倍；第三，我们不仅农户规模小而且分割细碎，再加上兼业化经营；第四，我们的农业没有规模，连自食部分和商品部分都算不清楚。中国为什么得说是农民问题第一？就是因为小农经济条件下农民的生产、生活结为一体，无法区别。你说老太太用刷锅水煮点糠喂猪，那是生产，还是刷锅呢？你怎么计算她刷锅加上煮糠和喂猪的劳动呢？怎么计算她的成本呢？她算不算劳动力呢？按照国家的统计，她属于非劳动年龄人口。小孩子放学回家，一路走一路割点儿草，回家塞进猪圈里，算不算劳动呢？

其实我们所谓的畜牧业生产还有竞争力，恰恰就是由于这些半劳动力的投入不算劳动成本，才造成了我们畜牧产品价格低，才造成计算下来我们畜牧产品的肉料比与发达国家相比都要低，哪怕它有转基因。因为老百姓只把精料，即花钱买的饲料才计算成为成本。所有这些活劳动投入"不算"成本，才造成我们现在的畜牧业有竞争力，才能出口点儿猪牛羊肉。你如果按照美国式的所谓现代农业来搞规模的养殖场，根本是不可行的。你们看看北京郊区，那些上万头牛场、上万头猪场，在国际竞争面前，哪个还活着呢？大部分全死了。

即使现在讲，我们目前有几种产品还有所谓的国际竞争力，但回过头去瞧瞧，国际竞争力是从哪儿来的？根本就不是农业现代化或者叫作规模农业产生出来的。我们客观地看，无论再怎么讲，当这个国际竞争到来的时候会带动结构调整，提升产业层次，技术含量也会提高，规模可能会增加，等等，这些说法大部分似是而非，我觉得主要是因为学者们不了解中国农村的小农经济是怎么回事。

所以，我们应该客观地看这个WTO影响农民的过程。第一，我们要明白在谈判中农业是做出让步的产业，这从条款上、承诺上都已经很清楚了。第二，从国际对比来看，我们争执的原因在于我们农业人口过多，农村仍然持农业户口的人占73%，这必然造成大家都来分那点儿地，于是乎土地分割细碎。政府号召农民实现专业化、规模化的生产。号召了15年，快20年了吧？可是为什么农民不听你的号召呢？是因为你不了解他们。你按照所谓现代化理论提出来的东西，不符合农民的实际。他们现在唯一能挣点儿钱的畜牧生产，其实是把家里的半劳力不算账，这才使以农户家庭经营为主的畜牧业有所发展。但这并不是在完全市场化条件下得到的真实效益，不是按照现代方式所形成的所谓农业生产的竞争力，而是小农经济条件下以劳动力对饲料的替代而形成的畜牧业、水产业等方面的竞争力。所以我说，看中国加入WTO承诺的条款，农业是让步的；看中国农业的现状，客观上也不具备所谓市场经济条件下的竞争力。

五、选择：应对"入世"挑战的另一套政策

我们接着讲第三部分，我们怎么办？

当然，第一还是得依靠党领导下的农民群众的伟大创造。这是十五届三中全会文件指出的，我们认为，中国农村的改革与发展是党领导下的农民群众的伟大创造。我们应该相信群众，这仍然是根本原理。至今我们还真没有别的办法。第二应该相信党，

第八章 "入世"与中国"三农"问题

这是说党现在很重视这个问题，朱镕基总理最近不断地讲他睡不着觉，中国加入WTO，很多人高兴，他高兴不起来。党提出农业是国民经济的基础产业，是重中之重，一定要加强，要千方百计地增加农民收入。相信群众，中国老农民已经活了5000多年了，从"后稷"教人稼穑开始，农民有4000多年的种地历史了。4000多年都已经活过来了，今后也会继续活下去，这个历史还是要相信的。这是我们要相信的两条原则。

至于具体应该怎么办，到目前为止，我们所强调的实际措施主要叫作调整产业结构，发展农业产业化，加强政府对农业的投入，提高农业的科技水平和农民的素质。这些说法从目前看，每个说法都是"不幸的家庭各有各的不幸"，都存在很多问题，落实起来都非常困难。所以从说法上看，今后解决问题的前景也不容乐观。

最近我们一再向上递建议，大体上有这么几条，当然都是个人看法。

第一条，农民纯粹在农业生产领域中，不仅无利可图，而且投入产出为负，这是客观事实。因此这么多的人，这么少的地，人地关系高度紧张就决定了任何调整都不可能大见成效。除非实现重大战略调整，就是大幅度加快城市化，给农民以国民待遇，允许他们进城，放开城市户口，在就业、劳保、社保等一系列待遇上一视同仁。这应该是第一条。但能不能做到呢？目前看政府逐步在做，比如说现在浙江省已经在全省范围内实现农民的最低生活保障，和城里人共同实现。这也算是一个开始吧。2001年10月1日，中央放开了县以下城镇的户口，个别的省会城市，比如石家庄市，也打开城门，你可以根据你的身份、居住地、工作来登记你的户口。因此应该说，假如中国能够在21世纪以有效的政策来推进城市化、加快城市化，那我们有可能大幅度减少农民的数量，提高平均每个小农的农业规模。

但是，尽管我们有这种梦，也仍然不可以对它抱有太大希望，为什么呢？

我们假定确实加快了城市化，而且这个城市化真的实现了我们的计划目标，那么我们从中长期看，到2020—2030年这段时间，中国人口会发展到16亿至18亿。按照这个人口规模，我们实现了50%~60%的城市化率，我们现在只有34%，能够翻一倍到60%。且不说我们50年来城市化率只增长了15%，我们在今后20年内要比前50年快1倍，还会有多少人生活在农村呢？大约8亿。绝对量减少多少呢？仅仅几千万。我们现在的绝对量应该是8.7亿农村人口，号称9亿，结果是什么呢？还剩8亿多。那么，劳均耕地能提高多少呢？不仅不能提高，还会下降。为什么？因为每当城市化加速的时候，都必然会带来土地的大规模征占，按照现在的速度，平均每年大约减少1200万亩。按照1993年以后城市化加速的情况看，平均每年会减少2000万亩。我们按少的算，按1200万亩算，20年后减多少？24000万亩。现在8.7亿农村人口对应的19.2亿亩，减掉2亿多亩，还剩多少？16

亿多亩。人没减多少，地减少了几亿亩，你想劳均耕地面积、小农产的土地规模会提高吗？

这还是在领导决策正确的假设前提之下。万一要是不正确呢？所以从中长期看，靠大规模地减少农民人口来提高农地规模，以农业规模经济来参与国际竞争这条路，中国根本走不通。现在我们的学术界浮躁得很，一有点儿问题就急着说，为什么你不这样呢？确实有很多学者提出很多聪明的办法，可你算算账就知道了，基本国情矛盾是不可能根本解决的。我们目前农业劳动力绝对过剩这个问题，到那个时候同样不可能根本解决。

我举几个例子，说一点儿数字。按照去年的统计，农村劳动年龄人口，也就是应该劳动的这部分人是5亿，那么农业按现在的生产力水平，需要多少劳动力呢？最多需要1.5亿。为此需要转移多少呢？3.5亿。我们现在的乡镇企业号称解决了1.2亿劳动力的就业，但70%的企业处于停产、歇业、倒闭的状况，它不能破产，因为破产法不涵盖乡镇企业，它没有依法破产的资格。乡镇企业没有国民待遇也是个老问题，咱们且不说。就算它仍然在解决1.2亿人口的就业问题，但其中有一半以上也叫作两栖就业。比如在江苏、浙江、福建、广东这一带，它没必要完全转移，在村里上班、下班，就那么点儿地，早晨晚上捞两把就可以了，不值得正儿八经地去种，就那么个意思吧。实际上乡镇企业解决的过剩农业劳动力大约也就是6000万~7000万。那么你把那1.5亿加上6000万~7000万，算出2.2亿，就是5亿劳动力解决2.2亿，还有2.8亿。那么这些年进城打工的呢？大约有8000万。那好了，再减8000万。其实这8000万和乡镇企业就业是有重复计算的，外出打工的农民中有相当多的人，据说有57%转移到东部沿海地区的农村乡镇企业就业了。客观地说，不能说减了8000万，顶多算减了4000万，但是咱们仍然按8000万算，为了好算账，所以我们说农村绝对过剩的劳动力大数至少是2亿，2亿就是俄罗斯的总人口或接近美国的总人口。

农村过剩劳动力问题怎么解决？刚才说了，即使城市化加速，从中长期看，算下大账来，也不可能根本解决问题。不仅如此，据国务院发展研究中心测算，在加入WTO条件之下，会有1200万劳动力需要从农业离开。也就是说原来有1.5亿，实际上可能最后剩下1.3亿。这些因素考虑来考虑去，我觉得目前在这个大的环境、大的政策上还没有给个明显的出路。现在这种调整，无论是调整农业产业结构、农产品品种，还是品质结构等，相对于我们的基本国情约束来说，都还没有针对性地提出措施。

尽管我们第一条讲了要相信群众，第二条要相信党，我们应该相信现在所提出来的一切政策，都将有利于"三农"问题的缓解，但是从中长期看，思路还不是很清楚，问题还是长期客观存在的。现在我们已经有的这些政策提法，都不足以有针对性地、有效地解决问题，因此就必须有综合性、突破性的东西。

依我看，目前我们只能寄希望于"三个代表"重要思想落实到农村基层和农民头上，能够真正代表大多数农民的利益。中国要真正实现"三个代表"的伟大思想，就应该有针对性地解决或缓解基本国情矛盾，即人口过多，资源有限，劳动力绝对过剩。因此，我们首先应强调中国对内宣传和对外宣传都应该认真学习邓小平，毫不避讳地讲清楚这种国情，谁想让我照搬你的制度，请你把我这2亿多过剩农民劳动力拿走。当年邓小平就是这么谈的话。美国派特使斯考克劳·福特来秘密谈判，邓小平就说，你们美国人讲人权好啊，我同意，可我现在没办法，要不这样吧，我给你1亿人，你给他们人权吧。当时杨尚昆插话说，别说给你1亿，给你5000万，你就不是今天这个生活水平了。

所以，我们只要知道国情矛盾，就请在座的各位从自己做起，从现在做起，不要寄希望于照搬人家的现代化道路。中国得明白，站在这块土地上，脚下这块热土就决定了你搬不来现代化，你就得认"可持续发展"。无论我们讲科教兴国也好，赶超战略也好，今后假如你们在座的各位有一天当了领导，请你千万记住，"恰似那张破碎的脸"。

因此说，中国的基本国策应该强调一条，叫"就业最大化"。无论谁作为中国的领导者，只要你心里没有那9亿农民，没有那2亿多过剩劳动力，光想着追求什么现代化的东西，解决不了他们的就业，早晚你也待不稳。所以，我多年来一直呼吁就业最大化应成为基本国策。任何高科技，如果是节约劳动，那么对不起，你就不能算适合中国的技术。所谓发展适用技术，就应该适用于我们目前劳动力过剩这种基本国情，亦即要在可持续发展战略确立之后，强调以就业最大化为基本国策，否则，我们必会遇到大麻烦。

竖看中国历史，所谓的天灾人祸、农民起义、改朝换代，无论哪个重大事件发生之前，一般都出现人与资源之间关系的恶性发展。而当资源不足以支撑人口扩张的时候，肯定会出大麻烦。现在看还没到极限，中国的资源可支撑的人口约为16亿，超过16亿这个极限，按现在这个生产力条件，就支撑不住了。这个极限值早在20世纪80年代就测算过，更何况我们现在还是粗放型增长。我们且不说已经出现了严重的水荒、油荒，2000年我们进口的7000万吨石油已经超过国内总需求的30%，到2005年，我们的石油进口至少将超过总需求的50%，到2010年中国的石油进口将超过总需求的70%。如果国内70%的石油消费要靠进口，这么发展受得了吗？一天到晚嚷嚷汽车消费，但是客观地说，我们完全按照现在西方国家走出来的现代化道路走，那是走不下去的。我觉得在座的各位同学不妨多学点GRE、GMAT，都考出去，你就可以享受现代化了。可如果你在中国，那还得悠着点儿，也许得把追求四个现代化改成追求可持续发展，把追求高科技产业结构提升改为追求就业最大化，这是战略层面上的问题。这是第一。

第二，中国并非没有扩张土地资源的条件，我们到现在至少有5亿亩干旱荒漠土地沉睡在西部。但是如果按照现在开发西部的方式，对外招标，你哪怕上了一批非常漂亮的高速公路，也会是"这条公路静悄悄",两边没人。你就算修了复线铁路,那就是四条铁轨在月亮下闪着寒光。就算你修了油气管线,6000公里一直从塔里木盆地到上海,但沿路如果有个把民族分裂分子放个炸药包就完了。所以我还是那句话,心里得有人,光是上项目,没有人在西部生活,将来会有很多麻烦。

那我们建议的是什么呢?中国在国家的这个战略层面上,我们叫可持续发展,在具体的开发策略上,我们要考虑尽可能多用人,少用机器。咱们宁可慢一点儿、质量差一点,你用了人就有收入和消费,有消费就有拉动内需的可能。所以,我们主张西部开发"以水为先"。先上西部调水工程,要实行以工代赈,除非一些特殊工程要用大机械,其他能用人的地方尽量用人,而且应该是一个劳动力上工地,给你三口人的以工代赈,鼓励劳动力带着老婆孩子去。干一年白给他3亩地,干3年给他5亩地,白给,叫作"以工授地"。以工代赈可以解决生活问题,以工授地则是让去的人留在那儿。有水就有地,有水就有农业生产,然后沿水建村,沿路建镇,把5亿亩的旱地开发出来,西部就保下来了。大家知道北方河流的用水有70%是灌溉用水,这是既成事实。自从大禹治水以来,几千年来人们就是这么走过来的。

宏观层面上要考虑国家战略,中观层面上要考虑开发项目的实施策略,我们不能完全按照现成的这些理念来搞。西部开发搞项目也应该想着那2亿过剩劳动力。我觉得这样做的结果其实不仅仅是有利于农民,有利于调整农民和土地资源之间的不平衡关系，也有利于那些目前仍然试图维持自己垄断地位的企业的生存。你想啊，如果2亿过剩农村劳动力就了业，挣了钱，怎么不想给闺女买根红头绳？哪怕他就是杨白劳。2亿人需要2亿根红头绳，那也够生产一阵子吧？所以我想，即使各位将来毕业到了垄断部门，大家心目中都是银行呀，保险公司呀，但不要太短视，要想着真能把这2亿人的就业给解决了，就会有需求，有需求就会带动生产，这样国民经济会进入良性循环。就是说，中观层次上考虑项目的时候也要心里有农民。

我们再进一步说，第二个层次，微观层面上考虑"三农"问题的时候，建议不要光学西方远的经验，我们的近邻日、韩，加上我们的宝岛台湾，乃至于欧洲，任何地方只要小农人口仍占一定规模，它都必然实行合作经济。在东亚小农社会，尽管它的农民人口已经普遍下降到10%以下，日本现在大约有5%的农民人口，韩国也就7%左右，但几乎都是政府以一定的政策优惠，以一定的投资来帮助农民发展合作生产、合作运输、合作销售、合作加工、合作保险、合作金融等。有人鼓吹私有化、反对合作社经济无可厚非，但如果说中国农民没有搞合作的愿望，那就大谬不然了。事实上，让农民只在负效益的农业生产中合作、联合，那当然是不可能的，因为任何组织、任何制度都是有成本的。而当前能够产生效益的涉农领域，比如加工、流通、金融、保险全都是你垄断，农民怎么能合作得起来呢？至今没有哪一个政策试图帮助农民进入这些垄断领域。为什么科学决策行不通，

第八章 "入世"与中国"三农"问题

还不都是垄断部门坐在那儿决策吗？一方面自己是政府来制定政策，另一方面自己又是经营部门在捞钱，当然就制定出自己最能捞钱的政策来帮自己捞钱了。

比如说，我们国有商业部门的生猪加工企业，非要告农民宰的肉都是假冒伪劣产品，只有他们那里屠宰的才是放心肉。最后名义上为了让市民吃上放心肉，就规定统一屠宰，实际上就给了上面一个收费的机会。比如北京，大家只认大红门、顺义，似乎只有他们的肉是真的。其实不是那么回事。为什么农民使刀子捅出来的肉不合格，一定要你宰的猪才合格？好多事情都没法说道理，其实就是因为它垄断。谁能够逼着所有的猪都必须是定点屠宰？客观上根本做不到，于是各地都报告，实行了上级下达的计划，可弄了半天，却把猪头税变成了人头税。具体做法是：乡里根据上级税收计划计算应该有多少只猪的税，然后各村一平摊，就按人收了。农民就说，政府把猪头税变成了人头税。这种事儿往往开始是某个部门为了自己的垄断利益来建立这么个名目的，接着各个部门都支持，因为都可以搭车收费。

再比如金融垄断，非得说农民自己办的合作金融搞的存贷不合法，只有他搞的合法，现在所有的存款都进他那儿，结果每年至少几千亿的农民资金流出农村，农村就变成了经济上的锅底。农村没钱，接着就必然是高利贷横行。我去年调查了46个村，分布在15个省，95%存在民间借贷，85%存在高利借贷，尤其是农民一遇到教育或者看病收费，非借高利贷不可。在教育和医疗垄断下，据说为了让学校和医院不断地提高收入，上学和看病就越来越贵，农民借高利贷也越来越多。和知识分子相关的这些领域，教育、医疗等，农民都是越来越消费不起的。因此，号召从农村来的这些年轻学生，学成回乡为父老效力，怎么可能呢？请问你们谁还愿意回去？于是，农村人才流失是很正常的，这是按现在政策走的结果。

因此，涉农领域的部门垄断不打破，留给农民的就只能是一个负效益的农业生产。农业属于劳动力密集的生产，劳动生产率低，近年来低到负值、零值以下，劳动生产率长期上不去，这农业还能有救吗？如果把所有能产生利润的领域都垄断着，让农民怎么办？所以我们客观地说，农村真正需要的、所谓给农民以国民待遇的政策是：请你打破自己的垄断，允许农民合作起来，进入这些领域。

我们现在说加强农业投入，请问到底加强给谁了？当你面对着2.34亿小农户的时候，请问政府即使有投入，给2.34亿小农户怎么分？政府投入怎么能到户？按照交易费用理论，政府怎么可能对付2亿多小农产？交易成本在这儿摆着呢！由于任何政府都根本做不到与分散农产的直接交易，那些支农政策从根本上看也是不可能实现的。因此，政府加强的投入，其实大都给垄断部门拿走了。这个农业投入当然就基本上是空的了。

你们只要上网去查看就知道，其他东亚小农社会，尽管农民人口比我们少得多，但是政府法定投资每年投多少？政府法定的

第八章 "入世"与中国"三农"问题

投入投给谁呢？投给那些组织起来的农民。日、韩也是小规模农户经济，尽管它们的土地规模比我们大得多，但仍然抵抗不了美国的加利福尼亚大米，于是就靠合作经济保护农民收益和农村发展。比如说合作社办了一个肥料厂，政府的投资量为50%，但只投资，只做股，不得计息，政府除了税收之外是不许有其他收益的，因为你拿的是纳税人的钱。纳税人是为了保证国本，保证农业不可动摇，保证本国农业不垮台，所以同意政府投资。那么，政府投到什么上呢？投到农民合作起来办的企业，比如说合作社的一个设施农业，为了生态环境需要生产复合肥，那政府就投资进来。无论是买车还是买设备，总之我保证你不私有化，取得收益得为社会大众服务。

政府投入产生的收益，必须定向地用于农村公共品开支，农民可以合作起来办金融和其他产业，而且享受免税待遇。只要是农村社区成员，包括非农民，都可以实行会员制借贷，但是这个农民办的合作金融所产生的收益60%必须返还到农村公益事业，比如修路、架桥、农民培训等。农民合作组织的大型批发、仓储销售也一概免税，所得收益仍然是50%以上用于农村公益事业。农户几乎都是农协的会员，例如一个种稻谷的农民，向合作社办的批发市场交了稻米，最后产生的利润的60%会被返还回来。否则他如果纯粹就靠在土地上种植稻谷，怎么能不亏损呢？小农经济从事的种植业当然都是亏损的，就得靠涉农领域的合作经营来补贴种植业的亏损。

再看韩国，他们搞的农协公开宣传的口号是"身土不二"。什么意思？就是我身、我土分不开，我生为韩国人，我就脚踏这块热土。所以哪怕美国农产品再便宜，韩国人也不买；韩国的农产品再贵，他都愿意买韩国农产品。农协大力宣传韩国农产品是绝对绿色产品，以韩国农协的名誉保证我们韩国人的健康，不吃那些转基因食品。农协给农民一个绿色食品的标志就够了，他们的宣传没有那么意识形态化，但效果好，消费者就是形成了这个选择。看看我们，有这种宣传吗？报纸上空喊着加强农业，政策呢？措施呢？不仅没有，农民头上还有那么几座大山压着，教育恰恰就是其中之一。不要以为喊加强农村教育就都对了，对于那些没有起码的国民待遇的农村人来说，没有公平，什么提法都可能造成他们的损失。

所以，说来说去，中国在"入世"的挑战面前，恐怕需要另外采取一套政策，完全照搬是搬不来机遇的。

附：现场问答

问：温老师，中国现在就像是一个农业大家庭，比如说老大和老二都在上学，但是家里没有这么多钱供养，只能牺牲老大，供老二读大学。就是说国家让农业做出一定牺牲，保护了其他一些产业。现在按您的观点，就是把老大杀掉，是这个意思吗？

谢谢。

答：我觉得这个问题应该说不是问题，你描述了在中国追求工业化、现代化过程中必然有人牺牲，我们确实也是这样做的，50年来我们是让农民做了牺牲。不光我这样说，你看薄一波写的《若干重大决策与事件的回顾》，薄老作为当时参与中央重大决策的领导人之一，他也是明确指出，中央当时经过慎重选择，认真地讨论，觉得要想搞工业化，就得有人做出牺牲。那么看来只能让农民做牺牲了。这一点我觉得你说得对，跟当时我们党的第一代领导人的决策思想基本上是一致的。

一个国家要实行现代化，自立于世界民族之林，总得有人做出牺牲。就现在的情况看，我也觉得有些决策仍然有相当的合理成分。比如说1999年，中国定义自己的21世纪的发展战略是要做最终产品制造业大国，也就是世界其他国家所说的，中国想当世界工厂。什么意思呢？就是说我们要在一般的商品竞争中占有比较大的份额，客观上我们也正在这么做。

前两天听了一个故事：有一个德国人要过生日，让他的几个子女去买礼品，其实他心里想测试一下他的子女买回来的东西有多少是本国货。结果，买回来的礼物全是中国货。就是说我们定义中国为最终产品制造业大国这一点正在实现。而之所以能够实现这一点，所有发展中国家都竞争不过我们，其中最大的优势是什么？就是我们有2亿绝对过剩劳动力。在劳动力绝对过剩条件下，劳动力价格必然是最低的。请问哪一个农民工有社会保障？有参加工会的权利？有争取8小时工作制的权利吗？什么都没有。当然，有些地方的讨论和政策安排中这些问题已经开始有所涉及。我今年已经看了几个这种典型，看他们的制度怎么建立的。广东1996年提出全省不分城乡，所有的企业必须建立统一的社会保障。8月份我在广东做调查，他们说到目前为止，已经有40%多的企业落实了社会保障。我就去找企业调查，问一个企业家实行了吗？他说实行了。我问你给几个人上了保险？他说3个。我说3个都是什么人呢？他说："我一个，还有我老婆，我儿子。"我说你雇了几个人？他说十几个人。我说那些人呢？他说："我为什么要给他们买？"这是一个故事。

第二个故事，今年10月份开了一个研讨会，主办者提交了厚厚的一个调查报告。在他们试点的地方，政府要开始推行统筹社会保障，在所有的企业铺开。于是，首先是外资投资企业联名找当地政府提意见。政府答复说，根据上级给我们布置的试点任务，必须这样做。政府做了无数的工作，最后做通了，企业家们同意了，可工人们却不干了。政府就找了工人座谈，问，为什么你们不干？工人说我们不信这个，我们要现钱。因为这个社会保险制度要企业负担一点，从工人的工资里拿一点。到现在为止，推行这个制度报纸上是有，文件上也有，实际执行可以说有，也可以说没有。因此，我觉得你这个问题提得挺有立场。

咱们回到你的问题上。我们要想维持竞争优势，目前唯一的就是靠劳动力价格低廉。我今年去印度，印度搞基层调查的知识

第八章 "入世"与中国"三农"问题

分子跟我们座谈,他们就说,你们中国的产品没道理便宜。我们印度的劳动力也过剩,我们已经把我们的劳动力价格压到最低了,可我们制造出的产品价格还是比你们高。怎么回事?墨西哥是纺织业大国,也是个最终产品制造业大国,那里的学者也问,为什么你们中国的产品价格比我们低?他们都解释不清楚。我看,只能说没有哪个国家像中国这样,第一,有体制优势;第二,这里劳动力过剩的绝对数远大于那两个国家。所以我们看墨西哥劳动力价格比我们高3倍,印度比我们高大约1/2。

但是请注意,你可以压低劳动力价格,但你同时必须得到低价格的原材料。这就是说,你的制造业在现在的工业结构条件下发展,必须以石油为原料,所以才造成我们近年来大规模石油进口。而按照这种模式发展下去,其实是走不了多远的。尽管我们可以在一般商品的生产上一时覆盖住整个世界市场,但至少有两个方面的制约:原材料的制约是一个,市场的制约也是很明显的。去年我到美国做了3个月的访问学者,看到连美国的低收入人口都成批地从超级市场购买中国制造的衣服鞋帽。据美国人统计,平均每个美国人一年消费7双中国鞋。可见在一般商品的制造上中国已经基本覆盖掉了发达国家市场,这样发展下去,尽管我可以同意你的观点,在工业化过程中,总会有人做牺牲,但就按这个方式,我们即使杀了老大,老二似乎也走不下去了。所以如果不改成可持续性发展战略,还是有个是否走得下去的问题。

问:我在《读书》上看到您的一篇文章《政府失灵和市场失

灵》，今天听了您的报告，我觉得"三农"问题的根本解决不在它本身。我还想补充一点，新中国成立以后，共产党第一次把权力下放到基层乡镇一级，这时候就引发了负效益，对农民来说是很严重的，因为牵扯到农业税费的问题。再加上您说的部门垄断利益，从这两点是否可以得出这样一个结论——政府以后应该少干预农民的事呢？

答：先回答你的第二个问题。我完成过三个关于农村税费问题的研究报告。网上都有，你可以上网查，我就不多解释了。关于第一个问题，1993年我就写过一篇文章，在《经济日报》上发表了，题目叫《汝果欲支农，功夫在农外》，当时我就提出不可能在农业内部解决"三农"问题，必须做宏观政策的全面调整。

第九章
解决"三农"问题的五大政策[①]

一、"今天的你我重复昨天的故事"

当人们开始重视"三农"问题的时候,我反而觉得问题似乎更麻烦了。因为到现在为止,我们所看到的有关政策,千方百计地增加农民收入已经被当作国民经济的重中之重来考虑,各界也普遍重视农民收入问题,这是值得高兴的事情。但是似乎有这么一个现象,今天的你我还在重复昨天的故事,大家手中用的是旧船票,很难搭上今天的客船。所以我感觉现在出台的有关政策似乎不能解决问题,反而有可能加重现在的困境。为什么这样说呢?

第一,增加农业投入。这仍然是把当前问题看作农业问题,

---

① 本文为2001年5月作者应学生社团邀请在北京大学的演讲记录稿。

瞄准的目标不是合适的目标。从20世纪90年代以来，农业的成本每年上涨10%。在现行体制条件下，加大农业投入意味着加大所有涉农部门的开支。在所有和农业相关的产业领域，凡属盈利的部分均在政府控制之内，凡属收入为负的一部分均在农民手里。加大农业投入意味着政府所控制的涉农部门会得到投资，而当这些投资要求1∶1配套的时候，都会转化为农民负担。一般地说，在现行体制下增加农民收入，如果不配套必要的强有力的改革措施，恐怕只能是导致农业成本突然上升，农民负担进一步加重。在加大农业投入问题上，"两会"在讲，政府文件在讲，"十五"计划也在讲，但唯独没讲改革。在不讲改革的情况下，恐怕这个政策的效果很难达到。

第二，提高农业科技含量。从目前情况看，有很多地方，包括农业部科技司都说农业增加值中40%是科技投入的结果。但科技意味着服务，最近几年农民收入下降，一定程度上和服务成本上涨有直接关系，最近3年的服务成本每年上涨9%。小农经济条件下，劳动密集天然排斥资本和技术，因为资本和技术都是要钱的，这样就会导致小农经济条件下的不规模经济，投入成本上升，收益下降。

直接的数据表明，最近3年，无论东部还是西部、中部，所有家庭经济条件下的农业资金和劳动力的投入产出全部是负值。东部因为是资本密集地区，一部分转移收益相对维持了稳定，而中西部地区没有这种条件，出现大量的农民撂荒，实际上意味着

第九章 解决"三农"问题的五大政策

农民破产。所以才有无论是陆学艺老先生,还是湖北的镇党委书记,都说农民真苦,农村真穷,农业真危险。危险就在于农业投入产出多年为负,所以我说农民到了不可维持的地步。

而我们现在所有的政策似乎都在加剧这种不可维持的问题。从现行政策比较看,20世纪90年代中期以后,农民收入连续出现4年的增长速度下降,所对应的政策恰如20世纪70年代末80年代初中国农村出现黄金增长,并且拉动国民经济增长的那段政策,其实政策手段是一样的。1979—1982年,国家出台了连续调整农产品价格的政策,农业主产品价格调整幅度上涨了49%,同期大规模推行家庭承包责任制。这两项政策在90年代中期重演,1994—1996年,也是连续3年,农业基本产品价格调整,上调105%,比上次增加了1倍;同期,我们大规模落实30年不变的家庭承包责任制,和上次(1982年)"大包干"几乎是同样的。那次价格调整和体制调整双管齐下,造成了农村经济的高速增长,而这次双管齐下造成的结果如何?总之,同样的政策手段在不同的时代使用差别是比较明显的,我想怎么慎重,也找不到合适的词来描绘这种现象。看来一般使用政策和一般使用体制调整手段,似乎背后隐藏更多需要分析的问题,让我们简单分析一下问题在哪。很清楚,原来我们在实行20世纪70年代末80年代初调整政策的时候,农村人口占大约80%,农业产值占的比重比较高,而我们现在农业产值只占17%。用17%的产值所产生的收益去供养70%的人口,这本身是不可行的。

对这种状况做调整怎么调？王占的发言比较好，提到了城镇化；杨老师的发言提得比较好，强调了城镇化、户口开放、土地流转等。但不客气地说，这些还是老话，80年代反复被强调过，包括有的同志提到过能不能通过建立金融工具促进土地流转。这些方面在1977—1988年都搞过试点，效果并不是很好。

不好的原因不在别的，而在于在我们现在这样一个二元结构条件下，在农村三要素中，土地不可能增加，只能减少，因为人口在增加；劳动力不可能减少，实际上在增加；资金因为劳动力和资金的投入产出为负是不能进来的，因为资金至少要追求社会平均利润——要是投入产出为负，连平均利润都不可能产生，资金怎么可能进来？因此资本退出农村。这几年，尽管银行商业化、市场化改革很成功，但对小农经济条件下的农业来说，意味着资金这个农业要素的流出。请问，所谓农村市场条件配置资源怎么实现？其中隐含着很多深层次问题，恐怕不能用强调农村市场化，强调对农业增加更多的投入等现行的政策来解决。

目前农村存在的复杂问题，是典型的社会主义初级阶段的有中国农业特色的"三农"问题，看来对这个问题的认识还需要深入讨论，不能表面化地就事论事，这是其一。

其二，城镇化。这是大家普遍讨论的一个话题，认为城镇化能够解决问题。且不说现在大城市吸纳农民的能力已经下降，从王占所说的长期的分析来看，即使我们加快城市化，到2030年可能实现50%的城市化率（这是在决策选择完全正确的情况下我们可能达到50%城市化率；如果决策选择不正确，能不能达到还是个问号），那时我们是16亿至17亿人口，按16.8亿计算，仍然还有8.4亿人生活在农村；而在城市化加速阶段，每年被征占的土地按正常的规模来看，至少减少1200万亩。也就是说30年后，按老口径目前14.5亿亩耕地算，要减少3亿多亩，按新口径19.5亿亩算，人均耕地面积也不会增加，实际上还会减少。在这种情况下，农村这三个基本要素的配置关系能调节得了吗？这是一个大问题。

其三，农民的社会保障问题。中国之所以能够成为最终产品出口大国，靠的就是劳动力成本低廉。比如，去年中国仅出口的鞋就够美国人平均每人7双，且极廉价，连贫困人口都用车拉鞋子、衣服。以我们有限的资源、最便宜的劳动力生产出来的产品，在那里实际被浪费着。尽管有人强调出口品有消费刚性，不可能减少多少，但确实可能减少，因为没有必要每年消费7双鞋。我们维持这样的出口靠什么？就靠低层次劳动力。在劳动力供给绝对过剩的条件下，劳动力价格不可能提升。以去年看，尽管外出打工人口9500万，流出的人口总规模超过了1个亿，农民的总收入还是增长不快。看来靠出口拉动是个说法但似是而非，因为东部地区吸引西部地区的劳动力打工节省了很多成本，节省的是农民进入打工地区的全部成本。没有任何一个东部企业家为农民打工者支付路费、办证费等，只是开几百元工资就完了，且工资水平10年不变，基本上是恒定的。这样，当出口绝对值增加的时候，虽然带动了就业和打工，但并不意味着收入水平的增加，只是就业人数增加导致绝对值增加。打工人口没有社会保障，最好的劳动价值被榨取完就被淘汰了。我们绝对不可能由国家来提供占70%的农村人口的社会保障，在17%的产值水平之下的社会保障国家是提供不了的。国家向农民让渡的是什么呢？是农民承包的那块土地，让这块土地承担农民的社会保障。作为社会保障资料的土地怎么能进入市场？在国家不能提供社会保障的条件下，如果随着人口增加土地减少，农民的社会保障就成问题。

没有调查就没有发言权，我自己是长期做农村试验工作的，我所说的一切绝不是推理，不是一般的建议，而是一个试验的结果。我们做了10年的试验，我们发现，在不牵涉所有权的条件下，农村土地流转实际上也会大量发生。比如，农民要出去做买卖或打工，土地总是要转给别人的。如果土地不能给他带来收益，甚至可能带来负收益的话他就撂荒了，那也是一种使用权的暂时放弃。其实，土地所有权的流动牵涉到的一个根本问题是，在国家垄断一级市场的条件下，农民不能享有农地向非农地转化过程中的收益。按农地计算的土地其实不值多少钱，仅仅是农业内部转移（实际大量发生的是这种转移）产生不了多少收益。

二、"五大政策"解决"三农"问题

因此，我们需要认真清理以往的政策思路——不清理也行，但要有点新思路。我不说具体的分析过程，就说怎么办。

第一，政府放开那些仍然有盈利的涉农领域，比如说生产资料供应、农产品的销售、农产品的加工、农业金融、农业保险，允许农民组织起来的合作组织进入这些可以通过规模经营产生收益的领域。因为纯粹的农业领域已经没有效益可言，调整农业内部结构1985年农民就调了，那是农民自己的事。有些地方政府强令农民种多少万亩草莓什么的，到时都卖不动，都烂在那儿，那是麻烦的事。所以调整农业结构的事不能再那样去折腾了，最好的办法是把那些涉农部门控制的盈利领域让给农民。如果能够做到放开垄断，让农民组织合作社进入，形成一点规模效益，反哺农业，至少目前还破不了产。无论是农业金融、保险还是加工、购销，这几块应该还是有利可图的。

第二，免除一切农业税。为什么呢？因为那是农民生存的保障资料，全世界没有对社会保障征税的。搞税费改革的设想是很有技术性的，但客观上不可行，因为没有任何政府能够面对9亿农民按他们的实际生产经营销售去征税，交易成本太高。我们做过这样的实验，征了4万多块钱的税，花了3.9万多块钱，根本没有效益。不如干脆放掉农业税，不过三四百亿元。历代的封建统治者当农村走不下去的时候都是免税的，我们现在的税费改革测算下来，实际上比以往的"什一税"高50%，如果按现金计算超过30%，这么高在中西部怎么能推行得了呢？所以只能免税。比如，为了确保农村稳定，实行3年免税行不行？或者在中西部实行永久免税。以上两条是东亚小农普遍采取的政策，无论是在日本、韩国，还是在我国台湾。

第三，如果免税，庞大的县乡政府怎么开支？我们说同时要配套基层管理体制改革。把乡政府改成乡公所，乡政府现在不是六套班子"七所八站"吗？按目前的发展趋势，改革似乎是要把他们改成"七局八局"。要让乡公所只是一个上情下达的机构，各村落实自治法，直接对县。各村联合组成合作社理事会，直接行使董事会的职权，控制乡一级信用社、供销社、粮站、农机站等涉农部门，决定其服务和收费。这就把2/3的乡级开支变成了合作社组织开支，它也就没有收费权了，收费取决于人家需不需要服务。镇建自治政府，其自治权和村民自治的权利是相等的，镇不得剥夺有自治权的村的合法权利，否则就打掉了城镇化过程中伸向农民的手。

第四，国家如果维持垄断性的土地征占，土地垄断征占所产生的收益必须定向用于无地农民的社会保障。不是直接使用，而是把这土地转让的资金用于上市，产生的收益用于支付无地农民的社会保障。这块是个大头，如果按每年1000万亩的征占幅度算，大体可以支付无地农民或者赤贫人口所需要的社会保障。

这样算下来，每年可以给农民减几百亿元的税，减掉1000

万元左右的农民所承担的基层政府人员或基层公职人员的开支，可增加数以亿计的无地农民的社会保障基金。如果按这几个大政策走下来，就可能相对缓解现在农村的困境。

第五，国家支农资金不要投到部门，不能作为要有收益的资金，要作为股权投入农民合作起来建立的加工、流通、金融、保险等组织，占有股权但不分享收益，收益反复投进去。按照一定比例，比如国家股权收益的60%用于农村社会事业，如农村妇女、教育、医疗等。要把法律规定国家投入的股权所产生的收益，用于农村社会事业，另外一部分用于这些合作事业的积累。

只有这样走，才有可能解决小农经济条件之下，农业不可持续、农村没法发展、农民过于贫困的问题。五大政策，五管齐下，才有可能综合治理解决现在的农村问题，否则，长治久安维持不了几年了。因为20世纪发生过几次大的高利贷狂潮，一次是在国民党晚期，一次是在90年代。1997年我们曾经建议过，假如按现在银行商业化改制的趋势发展下去，必然导致商业金融退出农村，必然导致农村高利贷重新占领农村信用市场。结果从1997年开始，确实产生了大量农村高利贷。我在去年调查了15个省40多个村，民间借贷的产生频率是95%，高利息借贷产生的频率是85%。农民高利借贷中，33.8%是生活性借贷，因为他们必须消费；另外29%是垄断性消费，是必须支付的教育、医疗等垄断性消费；只有11%用于生产。所以现在大家的呼吁、各地方的反映不是虚的，真的需要有一个综合治理的政策解决农业问题。

第三部分

若干重要问题的去意识形态化讨论

第十章
集建入市的交易成本与垫底制度

——关于农地制度创新的思考[①]

一、交易成本决定土地制度

（一）政府与农民的交易成本

我们讨论土地制度问题，就必然涉及这个制度怎么才能够形成，这个制度形成以后对谁有利。

一方面应该重视制度的合理性。只要在这个制度框架内获得利益的群体是多数，那么这个制度就是稳固的。而如果这个制度还能够协调和平衡不同利益群体之间的关系，那么这个制度就是长期的、有效的、稳固的。

[①] 2002年5月，国土资源部副部长李元在河南省安阳主持召开了农村集体土地进入一级市场的经验交流会。本文是作者在会议上的发言。

另一方面应该考虑交易费用。因为，土地制度的供给者是政府，所以土地制度无论怎么变，其实很大程度上是政府在一定的利益要求之下，来对这个制度进行完善或修订的。

为什么现在土地制度会有很大的变化呢？我觉得很大程度上取决于政府与农民之间在土地问题上的交易成本。当政府要从农民那里拿走土地时，叫垄断征占也好，叫买也好，交易成本太高了。农民虽然没有正常的利益表达渠道，但他可以上访，包围政府。这说明原来制度框架下的交易成本太高，高到了政治化的程度。所以，尽管这个制度曾经给政府带来收益，但如果制度成本增加到影响稳定，当然就必须改变。

（二）制度改变的方式

形成制度改变的条件不同，制度改变的方式就会不同。

比如，集体建设用地进入土地一级市场，各地推行这一制度改变当然会有不同的做法。安徽人说，得根据地方经济发展的程度；上海人说，由当地一定的客观条件来决定；浙江统一规划，把家庭作坊式的工业都集中到园区，农民要建居民楼；河南安阳采取"倒算账"的办法，把国家在垄断征占集体土地之下所有的收益，全部计算出来，然后倒着测算出一个收益分配比例，让农民执行。

各地经验各不相同，首先决定于各地土地资源的稀缺程度。

资源的稀缺性或叫要素的稀缺性是决定价格的第一个关键条

第十章　集建入市的交易成本与垫底制度

件。土地资源越是稀缺，交易双方在交易过程中间的摩擦就越大。不同的资源条件，对交易双方形成什么样的制度有着重要的影响。

土地资源相对宽松的地方，如河南省，比江南的人均耕地面积要多一些，只是工业不够发达。只要你出的价格比农民原来种地、种经济作物的收成要高，那农民可能就接受这个价格。而到那些土地资源已经严重短缺的地方，你用一般的价格去跟农民交易，或者用比他进行农业生产的收益要高的价格去跟他交易，可能要困难得多。所以，土地的稀缺程度决定交易的困难程度，交易的困难程度又决定了政府用什么样的制度来解决交易成本过高的问题，决定了政府的制度供给。

农村非农就业水平的高低，也在很大程度上决定了土地交易成本的高低。

如果农民非农就业的比重比较大，那么他从非农就业中得到的收益多了，他的收入对土地的依赖性就下降了，这样也会降低交易成本。不同地方的土地行政主管部门在考虑集体土地制度改变的形式时，就得考虑那个地方非农就业的水平到底高不高。

非农就业水平的高低，又与地方的工业，特别是乡镇企业的发展高度相关。

苏南土地高度稀缺，但过去乡镇企业发展得很好，老百姓大部分在乡镇企业就业，只有很少一部分人从事农业。所以苏南在发展乡镇企业，政府征占土地用来盖大楼、建广场时，似乎土地非常便宜就能拿得到，这实际上取决于这些农民对土地的依赖程度。所以，非农就业水平的高低在很大程度上决定了交易成本的高低。

后来苏南土地矛盾之所以变得突出，是因为苏南乡镇企业遇到了比较严重的问题。

苏南的乡镇企业基本上是政府经济，地方政府在主导经济。修大楼、广场、马路、敬老院及办学校等，所有这些政府的公益性开支和行政性开支，往往直接来自乡镇企业。当经济出现危机，国家实行宏观紧缩，或在萧条阶段市场销售困难、乡镇企业收益下降的时候，政府的这些开支就直接从乡镇企业的借债中支出。因此，20世纪90年代中期以后，苏南乡镇企业的负债开始大幅提高，而负债中又有相当一部分是政府公益开支。我们做过调查，在苏南乡镇企业高达百分之八十几的负债率中，借债用于政府开支的大概占百分之三十几。这意味着，乡镇企业借债给政府消费。政府经济交易成本确实很低，但它导致了高负债的政府消费，于是企业在高负债压力下就等于为银行打工，地方政府和企业家就都无利可图，没法再经营了。接着就在90年代末期引起普遍的企业私有化改制。

企业一私有化，它的第一个动作就是不再解决农村就业。企业的行为就是利润最大化，而原来作为政府经济的时候，是就业最大化。改制后企业不解决就业了，原来在乡镇企业就业的农民就要回家，还得回到土地上去，于是在土地问题上的争议就又增

第十章 集建入市的交易成本与垫底制度

加了。这个时候,更多的集体,实际上是靠地租在维持他们的基本生存。因为集体手里没有别的,就剩下那些原来属于第一产业的土地。在苏南工业化的过程中,部分土地转为第二产业或第三产业用地,集体凭借自己所有者的身份收取地租,来维持乡、村两级政府或准政府的开支。

再看西南的贵州、重庆一带,农村人口一般都占80%以上,非农就业非常低,农民在土里"刨食",那些地方普遍推行农地承包30年不变,其实从1981年分了地以后就一直没有变。这一制度安排产生什么样的客观效果呢?计划生育。在贵州,当一个家庭人均占有的耕地低于0.5亩时,这个家庭往往主动节育。为什么?没有地,养不活。就是人均0.5亩耕地,才能勉强维持一家三四口人的生活。如果人均耕地面积降了下来,这时候就得买粮食,买粮食的人家绝对不愿多生孩子,他们得靠男劳力外出打工挣点钱买粮食养活一家人。贵州全省都是山区,人均只有几分耕地,农村调地的难度极大,调地的成本极高,进而决定了农地承包制度30年不变。

所以,制度的安排及其形成,与各地的条件高度相关。这次会议特别有意义,它没有给大家一个统一的模式,而是让各地的土地部门从自身的实际出发进行制度设计,在这里进行经验汇总和交流,回去后调整在农地制度上的安排。

二、土地现在是并且将越来越是农民的保障

历史上凡属于无地农民增加的时期，社会控制、社会安定的成本就非常之高，因为如果农民能稳定地在原来的社区生活，他基本不犯罪。我们现在的集体土地之所以必须以社区成员权作为基本权利依据，就是要稳定农民。农民一旦离开社区，离开了那个可以获得财产的身份，有什么可以约束他呢？因此，现在城市犯罪70%以上是流动人口犯罪。

（一）不同体制条件下的土地问题

在过去30年的计划经济时代，中国以比较低的成本，建立了工业化。政府几乎能够无摩擦地拿到农民土地，因为政府每拿一份土地，就对应解决所有依赖这份土地生存的人口的就业。那时，农民愿意政府征地，一征地就有多少农民要吃"皇粮"了，生老病死就有依靠了，农民当然愿意。那个时代，土地收益根本就没有市场化，农民拿不到土地收益。

现在为什么摩擦越来越大？因为仅城市就有6000万人下岗，转换身份有什么用呢？农民知道政府既没法给他解决就业，也不可能有社会保障，当然不愿意"农转非"了。当城市户口对农民没有吸引力的时候，农民的生存只能依存于土地，不能再指望政府提供生老病死的依靠。外部制度环境的巨大变化，进一步使土地对农民的保障功能远远大于其生产功能。

第十章　集建入市的交易成本与垫底制度

（二）发展中国家的普遍问题

一些发展中国家为什么出现大规模武装斗争？一位英国人的研究很清楚地表明，印尼出现经济危机的时候，企业倒闭，回乡农民中有27%没有土地。没有土地的农民回乡，就成了基层造反、动乱的最主要力量。菲律宾不断爆发武装斗争，因为这个国家50%以上的土地在大土地所有者手中。可见我们现在的土地制度安排非常要紧，要剥夺人家农民安身立命的土地，却不给人家补偿，或补偿不够，或补偿到位却被农民买酒喝了，这些情况都会制造社会不安定的因素。

"大包干"是以土地为中心的制度变迁。变的是什么？过去政府控制全部资源，现在把土地让给农民，但同时把对农民的社会保障一并让给农民。也就是说，政府把农民的生老病死全押到土地上了。所以农民在土地里"刨食"，靠土地安身立命。

有人会说，为什么不能在农村建立现代意义的社会保障制度？无论是谁，都解决不了8亿多农民的社会保障。现在为3亿多城市人口建立社会保障就已经捉襟见肘，因此要靠国有股减持来建立社会保障基金！事实上谁也管不了8亿多农民的社会保障。没有哪一个发展中国家，特别是发展中的人口大国，能够在工业化过程中，为那些处于边缘化的农业群体、农村人口，提供现代意义上的社会保障。

有鉴于此，我们切不可忘记，土地还是农民的社会保障，而且将越来越是农民的保障，假如我们的社会制度安排中没有考虑到这个问题,将来大家都不安全。

三、土地基本制度不能轻易言动

(一)现行农村土地制度不能轻易言动

现行的农村土地制度和集体建设用地入市流转是高度相关的。

著名农村问题专家陈锡文同志提出,切不可因为现在各方面矛盾比较复杂,就要去改变家庭承包这样一个土地制度。这一农村基本经济制度强调的是三方面:明确集体所有权,稳定家庭承包使用权,通过搞活经营权来促进土地流转。这三方面内容是高度相关的一个整体。所以,无论讲集体土地国有,还是讲农村土地私有,都意味着要动摇家庭承包这项基本制度的根本。

以最近的贵州调查为例,那里不是以行政村或自然村,而是以作业组为分地单位。为什么呢?山区居住分散,一个山沟里的小小村落,一个作业组,七八户农民,就这么两三个山沟,才能构成一个自然村;七八个山沟才能构成一个行政村。让他以行政村为单位分地,是不可能做到的。那里甚至不可能以自然村为单位分地,事实上只能以作业组为单位分地。北方为什么以行政村为单位分地?在河北,自然村这一级没有土地调整权。北方是大村,不是自然村落,大村里面分成生产队,这条街是一个队,那条街是一个队。就这么分地以后,原来的生产队就没什么作用了,以后再调整土地就是大队的事了。

可见,在大包干过程中,农村土地权属关系这项基本制度,本来已经根据农民和农村的实际情况形成了,而且在过去20多年中无论是不调整还是经过数次调整已经基本稳定了,所以现在不能轻易言动,不能轻易提出私有化或国有化。

我们在农村调查时发现,在大多数地方,娶来的媳妇没有分地。妇联的同志说这样不对,一定要把土地权利落实到人,这人出嫁了,地也要随人走,这样才能保证妇女到婆家不受欺负。要求是对的,从工作上讲也是合理的,但得问问农民答应不答应。她嫁到外村了,地怎么向外村走啊?所以,集体土地的产权边界叫社区所有。制度经济学的创始人科斯讲得很清楚,产权重要不重要,取决于交易,当没有交易发生的时候,它就不重要;当有交易发生并有交易费用的时候,这个产权问题才突出,才要求制度安排。

其实,土地现在就能够大量流转,农民出去打工,地包给别人,地租完全由市场决定。如果他去打工,所承包的土地收益为负,那用打工挣的钱来交"三提五统",地只要不荒就行。在那些地租为正的地方,比如在河北偏远一点的地方,交200公斤玉米作为地租;交通沿线离城市近的地方,交350公斤玉米作为地租。地租已经显化,交易大量发生,只要有人愿意投资农业,愿意成规模地经营土地,他并没有不方便。

（二）先保障再动地

假如能通过国有化或私有化法案，把所有农民的社会保障包下来，农民也会同意改变土地制度。可如果不是这样，农村以土地为核心的基本经济制度切莫轻易言动，既不可国有也不可私有。

如果地方有条件以政府文件或条例的形式来规定集体土地入市的收益分配，那么，入市以后的收益不可用于当年分配，也就是不可用于一般性的分配来补足农民收入。这个收益只能用于农村的社会保障，建立医保、社保基金。

集体土地的保障功能大于生产功能，各项补偿得给农民。除此之外，要做一定的制度安排，专项用于医保、社保开支。这部分收益也不能由政府拿着，因为它是集体的，根本意义上是由成员权决定的。

总之，集体建设用地入市流转的时候，政府应适当做一些制度安排，以保证社会的长治久安。土地制度既然是农村的一项基本制度，土地流转特别是农村集体建设用地的流转又是最能产生收益的一块，那么，在产生的增值收益中，如果政府能定向地安排一块用作农村社会保障基金，将有利于维持国家的长期稳定。

第十一章
"非典"引发的危机与改革①

一、回顾过去：为了不再意识形态化地讨论"非典"

要讨论"非典"引发的危机与改革，需要对问题有正确的认识。我最近看到很多这种所谓的讨论，学者似乎急于抓住机会，对任何事情的议论都难免自说自话，在某种意义上这还不如老百姓的调侃，比如北京人的幽默天性就把这次"非典"危机给"解构"了。比如，我们看到的手机信息上说，多年来政府解决不了的问题，这次让"非典"给解决了：大吃大喝政府治不了，"非典"治了；公款旅游政府治不了，"非典"治了；卖淫嫖娼政府治不了，"非典"治了；商品滞销……

人们几乎不假思索地接受了"非典"是一场公共危机的说

---

① 此文根据2003年5月30日作者在《经济观察报》"观察家论坛"以"'非典'危机与社会改革"的发言整理而成。

第三部分　若干重要问题的去意识形态化讨论

法，似乎没有人来得及问一声：说"非典"是公共危机的根据到底是什么？是根据这场疫病的危害，根据意识形态、政治需要，还是根据其他的什么来说的？对此，我们出版的《中国改革》2003年第6期发表的封面专题"SARS搭台谁唱戏"表达了我们的观点，把这次的"非典"与1998年的抗洪做了对比分析，观点可能比较"另类"。

现在人们又开始讨论"后SARS"了。不过，从哪个角度反思？什么叫"后SARS"反思？如果大家都回到自己的学术领域，研究政治学的从政治领域反思透明度和公开化，研究经济学的反思SARS多大程度影响经济增长……这种多角度反思可能是有积极意义的，可能是好的，但是也可能是发散的。恐怕还没有人好好去想一想，这个SARS反映出的真正问题是什么。

刚才与我的校友提起，我们至少应该回顾过去30年，每次大的社会变动之后都有大作问世，警醒世人。

20世纪70年代，我们经历过毛主席、周总理、朱德先后去世，经历过唐山大地震等重大事件。那时，真正在思想界引起相当反响的，是1979年那篇题为"社会主义结构性经济危机"的文章，史称"四签名"，是指有四个青年人敢于把自己的真实姓名签出来，发表这篇振聋发聩的文章。这篇文章在人们的讨论中引起了相当大的反响，到现在我们仍然可以看到，相当多的问题还在他们当时提出的思想框架中。这篇"四签名"的文章在我们这个年龄的人中间是有长期影响的，其中一个签名的，就是在政坛上比较活跃的北京现任代市长王岐山。

80年代，我们的双轨制改革中出现权钱交易，引起新的社会政治矛盾。至今在我们做研究的人中间经常引用的是"胡王报告"，就是胡鞍钢、王绍光所写的署名报告。至今有很多问题的讨论没有超过他们对当时发生大规模群体冲突的分析。

90年代，中国经济从萧条进入高涨，然后是1997年的亚洲金融危机，1999年的科索沃冲突、中国驻南斯拉夫大使馆被炸，随之引起广泛重视的，就是当时国务院体改办副主任潘岳主持的三个安全问题报告：关于国家政治安全问题、经济安全问题和社会安全等问题的报告。后来关于突发事件的处理政策，从这三个报告里面多多少少都能找到一些表述。

引述过去，是提醒今天的人们，在讨论SARS危机引起的改革的时候，我们不要再重复过去的老话，这样的老话有价值吗？有意义吗？说来说去还是那些东西。

二、在危机发生时，最有效的应急防范体制

最近报纸上报道，有民工因为交不出治疗SARS的钱只好跑了，这反映了什么问题？就此插一个"脑筋急转弯"的问题：SARS在世界上哪两个国家发生后会立刻得到控制？我认为是朝鲜和古巴，因为只有朝鲜和古巴还保持着全民免费义务教育、全

民公费医疗。如果教育和医疗都是100％的公共品，完全公费，在这样的体制下，SARS能不被控制住吗？

我们看现实情况吧，真正让SARS立即就控制住的是什么呢？其实是满街警察发挥了作用。在公共品不足或者无效的情况下，就是中央一声令下，哪个单位的"一把手"敢疏忽，马上撤职，你还敢疏忽吗？不管你是大知识分子还是大官的亲属，不管你有多大的社会影响，有多大的权威，在这个体制内你就是一颗螺丝钉，你就得被死死地钉在你负责的部门上。

所以，在危机发生时起作用的不是别的，正是邓小平讲过、江泽民也讲过的：我们的体制好就好在可以集中力量办大事。只要这个党还存在，这种特殊的优势就可以随时发挥作用。

想想我们真正面临的问题是什么？还是党的十六大报告中明确提出的城乡二元结构这个根本体制矛盾之下的不断扩大的三大差别。如果大家有共识，承认SARS是一场危机，那它揭露的到底是什么危机？SARS面前政府失灵，市场也失灵，问题在哪里？

从卫生部门的微观角度说，不过是公共卫生防疫制度存在投入不足的问题。那么，是我们的财力不足吗？恐怕比那些小国家足得多吧！为什么我们的公共卫生防疫系统没有随着经济发展同步地好起来？为什么在20世纪80年代中期以前，连农村的公共医疗都可以覆盖到80％~90％？这些问题不应该深入讨论吗？如果不讨论，就是人们的思考仍然受到"意识形态化"的制约。

再看看我们现在的医疗消费,高达7000多亿元;相应的医疗投资小吗?比80年代翻了几十倍。还有这种消费和投资拉动的药品、器械等行业,这不都是GDP?难道我们追求的就是这种增长吗?现在说预防,那可不创造增长!你到底要什么?

接着,讨论舆论。如果不是我们这种媒体一片正面的报道,如果我们把西方的媒体报道全部照搬来,也去报道SARS没药能治,病人如何危险,刀子下去脓血喷溅……还有多少医生护士敢上一线?台湾百名医护人员大逃亡的情况明显说明了这一点。

最后,回归正题,讨论危机防范。当危机发生的时候,最有效的应对危机的手段,就是要求集中各种资源统一指挥。如果完全放任,我就不相信危机能够被控制住。

请我们的知识界好好反思反思,如果意识形态化地考虑"非典",根本分析不了真问题。所以,真要想谈"后SARS"问题,就先得把意识形态化的东西去掉。

三、"后SARS"的讨论:改革机会与方向

这次SARS危机确实给了我们一个调整的机会。

温家宝总理在中国农业大学的讲话非常动情,他指出了一个重要的方向性的问题:希望大家更多地关注农村、关注农民。他这种有感情的关注,让我深深体味到一个新总理的遗憾,他实在

第三部分 若干重要问题的去意识形态化讨论

难以根治因为具有垄断地位而积重难返的卫生体制，于是不得不动员社会有感情地去关注这些问题。

我们可以看到总理面对的公共卫生体系是什么样子。在20世纪80年代中期以前，县以下农村至少有51万的专职医生护士，乡以下有146万赤脚医生，还有62万接生员。诚然，这些人都没有"城市老爷卫生部"颁发的证书，都没有考过外语，都没在国外的学术刊物上发表过文章，更没有今天的医生拿红包的腐败；但他们却保证了我们这个国家80%以上的农民享受到起码的公共医疗服务。现在呢？总理知道农民去不起医院，他曾经问：有多少农民的孩子是在家里出生的？多少病人是在家里死亡的？回答是：80%以上。

那些在农村蔓延的疾病仅仅是SARS吗？到现在全国感染SARS的才几千人，农村只占其中的几百人。我们的舆论关注那些感染人数过百万的疾病吗？性病、艾滋病、肝炎、结核病，都是过百万的……当人们讨论SARS的时候，有谁讨论到这些受害人口更多的疾病了吗？如果不讨论这些问题，难道是在讨论公共卫生防疫体制改革吗？

什么叫医疗卫生体制改革？看看今天乡以下的农村还存在多少卫生院，还有多少乡村医生，还有几个基层的合作医疗？20世纪80年代农村集体化解体的时候合作医疗剩下了5%左右，90年代曾经搞合作医疗体制建设，当年投资后恢复到超过6%，但第二年没有了投资，恢复不下去了。

第十一章 "非典"引发的危机与改革

前不久中央接受了"'三农'问题"这个概念。领导同志召开座谈会，会上有一位研究人员出身的领导干部，专门就农村医疗卫生情况的现状做了一个报告，比较了城市和农村：90%左右的农民死在家里，接近100%的城市人，除了在路上意外死亡的，基本死在医院里；90%的农民孩子出生在家里，接近100%的城里人出生在医院。这就是目前的医疗卫生现状。温家宝同志接任总理之前很重视这个报道，指示国务院发展研究中心调查这个数字。

问题是，虽然我们要建立现代医疗卫生体制，建立现代防疫体制，但如果我们到农村去看看就会产生疑问：在农业产值占GDP已经到了15%以下、农村人口仍然占总人口的64%这么一个结构上怎么建？且不说年人均国民收入不到1000美元、农村人均日收入1美元以下至少有1亿人的中国，年人均收入达到8000美元的巴西，建起这个体制来了吗？印度建起来了吗？在我国农村一片组织空白、制度空白的情况下，无论搞什么现代化的体制，都有无源之水的问题。因此，即使有投资，请问怎么建设？

当年毛主席一声令下，赤脚医生在几年时间内就能使农村公共卫生体系建立起来，是因为当时我们的农村有一套完整的组织系统。现在这套系统我们还有吗？它已经被彻底打碎了。当然，原来那套组织系统有严重的弊病，存在大量的问题，我并不是说当时的情况是好的，今天的就不好。关键在于，有些西方有效的经验不可能照搬，制度也不可能拿来就用。

第三部分 若干重要问题的去意识形态化讨论

比方说建立现代法制，在农村按照怎样的标准来实现？谁养活这么多法官和警察？警察制度是高消费的机器，制服、警车、警棍，等等，一大笔开支，谁支付得起？如果真按照西方的标准，每万人配一定警察的比例建起来，徒然加重农民的负担，这不是恶性循环吗？这条路在农村完全走不通。我们提倡法治，小知识分子们就号召农民去打官司，但没有人去想，为什么老百姓长期的文化传统是迫不得已才告状。我们好多法学界的年轻人鼓励农民打官司，真以为打官司能解决问题？其实根本解决不了问题。在农村搞现代法制是昂贵的，根本没有财力能够支持。离开北京30公里以外，看看这些乡村的收入，看看这个收入能不能支付得起我们现在法律制度规章规定的费用——根本支付不起。

十六大指出"三大差别"，提出今后二十年要全面建设小康社会的时候，已经英明地告诉我们最主要的问题是城乡二元结构。我们应该如何认识这个城乡二元结构的制约？至少应该知道，城里搞的这种现代制度不适用于农村。我国就是这样一个二元结构社会，按照生产力决定生产关系、经济基础决定上层建筑的规律，农村是小农经济，相对它落后生产力的就是传统社会，面对这样的经济基础，知识分子来不得半点浮夸，政府也来不得半点照搬。

我们很担心现代化被照搬到农村，把老百姓逼得造反，所以才强调：中国特色不是儿戏！现在的"特色"已经很清楚，我们仍有9亿人可以被定义为弱势群体，那些千千万万进了城的人也只不过把贫困平移、空间改变。强资本弱劳工的局面已经形成，而且，在权力、资本、知识三者已经结合的条件下，我们到底能够改变什么？现在强调法制社会，所对应的是大量的犯罪，可犯罪的根源是什么？清华大学的调查证明，进城打工的农民连续三个月失业的占30%以上，失业后能干什么？非偷即抢。所以，贫穷是万恶之源。

温家宝总理在中国农业大学讲话的时候特别动情，我体会他的遗憾就遗憾在缺乏手段。如果我们把SARS当成了危机，而不是把它当成机会，还是不能解决问题。所以，我们应该把它当成充分地贯彻党的十六大精神的机会，把城乡二元结构的制约问题重视起来，把全民实现小康社会这个大目标重视起来，让我们的公共资源向弱势群体倾斜，向农村倾斜，真正考虑在农村建立一个符合实际的公共卫生防疫体系。

我们不是最担心SARS向农村扩散吗？SARS之所以被控制，靠的就是党中央要求全党服从中央的集中统一领导。现在，中国就得益于还存在这个能够集中指挥的政治基础。十六大已经指出主要矛盾来了，只不过到现在为止各部门的工作仍没有跟上，只要党中央要求各个部门继续"一把手"负责制，都好好反思，为什么自己这个部门不跟十六大保持一致，为什么不跟中央保持高度一致，也像这次采取撤换干部的办法，何愁得不到重视？问题何愁得不到解决？

此外，新闻界应该说说这些话，就像1998年的洪水一样，当年曾经发现水利部敢把水利资金拿去搞楼堂馆所，现在我们怎么敢保证卫生部得到防疫资金不被用来搞腐败？

总之，希望各个部门各个地方能够跟中央保持高度一致，把危机转化为动力，认真地讨论中国面临的真正问题，这样，弱势群体的问题就应该进入大家的视野。政策研究界应该逼着各部门抓紧把有限的资源向弱势群体倾斜。如果这样转变，我们就能早一点走向全面小康。

附：问答

许知远：我们本身存在统治过度的问题，再集中到这种地步，我们不能依靠社会中间组织的力量了吗？

温铁军：我刚才说了，既然大家都承认SARS是危机，那么就危机本身谈危机发生时所需要的，而不是谈你这个知识分子心里憧憬的，那就是一个如何防范突发事件的问题。这一条，在当前的经验过程中我们都已经了解，只有集中资源统一指挥才做到了有效控制。

许知远：您刚才谈到现在农村的防疫体系崩溃了，应该怎样来解决这个问题？

温铁军：这不是纯粹存在于卫生系统里的问题。我们长期以来忽视了最基本的工作——提高农民的组织化程度。当然，农村一盘散沙的问题是千年来的问题，我们既不能像过去那样搞人民公社化，又不能像现在这样自由放任。我们应该仔细思考，把农村的组织制度资源进行更新、利用、再造、变革，想办法提高农民的组织化程度。这样，我们的公共卫生系统、法律系统的建设，才能够成为有源之水，有本之木。

许知远：具体怎么来做？

温铁军：我们进行这样的工作已经很多年，你可以上网去查。

许知远：您刚才提到，中国140多万赤脚医生没有了，也就是说整个中国基层卫生防疫体系没有了。在之前这些系统为什么存在？

就我自己的观点，这次我们不是用市场的手段来处理危机，您怎么看待这个问题？

温铁军：这个问题谈起来话很长。但是，如果你听懂了我关于不要再意识形态化的劝告，就不会有这样的问题了。

简单来说是市场手段本身的问题。

我们以前在城市郊区的农村，也按照所谓现代农业的模式搞所谓的产业化，投资上"规模养殖"，比如万头猪场，现在大多数都已经搞得一败涂地了。首先是造成了大规模污染，很难解决。以前这完全是小农经济可以自行解决的问题，因为农民用的从来就是农家肥，做的从来就是生态农业。自从工业化要求农业提高规模以来，生态农业被破坏，污染问题就解决不了。举个例子，搞农业的人都知道，现在很多蔬菜和食品都不敢吃。

我认为，SARS 实际上是工业和人口高度集中的"城市病"，是人的贪欲导致过度的发展造成的。这次发生，下次还会发生。根本原因在于，我们至今没有明白人类该怎样持续发展，西方已经经历了这么多教训，可我们仍然在走人家的老路。少数人已经对这一点进行反思，但理论界、新闻界还是很少有人谈到。

许知远： 南北战争最大的成功是解放了黑奴，当时的林肯找不到军人，就找黑人加入军队。后来宣布解放黑奴，解放黑奴的一个原因是美国西部发展，不把黑奴解放了，奴隶主有可能把黑奴带到西部去。在中国，大家讲农民问题，城乡二元结构、农民工问题，他们的生存状态比当年的黑奴稍微好一点。这次 SARS 危机，能不能把农民问题、农村问题及农民工问题解决了？怎么来解决？

温铁军： 你提问题的方式就有很值得讨论的问题。你先讲了一大段林肯解放美国黑奴，然后试图将它同中国城市农民或者农村的农民问题建立一个逻辑关系，实际上这个逻辑关系不成立。我们进城的农民工大量增加，恰恰是自由流动的结果，现在没有人限制农民的人身自由。而奴隶制最大的特点是限制人身自由。我们讨论"非典"对农民工的影响，也恰恰是放开了农村劳动力的自由流动以后，农民工进城才有的问题。看来，你得放弃你想建立的逻辑关系，我们才能讨论如何解决城市农民工防范"非典"的问题，否则无法讨论。

第十二章
财政支农的概念和问题 [①]

一、澄清概念

（一）讨论现实问题不能意识形态化

前不久我刚开个会，也是针对中国一旦加入 WTO 以后，农业、农村怎么应对，农民问题会怎么样的问题的讨论，那个会是请国家各部门搞政策研究的人参加，几乎未请搞规范研究的人参加。因为，从 1999 年 4 月中美关于加入 WTO 谈判被美国首先公布以来，理论界关于 WTO 的探讨似乎很难深入下去。人们想当然地将 WTO 和改革开放画了等号。中国改革开放已经被 20 年的发展过程证明为高度正确的话语，在这种话语之下，谁要是提出不同意见，谁似乎就有反改革开放的嫌疑。于是，关于 WTO 问

[①] 本文根据 2001 年 7 月作者在北京市"财政支农研讨会"上的发言整理而成。

题的讨论很难深入下去。人们就这样延宕了两年，似乎都在谈利呀弊呀，到底利大于弊呀，还是弊大于利呀？

其实，在大多数发展中国家，农业、农村、农民在国际化大背景下普遍受到冲击、挑战，农村经济凋敝，小农破产，大量流离失所，是形成城市贫民窟的主要来源，已经被近十多年的国际经验所充分证明。人们之所以不愿意多说，也许就是基于这种话语：加入 WTO 就是进一步改革开放。如果认为加入 WTO，利大于弊，机遇大于挑战，那就是赞成改革开放；如果认为加入 WTO，弊大于利，挑战大于机遇，可能就有政治上不正确的嫌疑。因此，在这个问题上讨论不可能深入，扯皮的说法太多。

今天，希望讨论财政支农这么具体的话题时，避免一个容易扯皮的倾向：把本来复杂的现实问题意识形态化，意识形态化实际就是简单化、庸俗化，比如一个市场经济到底姓资姓社，或者一个改革开放是姓资姓社……什么东西一旦意识形态化以后，讨论就很难深入。所以我在发表意见以前，先要强调讨论的问题是个现实问题，跟意识形态没有关系，跟"保持一致"没有关系，跟政治问题没有关系，也跟理论研究没有关系，就是实事求是地研究现实问题。

（二）为什么要财政支农？

一般而言，财政是公共品操作的领域，那么财政作为公共品能否对应农业，就要看农业本身是否具有公共品的性质，道理上这是应该首先搞清楚的。对我国而言，农业是否具有公共品性质呢？根据一般农业经济科学，农业是一个产业，但事实上，中国是个农村人口占70%的国家，小农经济遍地，并且长期以来一直延续着农业为工业、乡村为城市工业化资本积聚提供积累的过程。客观地说，我们应该看到农业本身具有相当大程度公共品的性质。

为什么呢？第一，出于保护生态、环境的需要，特别是郊区农业，具有明显的保护城市生态和环境的作用。第二，农村基本的资源就是土地，并不仅仅是一般经济学意义上的生产资料，而更主要的是农民生存保障的基础，特别是在发展中国家，城乡二元结构社会这样基本的体制条件下，大多数发展中国家的政府不向农村人口提供社会保障，天然地就把农村、农民的社会保障寄托在土地上。中国出现按人口平均分配土地，并且这种分配，新中国三代领导人都强调是不要变的，比如土改时，曾经强调不变（当然后来变了），大包干说15年不变，现在说30年不变。不管后来怎么说，新中国成立50年中的三次大规模土地分配都是按人为分配依据的，可能当年毛泽东曾经设想过按乡为单位分配土地，实行大拉平，但即使是他那样最有权威的人物也做不到，因为无论哪个村，谁也不愿意别人占有自己的土地，所以基本上是按社区内部人口分配土地的。这样土地天然就具有农民的生存保障功能，因此就具有了社会职能。又由于任何政府，无论是中国政府或美国政府，都不可能对8.8亿这么庞大的人口提供基本的社会保障，因此，中国的农村土地承载农民的社会保障功能的制度将是长期的普遍现象。我们测算到2030年至少不会变化。因此，从2001年算起，至少在今后相当长的时间内，土地承担农民社会保障的这个基本功能不会发生根本变化，政府不可能直接承担8亿多农村人口的基本保障，这也是不可逆的制度条件。因此，不能简单地把土地定义为生产资料，而要把土地定义为社会保障资料。

由于以上两个原因，其一，农业具有保护环境和资源的功能；其二，农村最基本的资源——土地不能被认为是纯粹的一个产业里的生产资料，土地这个农业中的主要资源天然具有保障功能和社会职能，因此，我国农业具有公共品的性质。

（三）农村的社会开支具有公共职能

毫无例外，在所有发达国家都是由政府和财政保障农村的社会开支的，但大多数发展中国家是政府财政管不了，不得不寄托于农村经济自身进行内部化的收益分配调节。也就是说，在农村社区中也发生了类似于财政的功能，亦即二次分配。因此，曾有人专门研究村社经济，研究乡镇政府财政以下的非正规财政，即村社财政有无二次分配的功能。比如说修桥补路，照顾鳏、寡、孤、独的人和处理生老病死的事，几千年来都是由社区自主承担的。现代制度下的政府，应该以财政二次分配来承担修桥补路，照顾鳏、寡、孤、独的人。可是，由财政负担、政府来承担这些公共职能，不过是最近几十年的事，也就是现代中国才有的现象。从长期看，哪怕整个20世纪来看，实际上财政上所能承担的农村的社会功能也是极其有限的，而村社这级本身就具有二次分配的公共职能。

请大家明确，如果再有人问：村社经济和村社社会活动本身，是否具有一定意义的公共品性质？答案是：当然有。所以农业、农村、农民这"三农"问题绝对不是简单的微观的农业经济领域的问题，也不是简单的农业微观产业领域的问题，因此才和政府财政有必然关系。

可见，要想说清财政支农，首先要把概念搞清，这里的支"农"，不是指农业，而是指"三农"。朱镕基也多次讲，他最搞不清的问题是"三农"，最对不起的是农民。政府最没有把握的、最没办法的，也是"三农"问题。

为什么？现在再看看，国家财政对农业的投入到底是什么状况？自20世纪80年代中期起，从全国范围推进了以家庭联产承包责任制为主的这样一种农村基本制度后，财政基本上不再承担对农业、农村、农民的支撑，所谓历年财政用于农业的开支或支农资金，实际上主要是政府及其部门开支，是计划经济时期留下的涉及农业的各部门如水、电、供销、粮食、农业技术等相关部门的维持费用，是这些职能部门在财政的盘子里分配的所谓支农资金。

由于1985年、1986年前后乡镇企业异军突起，人们很难在原来的政府计划经济框架内找到它的地位，于是政府就给它赋予了特殊职能，承担以工支农、以工建农、以工补农等职能。国家不再承担农村的基础设施建设，交给乡镇企业了；国家不再承担农村基层村以下行政性开支，也交给乡镇企业了；国家也不再承担农村的社会保障开支，还是交给乡镇企业了。因此，由乡镇企业去补、去建、去支，同时允许税前列支1%，有些地方允许税前还贷。因为，所有支农、建农、补农资金是可以税前列支的，也就是说，当国家给乡镇企业赋予这些职能时，政策上是以税前收益保证乡镇企业替代国家财政职能，企业是可以得到一定的税收优惠的。但是，1994年分税制改革时把这些优惠全抹了。从那以后，乡镇企业开始大规模私有化，全国范围内都如此。当然，改革以来，北京曾经在意识形态上抓得比较紧，理论界也一直以为北京是以集体经济为主，但20世纪90年代中期以来，包括北京地区在内的乡镇企业已掀起私有化浪潮。

假如说政府放弃了农村、农民、农业这些公共品的开支，把它交给谁了呢？80年代交给乡镇企业了，而在90年代中期时，我们盲目地照搬西方制度，认为所有的企业在税收政策上应该在一条起跑线上拉平。那好啊！你可以拉平，但请国家承担9亿农民的社会保障，把原来让乡镇企业替代的政府职能再重新承担起来呀！可是，相应的安排完全没有。于是乎，一方面没有任何优惠情况，另一方面金融系统不再给中小企业提供贷款，不再给乡镇企业提供贷款，从90年代中后期开始，乡镇企业得到的贷款

第十二章 财政支农的概念和问题

大概下降到不到原来的1/3；因此，它的支农职能垮了，也因此，"三农"问题才越来越严重。

比如说现在的旱灾，已经导致了相当多地区的人民流离失所，怎么看待这个现象？请各位不要忘记，中国农业尽管作为国民经济的基础被强调，但它的地位还是相当薄弱的。过去，20世纪50年代、60年代、70年代，那时尽管大量从农业提取积累，但国家财政算大账，用于农业的投入是逐年增加的，由于大江大河的治理，国家财政对农业基本建设投资增加，农民的无偿劳动增加，北方的基础设施得到了大面积的改善，不再是有灾就减产，因为北方水利设施改善了，灌溉面积增加了，再大的灾荒都不怕了，所以导致从南粮北调改成北粮南运，整个国家的农业生产能力得到稳定的提高。而且，从70年代后期以来，再没有因为自然灾害导致过全国性的粮食供给不足。但是，80年代后连续20年，用于农业基础设施的投资占比是下降的，有限的投资又被大量挪用，用于楼堂馆所建设，这已是被审计部门查处过了的情况。

昨天，我刚从重庆回来。无论在贵阳、重庆，还是在所有西部省份的省会城市，繁华都不亚于北京，到处高楼林立，大量未完工的房地产项目正在上马，这些大都是西部开发资金。政府国债先上哪儿投资？当然先上城市。可见，政府还是在重演着过去的故事。

因此应该说，这20年的"财政支农"政策可以使人得到以下几个印象。第一，实际上是部门在分配资金，在养人，而没有真正用于支农。第二，财政税收政策的改变，实际上迫使原来就有提供公共品性质的乡镇企业大规模私有化，也放弃了对"三农"的基本保障作用；财政不保证农村的公共品这块开支，才导致基层政府与农民之间出现一系列冲突和问题，才出现"三农"问题愈演愈烈。第三，最近的国债政策加大了对城市的投资力度，城乡差别的进一步扩大，是政府转嫁矛盾的结果。

二、中国"入世"以后的问题在哪里？

最近20年积累的问题，在WTO条件下会加剧。那么，中国"入世"以后的财政支农如何搞？

首先，我们当然不可能像发达国家那样搞财政直接支农。如美国是最典型的保护农业的发达国家，以财政补贴直接保护农业，平均每个农民得到1万至2万美元。我们学不了，美国人口太少，农业人口仅2%。亚洲的发达国家如日本我们也学不了，日本农民占总人口的8%。我国的台湾省农民占12%。因此，我们很难说完全按发达国家、地区模式来搞我国的农业保护。

其次，当谈到绿箱政策时，我们发现中国缺乏操作绿箱政策的基础条件。什么是操作绿箱政策的基础条件？我们没有农村的基本生产单位，因为农村人口、劳动力太多，小农经济仍然是主

第十二章 财政支农的概念和问题

要的经济基础。因此，我们强调家庭联产承包责任制一定 30 年不变，不得不刻意维持这种经济基础。80 年代强调 15 年不变的时候，就放开了城市农产品市场，让农民进城，目的就是要打破城市二元结构。打破要靠先放开城里的农产品市场，因此，1985 年就有了"倒蛋"大军，有了"百万雄鸡下江南"等，这些被报纸炒作过的事件，那时出现了很多。但因为城市的农产品供给是和财政补贴高度相关的，比如，从 80 年代以来，北京大白菜一项每年补贴达 3800 万元，允许农民放开鲜活农产品进城，意味着财政补贴了差价的农产品没有销路——假如鲜活的猪肉可以进城，谁愿意吃冻猪肉呢？因此，以财政为首的城市各部门反对，城乡二元结构一直没有被打破。农业没有规模经济主体，西方通行的绿箱政策就难以操作。

1985 年提出的第二步农村改革，中央农村政策研究室设计的就是打破城乡二元关系，以城市市场、鲜活农产品市场为突破口，但遇到了极大障碍。记得 1986 年我在沈阳调查，那里只开放了 20 多天的农产品市场，沈阳市财政就受不了，因为商业、供销、所有的基层门店一概向上告急，正常的城市经济流程全部被打乱了，所以像沈阳这样的大城市只放开了 20 多天。

后来国家体改委（已于 1997 年 9 月终止运行）提出，农村第二步改革要从以完善社会化服务体系入手。但谁拿钱建社会化服务体系？面对千家万户的小农经济，你怎么服务？依靠现有的农机站、种子站、供销社、粮站、信用社、电管所、车管所等

269

政府下设机构搞社会化服务体系？行啊，拿钱！可当时真没钱。1986年正好是通货膨胀上涨，财政赤字增加，财政拿不出钱来的时候。

其三，我们应该认真反思农村改革。当年，第二步改革以市场为突破口，但没有突破，以社会化服务体系为突破口，财政没钱。因此，从那时开始，农村第二步改革就停了，没再走下去。

15年过去了，对我们是很短暂，但对农村来说，累积的矛盾越来越复杂。累积到现在，比如贫困问题，20世纪末完成了"八七"扶贫攻坚计划，但新增了1亿贫困人口——原来扶贫计划内的贫困人口降到3000万以下了，但新增了返贫人口。尤其是1995年以后，每况愈下。1995年，农村人均现金收入在零值以下的，只有1%；到2000年，农民人均现金纯收入在零值到负值的占16%。

这15年的教训告诉我们，农村第二步改革没有财政支持走不下去，而破解不了财政全额补贴城市开支这样的难题，到最后财政自己也走不下去。从20世纪90年代开始，不仅是农村不保，城市也不保了，不仅是一般生活消费不保了，连基本的社会保障不是也不保了吗？这种情况下，简单化地要求增加财政支农是不可能实现的。当然我同意农业部同志所说的财政支农一系列的任务，但过去的教训和现在的问题都是清楚的。当年第二步改革没有走下去，就是财政缘故，之后财政连城市都不保了，再让它支农？还是现实一点谈问题吧。也是因此，我才特别强调不要把现

第十二章　财政支农的概念和问题

实问题意识形态化。

目前我们按发达国家的路子走不了，根据我们自己的现实情况难以真正与国际接轨，可又"入世"了，要遵守承诺，走不了别的路。这是问题的另一方面，亦即宏观方面，看来暂时没有解决问题的条件。

三、"分盘子"体制：导致乡村公共负债问题的罪魁祸首

从微观方面看，农村累积的矛盾，到现在不是爆发的临界点，而是已经爆发了。爆发以后，也还是找不到办法来解决。比如农业部张洪宇司长刚才讲到的乡村负债问题。这次我去贵州调查，随便走到一个镇，还是中上等水平的镇，镇本级公共负债已经500多万元，预计明年负债600多万元。为什么？因为现在"十五小"[①]还未关完，一旦一两年内"十五小"都关完了，乡镇负债还得往上走。因为，当年都是乡镇政府投资上的小煤窑、小水泥厂、小采石场、小冶金厂，不发达地区都是基层政府搞经济，利用当地资源上了一批小企业，为镇村两级农村经济服务。现在"十五小"要全关闭，原来的投资根本拿不回来，全部转成

[①] "十五小"企业分别是：年产5000吨以下的造纸厂，年产折合牛皮3万张以下的制革厂，年产500吨以下的染料厂，采用"坑式"和"萍乡式"、"天地罐"和"敞开式"等落后方式炼焦、炼硫的企业，土法炼砷、炼汞、炼铅锌、炼油、选金和农药、漂染、电镀，以及生产石棉制品、放射性制品的企业。

271

债务。以前的乡镇企业投资亏损已经转成债务了，以前的农民合作基金会被关闭也已经转成债务了，以前所有加强农村如"双基教育""普九达标"这些上级财政没有给钱的项目到地方就全部是债务。还有其他所有上级下达的任务，包括庆祝建党80周年，农村基层搞党组织纪念活动，谁给钱？只有转变成为公共负债。

虱子多了不痒，债多了不愁，即使财政有钱了，也是"后任不理前任账"，谁让你上任欠账呢？跟我这任政府没关系。结果乡村公共债务越累积越多。

实际上，历年的财政支农资金很大程度上被部门分配占有以后，到基层几乎没有剩下多少，转化为一笔笔投资都要求下面配套，转化为基层负债，再转化为农民负担。比如说修水库，报纸上有个典型的例子，山西有个水利设施，欠了几十万元债务修水库，结果水库未弄好，漏水，成了废库，债务也瞎了；然后政府往各村摊，搞得怨声载道。

政府增强农村基础设施建设的善良愿望，按目前财政投资渠道和投资方式，还能"支"农吗？到底"支"的是哪个"农"？且不说财政"分盘子"这样的做法支不了农，最后只能转化成公共债务负担，再转化为农民负担。即使政府确实有充分的善良愿望，大家都特别廉政，没有谁为自己争一分钱的利益，但这个善良还是无法操作：当你真从财政拿到一笔钱时，是支张三、李四，还是王二麻子？政府面对的是2.4亿农户，那么支谁，不支谁？

第十二章 财政支农的概念和问题

根据过去监测的调查，大部分财政资金，包括扶贫资金，结果支的是乡村干部或者干部亲属，一般用的都是各种名义——这个是党的活动积极分子，那个是团员青年带头人，其实可能就是他的老伴和闺女，都支他们家了，他们再雇两个工，就脱贫了，就致富了。然后支的就是各级干部的联系户，他们带你去看，咱农村贫困人口锅里有肉了，都挺好看的。

这里有个经济学道理，现在讲财政支农时，似乎未注意农户已经分户经营了，集体经济已基本上解体了——北京郊区曾经维持了多少年，最后也没维持住，差不多也就那样了。一旦分户经营成为一种制度、一种现实时，你会发现任何自上而下的交易都几乎无法进行，因为交易对象太多，导致交易成本过高。据此，农村目前一盘散沙，支农？支谁？凭什么支他们？有人能审查这人为什么该支吗？该支王二麻子，他最好，不给张三，这没有道理。财政部门怎么考核？

于是，财政只好继续按照早期计划经济的办法"分盘子"，维持部门体制原状，因此，目前的财政体制——"分盘子"体制，基本上和原来的计划体制一样。也就是说，农村第二步改革未推进得了，因为面对这样庞大的财政做后台的城市经济体系无法推进。而这个体系延续到今天，15年过去了，又成了财政支农话题最大的障碍，怎么支？

四、财政支农的台湾经验

一般而言，要真正做到财政支农，有招没招呢？在概念、判断、分析后，应该说还是有招的。其实过去北京市在这些方面有相当多的成功经验——以我这些年对北京有限的了解，北京市过去在维持社区经济、在形成农村可作投资载体的单位上，本来是有经验的。我们以近邻日本、韩国和我国台湾省为例，很多人都去看过，我也去考察过。政府财政支农资金并不分配到各户，那是做不到的，尽管它人口少——台湾只有40万农村人口，与我国大陆8亿多农村人口不能比，但台湾40万农村人口也不是说每个人都得到财政补贴，这不可能操作。台湾有关部门只是确定下来支农资金是多少，因为法定的这块财政投资不能挪作他用，所以他们着急，每年几百亿新台币的支农资金不知道往哪送，台湾岛小小的范围内实在是已经支无可支了，但它还是有些经验可取的。

第一，用于农村金融业务的保险。为什么用于这个保险呢？因为农民的合作金融是建在乡镇一级单位的（和我们1998年下令把所有农民合作金融关闭、掐死的做法是完全不一样的），农民合作金融可以不仅限于吸收农民的存款，和所有银行的营业所一样，也可以吸收社会存款，在整个社区范围内是公平竞争。但是合作金融却没有税，就像我们原来搞的合作基金会不承担8种税费一样，这就当然让你产生利润。不过，收益的60%定向返

第十二章 财政支农的概念和问题

还给社区范围内的所有农民。返还可通过绿色证书培训、通过社会事业支出，整修道路、办敬老院、办广播、办各种活动，把60%的收益定向返还到社区，这就基本解决了农村社会开支的问题。经营风险找上级政府要钱给予保障，这是第一种。

第二，用于市场建设。这个市场建设，当然不是哪个大户，不是哪个私营企业家，而是农民合作社的市场。政府只对农民合作免税地放开所有的和农业相关的经营，无论是生产资料供给，还是农产品销售；无论是联购分销、分购联销，还是你用什么方式；无论是批发，还是专业市场。这些市场允许农民合作组织免税进入，而且政府投资定向用在这上面，以保证合作社以最低的经营成本来占领最大的市场份额。

为什么？如果不这样做，这些地方都是小农经济，成本必然高，农产品绝对没有竞争力，日本、韩国的农户能干得过美国大农场主吗？绝对干不过。但他们的农民协会办的超市顾客盈门，人们宁可买他们的高价食品。为什么呢？就因为政府从另外的思想文化领域也支持他们，经过多年的宣传，已经使国民形成一种共识：这是我们本土生产的东西，我们要支持自己的农业。因此，尽管日本的大米价格比美国加利福尼亚大米原来要高20多倍，中国台湾和韩国大米价格都比美国加利福尼亚大米要高多少倍，为什么仍然有市场？主要在于背后有政府，以支农资金撑着他们。合作社办市场免税，而且可以凭获得的收益补充你的亏损。如果纯粹讲市场经济，小农经济条件下的国家、地区的农业就不可能保得住。

因此,第二个重要的财政投资领域,实际上是定向投入合作社进入的涉农经济项目,特别是购销、批发、专业市场。让农户联合起来,成立合作社,财政支农资金只对这些农户联合的合作社,不对个人。

第三,对生产性的经济实体投资。但这些生产单位也都不是单户,而是蔬菜生产合作社或蔬菜生产企业等;政府如果找不到合作社性质的生产单位时,可以投入那些股份制生产单位,但政策是有区别的。如果投入的生产企业不是服务于社区的,不带有公共性质,政府投入就是入股,要拿利息;如果投入的生产企业是合作性质的,或者基本具有合作性质,政府投入只计股,不得计利息。政府即使占有50%以上的股也不能收取利息,因为你是公共财政,政府投入作股的目的只是保证投票权,保证企业不变成私有化,不变成私人牟利的东西——一旦改变为私人物品以后,它跟财政就没有关系了。私人物品带有公共性质时,财政才应该投资支持。

综上所述,财政支农一定要有规模经济单位作为载体。这个载体一是为农村社会提供基本支持,如农民合作金融,其保险体系要通过财政资金来建立;二是涉农的经营领域,特别是市场这块;三是直接生产,包括两种投资方式,一种是计股计息,一种是计股不计息。这取决于对方的性质:合作性质的,计股不计息;私人性质、股份制性质的,计股计息。

第十三章
找不到大学，找不到教授

——教育作为"第三产业"的投资、收益与风险[①]

尽管我个人并不同意所谓"教育产业化"的提法，但起草本提纲时仍然认为有必要专门讨论现行体制条件下教育作为"第三产业"的投资、收益与风险。

之所以不得不做这样违心的分析，是因为无论官办教育，还是社会上热炒的民办教育、私立学校，实际上都有个如何分享教育部门垄断收益的问题。

[①] 此文是作者 2002 年 5 月在海南博鳌"民办教育论坛"上的发言提纲。

第三部分　若干重要问题的去意识形态化讨论

一、为什么教育投资在中国会有比较高的回报？

人们不会否认，教育领域的投资机会，很大程度上源于多年来教育部门在市场化改革进程中形成的对教育资源的垄断。

因为，没有谁会去认真计算被教育部门无偿占用的、名义上仍然是"全民所有制"的资产收益，所以才使得能够通过寻租"进入"教育领域的投资者，多数得到较高回报。尤其值得重视的是，恰恰是在部门垄断资源的条件下推出所谓的"产业化"乃至"市场化"，才导致严重的不公正和收入两极分化。

当然，这其实并非教育领域独有，而是20世纪90年代以来的普遍问题。

教育系统的资产来源本来应该是清楚的，有以下三个。

其一，改革前国家全额拨款形成了教育系统资产，"文化大革命"以后又在强调"全面恢复十七年"的指导思想的影响下，在旧体制事实上不断强化的条件下，形成了学校借全民所有制资产获利的基础。

其二，改革开放以来，教育部门进一步以法律形式保障部门垄断利益合法化，以全社会被国家权力强制征得的税收，转化为财政对教育不断追加的无偿投入（包括以办教育为名大规模占有中国最稀缺的土地资源），形成教育资产和资产收益的增加，而这种垄断收益与其他垄断部门一样，主要在利益相关者内部分配。

其三，90年代中期以来，中国公众在劳动力绝对过剩压力下对教育与就业形成很高的相关预期，随之，社会不断增加对教育的支出，使得教育系统凭借垄断的地位可以进一步得到社会公众为了购买其产品标志"文凭"而不得不支付的那部分支出。

我们的教育系统知识分子尽管有公众"话语权"，但也受"屁股指挥大脑"的规律支配，对分享以上三部分收益的事实，基本持默认的态度。

二、投资教育领域的交易成本和投资风险

因为，客观上是教育体制的过度垄断所形成的信息"不对称"，给了投资者以高收益的机会，所以，投资者的当期风险主要源于如何与部门垄断体制交易，远期风险主要来源于这种旧体制的弊病何时、怎样被革除。

从各地调查得到的案例看，投资者的"进入成本"主要产生于以下两个"交易"。

其一，如何以最低的"租金"满足教育部门的寻租要求，并得以分享教育部门所垄断的教育资源，包括"借牌子"、租用场地设备、使用教学与研究人员等。

其二，如何与地方政府谈判以最低价格占有土地，以占有土地从第一产业向第三产业转化所形成的超额增值收益。

目前，大多数投资者沉迷于较高回报，还没有"退出"的考虑。但在部分地区已经发生了"生源短缺"和招生大战。近年来大学本科毕业生的初次就业率低于20%的现象（若计入研究生和出国留学生则高于80%），预示着教育也有资源不足和产品过剩的问题，当然也应该有投资经营失败或需要转移投向的"退出"问题。

三、终极困境

目前，院校知识分子之外的理论界关于打破教育垄断、促进教育改革的呼吁，与教育投资者基于获利目标而采取的交易行为，以及投资者为了保护既得利益而提出的要求之间，当然有本质差别。

占有话语强势地位的学者与具有资本强势地位的教育投资者之间，目前还没有公开、认真地对话；一旦双方形成利益相关，教育的体制改革可能会朝更加不公平但却更加有收益的方向走……然后，我们的困境可能是：找不到真正的大学，找不到真正的教授。

第十四章
浅谈时尚话题：公司治理结构问题[①]

一、从背景提问：美国的金融危机与公司治理结构问题是否有关

在讨论公司治理问题的时候，特别值得国内理论界注意的，首先是东亚各国对公司治理原则开展讨论的背景[②]，亦即：这是在1997年东亚金融危机爆发以后，包括中国在内的亚洲国家才普遍重视、开展研究的一个问题。因此，人们普遍接受的观点是，公司治理问题本身和防范金融风险直接相关。西方学者近年来之所

[①] 此文是作者于2001年5月在中国太平洋经济合作理事会（PECC）一次研讨会上的发言。这个讨论会是为2001年上海APEC会议准备有关"公司治理结构"的文件而召开的。

[②] "公司治理结构"，或者被称为"公司治理原则"问题，属于近年来比较时尚的"科学"。其之所以时尚，在于理论界针对中国上市公司，特别是国有企业表现出的各种弊端难以从深化产权改革角度发难，于是转向强调"改善公司治理结构"或者建立"公司治理原则"。我之所以提出不同意见，其实也在于强调另外一种更客观的角度：本来不必区分国内外，而应该直接讨论反映大资本本质的行为特征问题。——作者自注

以强调东亚各国应该改善公司治理结构，也是出于这个背景。

但是，也正因为这种观点事实上已经成为讨论的前提，我才认为有必要提出不同看法：并不是只要我们讨论了公司治理原则，或者亚洲国家包括中国在内都改善了公司治理结构，就能有效地防范金融风险。它们之间是否存在如人们所说的那种高度相关，至少在目前看，仍然是值得进一步探讨的。

特别是最近，当人们都看到欧美主导的国际经济在资本市场下滑的影响下，日益表现出的严重危机趋势的时候，难道不应该问：去年以来首先发生于美国的这次金融危机，难道也与发达国家的公司治理结构问题有关？

近年来人们现在看得到的文件和材料，大部分针对的主要是亚洲金融危机发生以后，东亚国家如何改善其企业的公司治理结构，其目的都说是应对、防范金融风险。我感到，应该怎么认识公司治理与金融风险的相关性，这个问题还没有来得及认真讨论，从现在这些材料中，似乎还不能得出一个清晰的解释。

二、分析：西方企业的内部人控制问题

首先我们看发达国家的问题。2000年下半年到2001年年初，美国已经在强调"经济软着陆"。最近，针对发达国家的金融危机问题，我有机会参加了在美国和德国的讨论，今年年初也

第十四章 浅谈时尚话题：公司治理结构问题

在香港参加了类似讨论。各国学者在讨论中强调了一个非常有意思的现象，尽管是在这些发达国家，尽管他们的公司治理结构问题可能相对解决得比较好，但并不是说这些公司就没有内部人控制的问题，而且这些问题与发展中国家相比，似乎表现得更趋于复杂。

去年在美国的讨论中就有学者指出，本来是为了防止内部人控制而给经理人以期权，但是结果未必如想象的那么好。由于经理人有了股权，就会更追求公司股票在资本市场上的表现，所以他们的工作就更倾向于做好报表。而且，为了共同追求资本市场的短期收益，就连上级公司对于公司的检查，也越来越偏重于如何让这些报表推动企业股票在股市上走高。这样，反而使有些公司经理人为了追求股市收益而有意识地做信息欺诈。其结果是企业在股市上的反映似乎很好，公司内部大家的期权收益也有所增加，但是对公司的、对股东的长期利益，其实并不能很好保证。这些问题最终会在资本市场发生危机的情况下暴露出来。

也就是说，在近期看，东亚金融危机发生后，亚洲国家重视公司治理结构问题，似乎在仿照OECD（经济合作及发展组织）国家的榜样，强调国内的公司治理原则的改善，而OECD国家自身却遇到了越来越严重的这方面的问题。由此可见，金融风险产生于金融资本这种宏观制度自身的特性，其能否防范，未必取决于公司治理原则这种微观机制是否完善。所以，这是两个性质不同的问题，其逻辑上的相关性仍然值得进一步讨论。

三、中国的金融风险防范与公司治理问题

人们当然要看中国的情况。最让西方学者不能解释的矛盾是，一方面，很多人认为中国在亚洲金融危机爆发以来，在防范金融风险的表现上相对比较好，甚至有人说中国是防范金融风险最好的国家；但另一方面，在公司治理结构上，人们的批评却集中在作为中国上市公司的主力的国有企业，其公司治理原则还没有条件执行，有些甚至还没建立起来。

必须首先申明的是，我并不认为以上关于中国防范金融风险最好的判断是正确的，但如果人们愿意以中国为例做分析，那么，这两个问题的相关性，当然也是值得讨论的。也就是说，我们到底如何看待像中国这样的转轨国家企业改制所面临的问题，如何分析中国从国家资本向部门垄断资本转化之后国有企业产权的实质？其他东亚国家如泰国、韩国、日本，在亚洲金融危机发生之后也曾经受到西方较多的指责，一般认为他们的企业微观制度不好，因此导致金融风险或经济危机的发生。而中国恰恰是企业微观制度问题比较严重的国家，虽然公司治理原则尚未建立起来，但亚洲金融危机的发生，对其影响似乎并不像对其他完全市场化的东亚国家那么显著。可见，这二者到底存在什么相关，也是值得进一步讨论的。

就我们最近一段时间跟国外做企业咨询的工作人员的交流来看，外国公司在中国的企业应被看成管理相对比较好、公司治

第十四章 浅谈时尚话题：公司治理结构问题

理结构相对比较完善的典范，但是其内部人控制问题、内部人的行为不规范性问题，以及管理者的在职消费的问题等，也是客观存在的，有些甚至是比较严重的。这也与中国的国有企业有可比性，尽管这种对比的制度背景有鲜明的差别。这是因为，外国在中国的公司远离其股东，母公司的董事会也难以控制分公司业务，这种情况和我们国有公司的很多情况是可比的，只不过国内科研单位有条件做这些外企研究的很少。不仅我有这样的质疑，世界银行前首席经济学家斯蒂格利茨在他的新著中，也提出了跨国公司与中国的国有企业产权不同、问题相似的观点。他的分析之所以深刻，在于他正在接近对传统意识形态约束下的制度经济学的突破。如果人们的研究完全没有偏见，而且能够真正深入外国在华企业的具体微观管理问题，就能够发现其内部问题与中国的国有企业有些相似之处。

我认为需要提出的是，公司治理结构问题，在西方本来是不同的投资方式所形成的不同资本结构派生的问题，而中国的国有企业在资本结构上具有明显的部门垄断性质，事实上已经在参与国际竞争的进程中，与其他性质的国际资本结合起来。有鉴于此，人们为了防范金融危机而真正应该深入讨论的，似乎还不仅仅是一个公司治理原则不完善的问题；需要作为前提来提出的，应该是更为重要的全球金融资本经济运行的宏观体制问题，这当然包括中国在内。

综上所述，在金融危机发生以后，很多学人表面上是根据经济学理念分析问题，其实是从现成的意识形态出发的；有些东亚国家尽管也是迫于压力才接受西方通行的判断，但接着就把这些原来似是而非的东西变成"共识"。如果我们也不假思索地认为就是企业微观机制的问题，就是治理结构不完善的原因，就会得出发生金融危机是自己的微观企业制度不好的结论。我看，这样的结论下得太早。

第十五章
农村财税、金融改革和贫困问题 ①

上一期我们出版的《中国改革（农村版）》的封面专题就是税费改革，我就先从费改税这个话题说起。

一、关于中国农村的税费改革问题

早在农村落实了家庭承包之后，有一个历史上曾经发生过的现象就又发生了，就像大家唱的一首流行歌曲"今天的你我怎样重复昨天的故事"。那么，我们重复了一个什么样的昨天的故事呢？

---

① 本文为2002年10月10日作者在中央财经大学回答学生提问的录音整理稿，由《中国改革》杂志社支农调研志愿队办公室陈守合、黄学谦整理。

第三部分　若干重要问题的去意识形态化讨论

（一）交易费用问题

20 世纪 50 年代初的时候，新中国政权刚刚建立，党给全国农民搞土改，大家分了地。那个时候说是有 4 亿多农民，大约 15 亿亩地。建立了一个新的国家，政府要想进行调控，按正常情况，就得有财政收入来源，就得征税。征税当然是个正常的政府行为。可是，有谁想过，假如政府面对这 4 亿多农民征税，起码应该知道谁挣了多少，才能决定谁该交多少，可问题在于怎么计算。世界上没有哪个国家像中国，要面对 4 亿多农民去征税。这个情况在制度经济学看来，就是交易费用太高。制度学派立论的一个重要前提就是交易费用。当交易对象增大到一个特别大的量的时候，就会因交易费用增大而导致交易没法进行。所以，当政府征税面对农民这个交易对象达到 4 亿的时候，交易费用大到无法进行，就是很明显的常识问题。

有人说美国为什么能征农业税？对不起，美国是农产品大国，美国的农业纳税人叫 farmer，那先得有农场 farm，然后才能加 er，变成农场主 farmer。中国呢，没有农场主，中国只有农民，叫 peasant。虽然他们有了土地，可中国农村的土地基本上不能叫 farm，为什么呢？土地的大部分产出是供这个农家自我生存的。所以，我们把他们叫半自给自足的小农经济。

交易费用增大只是其中的一个道理。第二个道理是传统的小农经济不可能适用现代税制。例如，有个农民，如果他家里分了 8 亩地或 5 亩地，他不会只种一种庄稼，得倒茬、得间作。要

第十五章　农村财税、金融改革和贫困问题

想这样，他就得种点稻子，还得种点麦子或蔬菜。如果在南方，一年得两季到三季。并且，家里还得养些猪、鸡，或者养些牛、羊。因此，对这种小农，我们还不能一般定义为自给自足，还得加上兼业农，农户生产是兼业化的。中国农户大约70%以上至今仍然是兼业农户。

这就与西方完全不一样了。多少了解点西方的人都知道，西方的农民基本上都是专业化商品生产，养牛就养牛，种小麦就种小麦，种小麦的人不吃他们自己种的小麦，他们要买面包，因为他们自己不磨麦子。他们把麦子送到面粉加工厂，然后去买面包吃。养牛的人不杀牛，他们把牛送到屠宰场去。他们不是自给自足的，他们是专业农。西方的这种农业是完全商品化的。而我们这个兼业农，你怎么计算他那两头猪或者再加三个猪崽该交多少税？你怎么计算他那玉米，还没等棒子硬就砍了，然后做猪饲料？你算它是生产环节还是消费环节？养两头猪自己吃了一头，是劳动力补偿自己，还是算商品？怎么算？

因此就农村税制而言，中国与西方应该有很大不同。

中国就有这么大规模的农民人口，而且70%以上是兼业农，政府怎么征税？20世纪50年代这问题没有解决，就要靠合作化、集体化、人民公社化。高级社以后，农业税就不再重要了，而是通过工农产品剪刀差来占有农业剩余，这样问题就通过提高组织化解决了。但那是所谓计划经济，实质是严重剥削农民，所以后来被农民自发搞大包干否掉了。于是，今天的你我，就不得不又

要重复昨天的故事，而且比昨天更严重，因为现在有9亿农民，大包干时有8亿农民。50年代有4亿，现在8亿至9亿，交易费用问题也更加严重。要这么生硬地把西方的征税制度搬到农村来，请问，能实行得了吗？

有人会说，这个问题现在没有办法解决，那旧社会为什么解决了？为什么中华人民共和国成立前只听说过赋税重，似乎没有人提到交易费用这个问题？

中华人民共和国成立前，土地的使用权其实是正态分布状态，如下图所示，A是地主，B是富农，C是中农，D是贫农，B、C是自耕农，他们通过租地占有大部分农地的使用权。而地主A占人口的7%~8%，占土地的大约50%。旧中国土地资源也紧缺，越是短缺要素其价格越高，因此中国的地租率高，谁能承受这么高的地租率呢？富农和中农，亦即自耕农，而不是雇农和贫农。

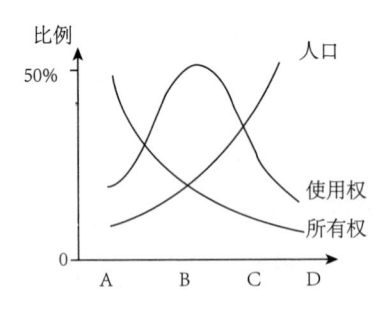

直到我自己插队下乡接触生产实践，才知道真的就是老中农的生产技术高。老中农当队长，这个队的产量就高，分的粮食就

第十五章　农村财税、金融改革和贫困问题

多；你要硬选一个贫农或雇农——当然贫雇农是依靠对象，阶级斗争搞得坚决，这都没问题，但是你让大家作为社员来选队长的时候，给候选者背后碗里放豆时，肯定是老中农碗里的豆最多。也许大队书记老百姓不能选，能力怎样也见不着，但因为基层的生产单位是生产小队，所以大家特别重视选小队长。

客观地看中华人民共和国成立前的农村情况，这部分自耕农集中占有了大量的土地生产资料，因为他们人口相对少，生产的剩余量就大。即使地主，也愿意把地租给那些产出量大的，而不愿意租给产出量相对小的，这就是高地租约束的规律现象。因为土地使用权呈正态分布，土地集中在自耕农那里，所以，旧中国农村是有规模生产主体的。

我们讲农村规模经济，要看规模生产和规模流通两个主体。因为使用权集中导致的规模生产主体主要是富农和中农。那么规模流通主体是谁呢？是地主。他们占有大约50%的土地，一般要获取50%的地租（五五分成），这样大算账，农业产出的至少25%应该是留在地主手里。再加上地主往往会买好地而不买薄地，所以尽管占有50%土地，但那是50%的好地，因此产出不止50%，应该在60%甚至更多。这样算，地主大体上应该占农业剩余的30%，而地主占人口的7%，他消费多少呢？就算他浪费，大碗地喝香油，大块地吃肥肉，也不过消费10%而已。更何况，旧中国地主大多数是"土地主"，土地主为了简单生产力的外延扩张，要更多地购买土地，所以他得节约，宁可吃点窝头。

第三部分　若干重要问题的去意识形态化讨论

旧社会的南方和沿海大部分地主多少在城里有个铺子，不是个什么米铺，就是个面铺之类的。有个铺子，地主就当然地成了流通主体。农民种地交租，假如地主得到了30%，自己消费了10%，就有20%上市，而且这部分以富农和中农为主的自耕农，形成了一条维持简单再生产的链条。自耕农为了能稳定地获得土地，肯定是守信誉的，按时交地租，于是地主集中的这部分农产品就进入市场形成规模流通。那么接着的问题是：谁该是纳税人？当然是地主。所以，旧中国对土地所有者征税，而不对租地者征税，当然就不会有我们现在面对的这个交易费用问题。

在正常情况下，中国历史上长期维持农业轻税、低税制，以此保证稳定。那么，在什么情况下维持不了稳定呢？一是兵荒马乱，兵差大于正税；二是大搞基本建设，徭役负担过重。比如像秦始皇修长城，或是像隋炀帝修大运河、东征高丽，都必致朝代短命。

好了，我们面对的基本问题就是一个简单的制度经济学道理：政府征税，只有纳税者人数少才能征到，而不可能是普遍对所有8亿至9亿的农村人都征税。要想实行现代税制，并且以现代税制为基础，建立所谓的现代管理，我们现在叫 local governmence（地方管制），就几乎是不可能的。当然不是说我们不应该借鉴现代制度和现代管理，但那确实是建立在庞大的税基之上。

我最近刚下载两篇文章，一篇是介绍美国现代政府的，政府

第十五章 农村财税、金融改革和贫困问题

及其所属单位的人占整个就业的比重;另外一篇是介绍意大利的这个比重的,比重似乎都不比中国政府小。庞大的政府,庞大的制度,建起来的全套现代制度靠什么呢?我们说进一步应该讲清楚,你要想执行现代制度就得靠警治,英文叫 police system(警察制度)。大家看美国电影,随便什么人,哪怕是个老太太,拿起电话叫警察:"你赶快来,我感到有危险,有人在我们家门口转。"或者你看《小鬼当家》,那个小孩拿起电话叫警察来:"我发现××××。"警察都得马上来。为什么?关系很清楚,这个社会的这套制度之所以有效,是靠你随时都可以让警察到门口来。靠这样一套警制来维持,需要多少警车、警棍、警枪、警服等庞大的开支?别说现在,从中长期看我们都难以支付。

(二)税费基础

以上是第一部分讲的交易费用的道理。第二部分讲税费的基础。

我们现在多少农业产值?前天看了个统计表,今年(2002年)农业占 GDP 增加值份额预计 15.2%,去年 15.6%,前年 15.9%,大致数字为 15%。多少农村人口?第五次人口普查农村人口占总人口的 63.9%,这是按居住地和职业分;如果按户籍算仍然近 70%。那么,政府管理按户籍算,还是按居住地算?现行制度当然是按户籍算。15.2% 产值,对应 70% 人口,怎么能对 15.2% 产值征税来满足 70% 人口的公共需求?

第三部分　若干重要问题的去意识形态化讨论

我以为，你们明白了这两个道理，就能够自己去找关于税费制度问题的答案。

二、关于农村的合作金融问题

第二个问题是农村信用社的问题。

有人问："农村信用社目前对农村经济有多大作用？存在哪些问题？应如何改革？"这是个好问题。

农村信用社存在的问题，从本质上看，和我刚才讲的交易费用理论其实是一样的。这两年做农村金融问题的研究发现，农户是兼业的、分散的，而商业化改制以后的银行和信用社是要求规模的。这两者之间同样存在交易费用过大的问题。例如，农民要买两袋化肥，需要借200块钱，找信用社，还是找农业银行？谁会愿意借200块钱，现在利息大约5%，200块钱的年利息收益大约11块钱，当然不合算。还有，怎么审查这个贷款？怎么监督？形成的风险如何评估？如何到期回收？而如果是个企业，要多少吨化肥，银行当然就愿意干。所以，银行经过商业化改制，肯定都愿意当主办银行①，追着大企业动辄给几百万元、几千万元，或者上亿元贷款，一笔贷款出去，就赚几百万元或上千万元

---

① 主办银行：指主银行制度，是公司以一家银行作为自己的主要贷款行，并接受其金融信托及财务监控的一种银企结合制度。

第十五章 农村财税、金融改革和贫困问题

利润，那多好啊！所以，越是银行商业化改制，就越要以规模来提高本企业收益。其次是风险大的问题无法克服。例如，有个农户想借钱买两袋化肥，上集市一看有赌博的，就去赌。赌输了，或是喝酒被人骗了，或者一看猪仔不错，买几头猪仔，没买化肥。回去一看，这猪仔是病的，很快死了……农业生产的自然性决定其风险是无限大的。因此，没有任何一家保险公司愿意介入农业保险，因为它风险大，农户高度分散而且兼业化。

又由于农户经济有个重要特点，叫生产生活在户内合一。你说老太太在刷锅水里面倒了点糠，搅了点野菜喂猪，这是生产，还是生活？这半大小子拉头牛上山，坐在牛背上，吹个笛去放牛，让牛吃点草回来，这是生产还是生活？老乡上街去连着赶集、逛庙会，再买两袋化肥回来，这是消闲娱乐，还是生产流通？小农户经济条件下的农民行为，让那些学现代西方经济学的人根本无法理解。

所以，商业化银行一旦完成了所谓转制，行为目标便随之变化：第一是必须追求收益最大化，第二是必然力图规避风险。因此，农村信贷资金严重短缺，根本就不赖农业银行，也不赖信用社。因为，给它的目标就是商业化转制，要按照商业银行一般规律运作，就必然出现一个现象，那就是离开高度分散的农民。所以，农村金融领域中存在的主要问题仍然是不可交易的。

无论是哪一种商业化银行，在农村中的另外一个重要作用就是"水泵"，把农村的资金抽走。最近这一两年，农村信用社有

295

很大改善，发展小额信贷，这是一种以组织化来降低风险的信用方式，就是组织借贷户建立联保制度，通过联保，一户欠款，十户共担。其实这条也不新鲜。我们都知道中国农村历史上的联保、保甲制度早就有。近年来收屠宰税时也有把猪头税变成人头税的。就是因为政府的收税办法必须简单，所以，给某乡下达了1000头猪的屠宰税任务，政府也没法算老张养了1头，老李养了2头，王二麻子养了3头，就干脆按人头来平摊屠宰税，猪头税就变成人头税了。所以，其实小额信贷的作用在于通过把贷款户组织起来，以联保的方式来降低信用风险，这个方式已经相对缓解了一些农村资金短缺的问题，信用社这方面做的改革还是不错的。

有人问："应该构建怎样的农村金融体系？纯粹的生产合作金融由于内在弱势，在农村很难生存。"

到现在为止，有谁见过真正的合作金融？只有20世纪50年代初有过，最近翻历史资料看，土改以后小农经济全面恢复，随之是高利贷泛滥。因此政府动员农民，要么入10万元的股，再交5000元入社费；要么交100斤小米入股，加5斤小麦入社费。那个时候通货膨胀严重，1万元顶后来的1元。1949年新中国成立前后到20世纪50年代初，中国按月通货膨胀率是30%以上，这主要是因为我们当年没有建立货币发行基础。大家知道在20世纪70年代之前，这个世界认同一个道理，就是你要想发行货币，就得有黄金储备，所以叫黄金本位。而在苏东计划经济国家

第十五章　农村财税、金融改革和贫困问题

叫商品本位，要想发行1元货币，必须生产出12元的商品，因为它把货币按马克思主义经济学原理定义为交换的中介，主要用于一般商品交换。但是，在新中国成立之初，国库那点黄金被蒋介石带到台湾，没有黄金储备，所发行的货币就是100%的毛票。那么我们有商品吗？对不起，那时候基本上没有什么工业生产，你们说北京有什么工业呀？化学工业就是王致和臭豆腐，冶金业就是王麻子剪刀，食品加工业就是大串糖葫芦。没有工业就没有商品储备，拿什么作为发行货币的基础？由于这两条都不存在，所以才按月通货膨胀率30%以上。那时候，连国家的银行都要存白面、存白布，那就是"两白"。不是说真的把白面白布放在银行柜台上"你给我存上"，而是银行向储户承诺，如果你今天存的钱顶一袋白面，存上一年，一年之后无论一袋白面值多少钱，肯定给你的钱还够买一袋白面。银行都不得不以白面、白布作为一般等价物。

当然，那个时候农村金融体系确实没建立起来，那怎么能发展生产呢？大家都知道，资金是三要素——土地、资金、劳动力之中的龙头要素。没有资金，无法组织其他两种要素，除非你是自然经济。所以，政府当时就动员老乡入小米，或入票子，建立信用合作社。不过，维持了短短两年时间，最初让老百姓拿票子或拿小米组建的合作金融就归政府了。

所以，至少在这50年当中，真正的合作金融恐怕在中国就没有。

再进一步说，我们几乎无法在农业领域中组织单纯生产方面的合作社。20世纪80年代中期，当世界银行派合作专家到中国帮我们搞合作社试验的时候，就曾经很清楚地告诉我：纯生产领域的合作几乎95%都是不可能成功的。那么，什么合作能够成功呢？综合性的合作才有可能成功，因为世界范围内从长期20年的价格看，农产品价格基本上是向下的曲线，因此，单纯在生产领域中合作，其收益必然是低的，只有把流通、加工、金融、保险这四大类合作，与生产合作相结合，才有可能成功。

不过，单纯搞金融合作，我认为倒真的有可能成功，但我不太愿意强调这样的政策，我还是希望把金融领域的合作与生产、加工、购销、保险等领域合作结合在一起，组成综合性的农业合作组织，它才能用赢利的部分去补不赢利的部分，才能保证农业和农村经济的稳定。

三、关于西部农村贫困问题

第三个问题是："怎样解决我国农村特别是西部农村的贫困问题？作为反贫困的一大举措，西部大开发到目前为止收效甚微，怎样才能缩小收入差距呢？"

西部大开发问题，借用一位权威人士的话——国务院发展研究中心的副主任陈锡文研究员——一位在农村政策领域辛勤耕耘

第十五章 农村财税、金融改革和贫困问题

了20多年的同志,他说,东西差距本质上仍然是城乡差距。你到西部去看,无论哪个西部的省会城市都很漂亮,贵阳、乌鲁木齐、昆明、兰州……都是高楼大厦,街道宽敞,但是如果你到东部,哪怕从北京往外走不到100公里,就会马上见到贫困。就是广东这样高度发达的省,离开珠江三角洲四五十公里,甚至20公里就是贫困县或者贫困村。据说浙江现在经济最好,到浙西看仍然有贫困县。所以,贫困问题应该说不是西部问题,而是城乡二元结构问题。或者说,主要是农村问题,是农民问题。所以无论东部、西部,最大的差距是城乡差距。

按目前情况看,西部大开发还很难有太多的专门针对农村问题的投资项目,当然这几年,国家启动了国债投资,大量地投入农村道路、水利电力建设中,包括广播电视"村村通"工程等,方方面面的投资不少,地方也增加了很多农村的投资项目,这应该说有助于缓解农村基础设施严重不足的困境。但是,这是否能马上带动解决贫困问题呢?还要有一个过程。

第十六章
面向小农经济的资金、市场与政策问题[①]

解决农村经济问题要有创新,要坚持贯彻江泽民总书记"三个代表""三个创新"的思路,尤其要有理论创新和体制创新。因为即使能够按照原来的成功经验安排政策,也很可能仍然解决不了现在的农村经济问题。

一、银行商业化改革与农户资金需求高度分散的相悖

在坚持市场化取向的改革进程中,银行的商业化体制改革要求银行完全按照市场经济的运行机制来判断其经营行为,从金融部门看这当然无可厚非。但从中国农村发展的需求看,则应该另

---

① 本文为2000年12月作者在中宏网与《中华工商时报》联合召开的《中国宏观经济形势世纪论坛》的发言。

外评价。因为,商业化的正规金融机构是不可能接受高度分散并且兼业经营的农户提出的资金信用需求的,商业银行和小农经济这两方面的对接有问题。我认为,农户经营高度分散是其根本特点,银行的商业化改革也确实要求其追逐利润,规避风险,所以,银行和农户任何一方都没有对错之分。

目前的问题是,农村资金的短缺使之成为极度稀缺要素,严重制约了农村经济的发展。主要问题不是农户资金需求不足,也不是政府不想加大农业资金投入,而是市场化取向的银行商业化改革的必然结果是要求退出农业。

农户的资金需求一般具有分散、小额化、周期长、风险高、不易监督的特点,银行如对其贷款,利润比较低。而任何银行所追求的利润只能来源于相对有规模效益的贷款。因此,这就导致了资金的需求和供给两方面的不对称。不对称的根本原因在于信息不对称,银行没有办法了解农户的贷款需求,农产也不可能拿出详尽的贷款报告给银行,不可能走目前的金融程序向银行申请贷款。此外,农户没有资产抵押条件,即使可以用土地抵押,银行也难以收回这种隐含农民社会保障的抵押品。实际上,如果不使用特殊的或暴力的手段,就连高利贷者也难以收回农户借款时的抵押品。

从近几年对农户的整体调查情况来看,农户的存款增长幅度大于其贷款增长幅度,因此有大量资金从农村流出也是一个必然的趋势。表面形式就是农业银行及农村信用社吸纳农村的资金有所增加，银行给农户的贷款却是减少的。农民的信用需求能够从银行和信用社得到满足的只占到24%，连1/4都不到，这就证明了我们刚才的假设：市场化导向的银行商业化改革的必然结果是其退出农村信用领域，银行的资金供给与农户高度分散的、自给自足和半自给自足的、生活性需求与生产性需求混合在一起的、小额的、周期长的、风险高的、监督不易的资金需求之间信息不对称、体制不对称，其严重结果是导致农村资金要素的匮乏。

作为龙头要素和最具组织作用的要素——资金，如果退出农业，就会导致任何力图加大农业投入的政策措施都不能落实，增加农民收入的良好愿望只能落空。这就会引出一个问题：在整个国家坚持市场化改革取向的同时，农业经济无法实现市场经济。这怎么来解释市场这只看不见的手，它调控的是什么？它是在边际收益递减的规律作用之下调控那些递减的要素，使那些边际收益可能递增的要素替代那些边际收益递减的要素。

那么，什么要素的边际收益是递减的呢？很明显，是劳动力要素，而资金要素是过度稀缺的。因此就必然会产生这样一种现象：在农村搞高利贷是最赚钱的。资金要素的边际效益是上涨的，但由于银行资金供给与农户资金需求之间的矛盾，资金没法通过国家金融部门进入农村，因此农村成为资金要素过度稀缺的一个领域。土地要素也不能增加，因为它是人均占有的，而且由于土地承担农民的社会保障，所以土地要素的流转比例低。因此，尽管劳动力要素的边际效益降为零，甚至是负值，它也当然不能被替代。

因此,我们说,用市场这只看不见的手来自发调控资源,在农业生产领域很难发挥作用,用市场这只看不见的手来调控农业结构更有可能会出问题。当我们的政策取向是建立在这样一个基本思路上的时候,农业、农村经济所遇到的困难与这种政策取向的善良愿望之间似乎就出现了不一致。

同理,中国的农村经济问题不能靠外资来解决。

20世纪90年代后期,城市经济的发展在一定程度上是靠外资不断增加来维持的。

那么,农业经济的发展能不能靠外资呢?我的回答是不可能。因为,外资是不会投向高度分散的、自给自足和半自给自足的、生活性需求与生产性需求混合在一起的、小规模的、周期长的、风险高的农业经济的。因此,可以说,既不能按照城市经济发展的思路来解决农民、农村和农业问题,也不能靠外部市场来解决农业和农村经济问题。

二、农村市场的成功与困境

简单地强调用市场化的路子来调整农业结构可能走不通,因为单纯开展农业的结构调整已经走到头了。20世纪90年代中期以来的两次大幅度提高粮食收购价格,导致农业主产品的成本在

"天花板价格"（国际价格）之上。此后小农经济条件下，唯一能够维持农业简单再生产的内在机制，是农民在家庭经营内部，自己把劳动力的收益降为零，甚至是负值。在这种情况下，对农业的一切政策设计，包括政府对农民直接进行补贴，其效果都不可能明显。

从以往的经验看，一方面我们认识到，市场化的制度最早是在中国农村经济体制改革中被借鉴的，那时候的城市仍然在维持计划经济；并且由于政府对农村采取休养生息的让步政策，放开了对农民的人身控制，因此，农村的市场经济制度并不是被设计好、被推行下去的，实际上是农民作为利益主体的条件下，自发地与农村传统制度结合，才发挥了市场的作用。

另一方面，后来农村发展面临困境的重要原因之一，则与城市改革从原来的国家计划经济体制转变为部门垄断体制，以及在国家大规模对外开放进程中部门垄断与国际资本结合有关。这显然已经导致农村经济外部环境发生根本改变。以往的教训表明，再单纯地强调农业的市场化改革，解决不了农村经济的复杂矛盾。如果政府真的想扶持农业，必须从国家安定团结的大局出发，放开某些垄断领域，让农民合作经济参与进来。

三、适宜小农经济和中国国情的政策思路

第一，中国农村是典型的小农经济，必须用适宜小农经济的思路来解决农业问题。

首先要看到，我国的小农经济中，以种植业为主的农业，其投入产出比下降为负值其实是个必然的过程。要想有针对性地进行理论创新和体制创新，就不能照搬西方，而东亚小农经济社会模式的基本政策安排——日、韩、台模式（即日本、韩国、中国台湾地区的小农经济发展模式），是更值得我们借鉴的。"日、韩、台"模式的主要特点就是，对农民合作社采取特殊政策，放开农业外部规模经营。因为纯粹的农业生产没有规模效益，政府对农民进行补贴又由于交易费用太高而不可能补到每个单一的农民头上，因此，只能靠农业外部规模来补充农业内部收益下降的损失，政府只能是放开与农业相关的领域，让农民合作经济进入。与农业相关的这些领域包括：农村信用、保险、生产资料购销、农产品的加工，以及农副产品的批发等。所有这些农业生产外部经营领域都能形成规模、产生利润，而唯独种植业产生不了利润。外部合作经营所产生的收益必须通过合作社内部收益分配补贴到种植业上去，否则东亚小农经济从事的农业就很难持续下去。

其次是政府对农业的投入要针对那些有组织的合作社，而不是直接投给农户。这还是由于政府与单个农户的交易成本过高。

近年来提出的粮食流通体制改革、税费改革等政策，都是以为政府可以与9亿农民进行直接交易的，其实50年的经验教训证明这是做不到的。政府能做的是，对农村的投入和补贴不是用于部门或者部门下设的企业，而是直接用于农村基层合作经济组织。比如，政府对合作社的农产品加工项目投入，政府投入可以计股（政府股权甚至可以占到50%以上，保证政府投入的资金不被私人占有），但不能拿回收益。政府股权收益只能通过合作社内部分配用于农业生产补贴和农村公益事业开支。

不过，即使我们采纳了"日、韩、台"模式，也仅仅意味着我们其实将小农经济条件下必然不断提高的农业生产成本消化在其他涉农行业领域返还的利润之中，而这并没有解决农业规模不足的根本问题（美国劳均土地面积为800多亩，中国仅为4亩多，相差200倍），中国的农业依然无法与国际上的规模农业去抗争。

第二，现在必须尽快启动城市化，否则就很难解决农村经济结构调整问题，也难以带动国民经济整个一盘棋的发展。

这已经是被政策理论界自从20世纪80年代中期以来谈了15年的老话题。按说已经没有再讨论的必要，当务之急似乎只是如何操作的问题。但是，如果站在新世纪的门槛上"放眼全球"，如果考虑到21世纪中国所面临的国际环境，我所做过的关于加快农村城市化的分析，就变得几乎没有意义。因为进一步的分析是，如果按照1998年底中央经济工作会议所定义的，将来在21

第十六章 面向小农经济的资金、市场与政策问题

世纪的国际垂直分工体系中,中国所能够扮演的,只能是以廉价原材料和劳动力生产最低价格的一般制成品的角色的话,其结果可能要求我们只能像当年搞工业化的资本积累那样维持城乡二元结构,才能保证劳动力的低成本,否则追求高增长的中国经济就走不下去了。

如果人们能够对复杂经济过程的最后结果进行认真归纳研究,就会发现历次的中国经济危机都能软着陆,其苦果最终是由"第三世界"——中国内部的第三世界——广大农民来承担的。纵观中国50多年来的经济发展,最后的结论是很清楚的,我们现在的决策思路具有天然的符合中国国情的合理性。

看来,如果不认真考虑国家的可持续发展战略,仅仅个别地讨论农村经济领域中的问题和对策,很可能事倍功半。

第十七章
西部开发的两个思路[①]

近来有些关于西部开发的文章提出了一个观点：西部大开发＝西部大开放。

尽管这种讨论意见到目前还只是停留在新闻界的炒作阶段，也许无碍大局，但我认为仍然有必要提醒各地和各界，不要让这种观点影响到"十五"规划的开发项目的实际执行。

一、西部大开发≠西部大开放

关于中国发展战略的讨论，一直有两种思路：到底是依靠外需为主，还是通过努力扩大内需来促进可持续发展？

[①] 此文是2001年6月作者在贵州省贵阳市参加中国改革发展研究院召开的"西部大开发"国际研讨会上的发言。

第十七章 西部开发的两个思路

从近二十年的经济增长情况看，尤其从 1994 年外汇体制改革以后的五年看，进出口对经济增长速度当然有明显的拉动或抑制作用。1994—1995 年经济增长的对外依存度曾经超过 40%。从 2000 年前三个季度的情况看，经济增长的对外依存度再次提高到超过 45%，一度达到约 47%。这几乎比美国高一倍。

我们这样一个人口密集的大陆国家，尽管不能自诩地大物博，但大国不可能长期走外向型的经济发展道路。

从长期看，中国必须以推动经济的可持续增长为目标，下大力气扩大内需。而西部开发的提出，显然是为了改变最近五年过于依赖外需对中国经济发展形成的制约，本来就是一种有利于开拓内需市场的发展战略。

因此我认为，西部大开发≠西部大开放。

具体理由如下。

其一，江泽民总书记是在 1999 年 6 月西北五省区国有企业改革座谈会上，提出西部大开发战略的。他认为我国西部开发将成为 21 世纪国家经济发展重大战略部署，并且明确地指出西部开发对陷入困境的国有企业是重大历史机遇，因为这将给国有企业带来巨大的市场空间。其本意是明确的：西部开发是政府行为，如果国家实行积极的财政政策带动西部开发，所形成的市场空间将主要对应解决国内民族工业的制造业严重的生产能力过剩问题，解决国有企业的脱困、生存与进一步发展的问题。

其二，政府财政来源于税收，实行积极财政政策意味着用全国老百姓的钱为国家创造财富，为人民谋取利益，当然不是给外商牟利。何况西部开发中的基础设施投资相当部分还是政府举债。把这种资金用于对外采购是不合适的行为。

其三，西部开发如果以基础设施建设为主，那么，国内基建原材料的生产能力和技术，以及工程的施工能力，相比于国外并没有明显差距。实行"政府投资，国内采购"的政策，既有利于促进国内就业，劳动力有收入又会产生"乘数效应"，还能够带动相关产业的发展，改变市场疲软、内需不足的矛盾。

二、西部应该争取的政策

以上三个方面的道理实在是非常浅显的，能否实现关键看影响各级政府的不同利益主体的政策取向。

有鉴于国内利益主体多元化日益影响重大决策的状况，西部各地政府应该向上级有关部门明确提出政策建议，主要有三条。

其一，要求把国家计划内国债投资定向用于采购西部工业企业的产品，以提高西部企业的开工率和市场占有率。

其二，要求地方政府有当地资源的部分所有权和受益权，或者，如果中央有关部门继续维持对西部地方资源的垄断权利，那么应该给地方政府占有地方资源开发大于50%的股权，以形成地方政府在资源开发中对当地企业的采购。

其三,在加强国家宏观调控的条件下,允许在西部有选择地放开地方金融,组织民间的股份制金融机构,同时允许建立地方的"场外交易市场"。如果全面推进有风险,可以先试点。

第十八章
毕节扶贫开发[1]

近年来,我曾经在贵州省毕节地区试验区3县1市专门做过扶贫体制改革的调查,以后又陪同联合国开发计划署和经贸部等部门和机构的中外官员、专家考察了安顺、黔西南两地州的4个县,进行小额贷款扶贫的评估和项目调查。加上以前总共来过3次,总体上对贵州的扶贫问题有了一定的了解。这次应毕节试验区的要求,综合过去多年调研中的谈话和记录形成此文,目的在于立此存照,供后来者参考。如有错误,言责自负。

---

[1] 本文为1998年10月作者到贵州毕节地区考察农村改革试验区工作时应邀做的报告。

第十八章　毕节扶贫开发

一、扶贫投资与财政体制问题

正如贵州有的领导同志所说，近年来贵州的扶贫问题实际上不是投资力度不够大，也不是政府不够重视，而是怎样形成合理的投资机制的问题，是怎样深化扶贫投资体制改革的问题。

我在调查中，对各县统计资料进行了相关数据的对比分析，认为贫困县的投资效率不高与财政转移支付有关。由于贫困县地方政府所得到上级财政转移的支付中，有相当一部分是县级地方国有企业上缴税收的返还，就是把贫困县政府收的中央税返回来作为上级政府对地方的财政定补。这种制度在客观上可能形成压力，使得地方政府只好把地方投资、银行贷款等，更多地投向县属国有企业。因为这些贫困县的民营企业大多数还处在初期原始积累阶段，纳税能力低；而且企业不仅规模小，在布局上又是高度分散的，即使征税，成本也太高，所以只能靠对国有企业增加投资，以保证企业能够运转、上缴税收，再通过财政转移支付返还给地方政府。

但是，全国的县级国有企业中的70%是亏损的，贫困县国有企业的亏损面更大。在这样的财政制度压力下，政府与国有企业好比打上了"死结"。对这些地方国有企业投得越多，企业就必然越多地依赖外延扩张，而不是深化企业改革。因为如果企业能继续这样轻易地得到新的资源和投资，就不会重视自身的改革和机制的转换，就会使无效益的投资膨胀、粗放经营的问题加重。

这是贫困地区企业改革难以突破的制度因素之一。

实行这样的财政转移支付办法，虽然短期看使贫困县保证了基本开支，但同时会促进地方政府更多地把资金投向国有企业。而本来有效益的民营企业和其他地方集体企业，以及开发性农业等，则可能得不到或者少得到投资；而且还客观上造成银行资金占压越来越严重，从而形成恶性循环的局面。

从全国情况看，资金占压过于严重、社会有效投资不足的问题非常突出。于是人们提出引进外资，贫困县则都提出要进一步吸引国内外投资。但是从近年来的引进外资情况看，贫困县的成绩并不如意。因为外来投资者必然要进行当地投资环境调查，其中重要的是评价地方项目的投资质量。显然，就贵州目前这种投资与财政体制相互作用所产生的问题来看，吸引外来资金仍存在诸多制度障碍。

二、基层组织薄弱与制度空白问题

如果说现行财政转移支付制度解决不了贫困地区的发展问题，那么，哪怕是能够有助于贫困地区维持现状，也算是达到目的。可实际上，这个最起码的一般要求也不能实现。基层组织薄弱、制度空白，各级政府基本上无钱办事，是目前贵州和其他不发达地区都面临的问题。在农村，基层组织薄弱、制度一片空

第十八章 毕节扶贫开发

白的问题不解决，会引发更多更严重的问题，如人口政策落实不了，人地关系越来越紧张，就是因为基层没有一个可落实政策、可办事的执行机制。

这几次到各县调查，所到之处都尽力到村到户做访问。看到有的农民"有孩子没房子"，茅草棚子几乎要倒塌，家里破破烂烂；有的正在远处陡峭的山上烧荒。要找村干部不容易，即使找到了有的也说不清楚本村情况。有些乡镇的主要领导大多数住在城里，一般干部即使想管事，也难得有下去管事、办事的条件。这些现象可能是个别的，但确实发人深省。

尽管基层税费负担轻是好事，但另一方面又要看到，农村几乎没有保证国家政策落实到位的组织机制。在我们调查的贫困山村里，农民形不成正规组织，农村没有起码的组织和经济功能。村和组干部除了上级发的微薄的工资，没有其他工作经费，仅仅能做一些带路和民族语言翻译工作。其中值得重视的是，即使财政转移支付足额到位，也只保证核定编制内的县、乡政府人员开支。于是，有本事的人为了捧"金饭碗"，就尽可能往乡以上政府和部门里挤，编制外人员就得"想办法"才能吃饭。农村的公共品开支没有来源，公事没有人管，政府有关政策措施还是落实不下去。

三、资源短缺与需求约束问题

更严重的问题是，人们习惯按照传统方式进行扶贫开发，但可供传统开发的资源不足，农村产业结构调整潜力也有限。

比如"四荒"资源，政府统计的"四荒"面积可能与实际有出入，因为农民已经把能开垦的山坡都种了庄稼，大凡有一捧土的石头缝里农民都点上了玉米。如果把这样的"四荒"资源转让给投资者，就可能会引起和农民的冲突。这方面据了解已经有不少案例和反映，应该引起足够的重视。

从另一方面看，其实这几年大多数贫困地区都是利用现有的资源进行了结构调整。地方政府能够做的工作差不多都做了，应该说已经很到位，力度也很大，但结果受制于市场需求不足。各地无论让农民上什么项目，都可能出现"卖难"。

这也与全国宏观经济形势有关。1995年以来，中央决策层和有关研究部门也在讨论怎样解决全国性的有效需求不足的问题。因为全国产品积压现象相当严重，消费品工业普遍开工率不足。即使在浙江义乌这个全国小商品交易最发达的地方，也出现了"有场无市"的现象，新建成的大面积的市场上只有卖的，没有买的。因此可以说，需求不足对发达地区和不发达地区的进一步发展，同样都是严重的障碍。

近几年，由于国家大力发展基础产业，着力解决"瓶颈"制约，无疑已经取得很大成绩。但目前出现的新情况是：不但一般消费品，连过去的瓶颈产品也出现过剩，也受市场需求不足的制约，煤炭、钢材、玻璃、水泥、木材等都积压，电力都卖不出去；过去说交通是"瓶颈"，现在公路、铁路运力也过剩。有人因此说，全国已进入买方市场，或称"市场需求约束阶段"。

联系到东部地区实施部分传统产业向中西部转移的动态，从一般规律来看其实也可以认为是"甩包袱"！既然在东部地区原本就受市场需求的制约，转移到中西部地区，照样逃不出市场需求不足这个框框。对贵州这种欠发达地区来说，按照"梯度理论"，确有必要跟着东部地区调整经济结构，但如果接受东部发达地区落后产业转移，接受过来后是否又会受到生产过剩、市场疲软的影响（包括烤烟）？值得认真讨论。我认为贫困县不能按照"梯度理论"，照搬东部发达地区的发展模式，要认真调查研究，走出符合西部实际的发展路子来。

四、四点建议对症下药

以上三个情况都属于亟待解决的问题。对此，省的决策部门和扶贫主管部门做了大量调研，可能已经研究出了切实可行的解决办法。我认为有必要提出通过"综合改革，统筹开发"来促进不发达地区经济发展的思路。目前要重视解决以下几个方面的问题。

第三部分　若干重要问题的去意识形态化讨论

（一）不发达地区要加强县乡两级国有企业和乡镇企业的改革力度

不发达地区所有地、县属企业都属于"放"这个范畴，越包起来发展越慢。只能通过产权制度改革来解决这个问题。

第一，通过改革财政定补方式，切断国有企业和政府联系的"脐带"，彻底改变以往谁当县长都要尽可能地把钱往国有企业拿，越亏损越要拿的局面。这样做实际上是吃社会存款，越吃坏账越多，有效投资也就越来越少。

因此我认为，企业改制的前提是财政体制要改革，要解决政府财政、银行与地方国有企业联手吃社会存款的恶性循环。先抓试点，省级地方财政可以调整转移支付的方式，对贫困县保证财政定补额度不变，但不再只是让地方政府依靠国有企业上缴返还，而要考虑用另外的有利于企业改制的方式。这不是财政部门一家能够解决的，要党委加强领导、政府多部门的配合解决。一方面要有当年毛泽东带领红军从井冈山撤出来"不怕打烂坛坛罐罐"的改革勇气，另一方面也要妥善处理企业改制中的职工问题。

第二，企业改革中发生矛盾，实际上问题在于过去有些改制不符合宪法原则，忽视了劳动者剩余价值在企业资产中的份额，而不在于国有企业工人素质差、要求多。解决这个问题的关键是，中小企业要把让职工占有大部分股权作为改制的核心内容，进行以股份合作制改革为主的产权制度建设。

地方国有企业改革过程中，一般搞租赁、转让、股份制都不难，因为至少上级主管部门在改制中有收益；但实践证明这种"资本统治劳动"式的改革不受工人欢迎。对政府及其部门而言，尤其难接受的是职工股份合作制；因为这样是还权于民，还产于民。折中的思路是，政府主管部门占有一定比例（不超过15%）的企业债务核销之后的净资产，工人按照工龄和贡献来占有企业剩余资产；如果企业有效益或者有潜力，还可以规定让职工按1∶1占有股权，即交现金与无偿量化各占一半（职工没有现金可以先挂账，不能强制收取）。这样做既有可能使企业资产规模增加，又不加大地方对县属国有企业的投资额度，有可能减少新的占压，把资金和企业都盘活。

（二）争取地方融资和资源开发权利，加强综合开发

在条块分割的体制条件下，贫困地区除向国家要投资外，党委、政府应该要特殊政策，主要争取两件事。

其一，争取地方融资权，或者能够海外上市吸引外资，就像发达地区在香港上"红筹股"的那种渠道。设计出贫困地区可能有开发潜力的概念、题材，包装到地方综合性的投资开发公司里面去，由国家特别批准海外上市。

前提是企业产权要改造，地方资源的产权也必须清晰。当上文所述国有经济改制和其他经济成分充分发展的改革发动起来时，就可以把各种各样的投资重新组合起来，组建投资公司或投

资基金，形成可以在资本市场上进行交易的"产品"。前几年就应该争取贵州的资本经营公司在香港上市，因为一旦上市，就可以争取把地方资源开发的炒作题材上香港发"红筹股"，可以多筹集发展资金用于基本建设。这是直接引入外资，也引入了外资的思路和管理，实际上是引入了一个新机制。

现在按说是不缺资金的，全国社会存款 5 万多亿元，四大国有银行算账存贷相抵有几千亿元资金没有投放出去，我在"97 贵州改革与发展国际研讨会"上讲到，贫困地区要优先发展资本市场，因为贫困地区真正缺的是资本市场。各地都搞交易会，可是靠交易会等形式吸引不来成规模的基本建设资金。根本的策略还是要发展资本市场。

其二是争取地方资源开发权利。现在这些权利是以国家为名的公司垄断。例如煤炭的开采、公路、铁路建设等，都集中在垄断部门手里。要争取在国家统一规划的前提下，地方有资源的部分开发权和受益权。

就像毕节地区，资源丰富但无权开发。贫困地区如果不把地方资源开发权利争取到手，综合考虑开发规划，恐怕单独搞哪一项都难以奏效。毕节土地少，人多石头多；但有 100 多亿吨优质煤的储备，如果中央给地方以特殊政策，允许地方政府把绝大部分原来分别属于条条系统的扶贫资金重新组合，用来建立地方性投资集团公司，就能够在开采煤炭的同时，通过以工代赈形式组织劳动力挖煤、烧水泥、打石头、修水泥路。同时，在经过改造的公路沿线搞"长防""坡改梯",沿路办厂建镇。这样一来,沿路建设中受到工业锻炼的、最有可能组织化的农民就可变为城市人口。一方面农村人口减少,人地关系缓解了;另一方面小城镇发展起来,成规模的消费市场也就随之扩大了。这样不仅会取得预期的扶贫效果,而且会有效地促进贵州全省经济发展。如果不改革,仅仅按常规办事,那么这件事情分头切块到哪个部门去搞,都难以见效。

如果针对前面几个问题的改革能够做到,贫困地区的地方政府争取特殊政策能够搞投资基金,争取到资源开发权,并能够有基金海外上市权,就等于争取到了内地办"特区"权,就可以用本地资源开发权利作为国内外融资的基础。说透了是要打破条条主政垄断经营的局面,这是真正切中要害的问题。

欠发达地区要改变观念,北京各部门或者国际组织的人来了就该吃苦,一定要让他们看最贫困的地方,让他们知道这里百废待兴,知道这些地方为什么要求资源开发权和受益权,理解地方政府的这种要求是完全合理的。

(三)大力发展包括集体经济在内的非国有经济

如果国有企业改革不力,则发展非国有企业也很难,因为绝大部分资金都已经投放在国有企业了。必须改变资金投放形式。不发达地区可以考虑以适当的优惠政策,鼓励外地和本地的非国有经济进入那些政府控制较弱的领域,或者国有企业没有完全覆盖的领域。比如参与地方资源开发、农业产业结构调整、农副产品流通等。这样能够与开发过剩的人力资源相结合，产生可供分配的增量，借此把新经济主体的积极性调动起来。

不发达地区发展经济，要靠政府和银行共同努力。有些坏账的责任应该由政府承担的就该让银行抓紧冲销。例如我们在调查中访问农民，有一户农民欠款3000多元，大部分是上级指令性地让农民调整种植结构时贷的款，结果发生风险出现亏损，要农民承担债务。客观上小农没有多少剩余，不可能有偿还能力，银行给他旧债转贷，再往下债务越来越大，农民仍然还不了。谁也不敢和负债农户打交道，联合国的扶贫贷款也不敢再放给他。一个人是这样，一个地方、一个政府也是这样。看来政府是"现任不理前任账"，只能通过增加银行的呆账准备金冲销小农坏账的比例，才能提高政府和银行的信用。

（四）要把农村基层建设作为"第一等"的工作来抓

1984年以来搞财政分级承包，从中央一个财政主体，一下子形成了大约7万至8万个财政主体。原来大多数地方乡镇财政只是"过路财神"，并不是一级完全财政单位，现在财政部要求把乡级搞成完全财政，利弊如何，值得讨论。当然这样有利于调动地方政府当家理财的积极性，但随之各个条条系统就纷纷下设延伸到乡，迅速膨胀起来，乡镇要养一百来个人。贫困地区也"一刀切"，全国农民要养活新增的大约800万伸手吃财政饭的人。

如果上级政府补贴不到位或不能满足开支，就会变为乡镇企业和农民的负担。本来县乡两级财力就有限，抓村以下工作就更没有开支能力了。谁想改动，各个条条马上拿出红头文件，或者以撤资金相威胁，最后地方政府给条条"打工"。这种搞法对欠发达地区确实不利。

此处有必要引入贵州省湄潭县1995年起步的农村税费制度改革，因为这实际上是农村基层政治体制改革的问题。那里的税费制度改革与减轻农民负担和粮食购销体制改革相结合，按照"人地分账"的原则，把人口增加应该承担的社会开支从过去笼统的催粮逼款中区别开，采取地税折实征粮、人费折钱收款的办法，一定二年不变，现在看效果不错。

比较彻底的解决办法是，要通过基层政治体制改革来减少吃财政饭的人的数量。或者可以考虑在推进税费制度改革的同时，把一部分经济总量小的边远山区或没有财政能力的地方，变乡政府为乡公所。如果在这方面有突破，则可以腾出干部组成工作队，重点抓基层村和村民组的制度建设。不过这个问题各地情况不同，恐怕要区别对待。中部农民负担问题严重的地方可以先搞，贵州农民负担轻，不一定这么做。

基层组织制度建设工作可以和小额贷款扶贫项目相结合。仿照孟加拉乡村合作银行的办法，利用小额贷款作为专业合作的启动资金。动员乡村干部下去把边远山区贫困户五人一组互相联保，得到贷款用于发展养殖业；五个贷款小组组成一个中心组

(相当于村民组）；五个中心组组成一个协会（相当于村委会）。按照这种形式组织起专业合作经济，例如组织养牛、羊，或开发桑蚕，农村就有经济规模，市场就有大宗商品，地方就有专业市场。龙头企业再结合进来，发展就更快。所以，村以下基层组织建设工作如果能够和小额扶贫贷款结合，就可以较快地充实基层，强化组织，使之能够和基地、龙头企业有效结合，长期下来就能够保证党的政策落到实处。

上面几条建议的逻辑关系是密切的，希望能理解其中阐明的改革出效益的道理。如果这些建议能够在省、地级形成决策，对贫困县地方政府和干部就能够形成一种压力。总之，促使投资体制、财政体制、国企改革、资本市场发育、基层组织建设等形成一个完整综合的改革方案；再把综合开发本地资源，与通过资本市场建立融资渠道结合起来，即改革与发展相结合。只有这样，才能加速不发达地区的经济起飞。

第四部分

乡村建设与乡村试验

第十九章
我们还需要乡村建设[①]

所有不同意见的背后,其实都有一定的意识形态化的制约,如果完全超脱意识形态,可能你就不再信那套东西了。我是已经撞得头破血流了,才不得不坐下来慢慢想才想通的,这是教训。

一、无法复制的现代化

中国的乡村建设,如果说我们现在考虑的这些问题算是热点的话,其实它早就热过了。

在巴黎和会之后,当中国第一次试图参与第一次世界大战以后瓜分世界的这样一场宴席时,结果是被赶出门外。事实上,第

[①] 本文为作者 2004 年 4 月 7 日在中央财经大学做的报告。

第四部分　乡村建设与乡村试验

一次世界大战后，当帝国主义第一次想把这个世界按照它的秩序瓜分的时候，中国就曾经试图通过工业化，摆脱类似于殖民地的原料、市场这种地位。那时的尴尬境遇是个教训：按照西方人所走的工业化、现代化的路，对它来说没有条件，西方列强已经把门关上了，不可能了。

其实今天也是这样，当中国产业资本已经形成了相当的规模，在全球具有第四位的庞大的制造业生产能力的时候，能否走西方工业化伴随着帝国主义化的这条路？如果不能，那么我们首先就得否定一个东西——要"解构现代化"，什么意思呢？

当不能按照给定的条件，沿着西方现代化这个既往技术路线（制度路径）去重复的时候，它就不是科学。这个"不是科学"早在第一次世界大战以后，就已经给了中国人狠狠的一击，让你明白走不了这条路。日本人想"脱亚入欧"，应该是欧美最好的学生。在第二次世界大战时，日本人想走这条对外扩张的路，结果也被好好地教训了一顿。也就是说，产业资本必然扩张，这是规律，就带来殖民地的扩张，而殖民地的扩张就带来战争，这是一个规律，而这个规律中国人是不能走的。当你的产业资本达到一定规模的时候，你想到世界上去扩张一下，门都没有。所以我说，现代化对中国人来说，它恐怕不是梦，也不是现实，它是一个伪科学，是西方人放在你面前的海市蜃楼。因此我就非常同意邓小平所说的"不争论"，不要去讨论什么主义。新文化运动的时候，不也是"不要去讨论主义，多谈谈问题"吗？

二、去伪寻真：中国仍然是小农经济国家

我们找的真问题是什么？第一个先得把伪问题识别掉，西方式的现代化对中国来说是伪问题，因此所有源于西方现代化经验过程的这些所谓的"科学"，对我们来说都需要重新认识。

必须讲清楚的就是，我们今天做的乡村建设运动不是从今天开始的，20世纪二三十年代就做过，为什么那时候做了，今天还要做？为什么中国人要搞乡村建设运动，而且为什么在大陆搞？

就是因为中国不过是个超大型的农民国家，而不是地大物博。"地大"不假，"物"却不"博"，只有百分之二十几的耕地面积。跟我们国土规模几乎差不多的国家，像美国、巴西，它们的耕地占国土面积的比重非常大，而农民人口占的比重非常小，因此根本不可同日而语。无论谈美国经验、巴西经验，任何其他国家的经验对中国可能都不适用，因为中国过去是一个农业人口大国，至今仍然是，户籍登记73%的人口是农民，大约有8亿9000多万，但是按照居住地的统计是64%左右，中间有10个百分点的差，拿去跟中国的总人口一比，就比出了1亿3000多万，那就是1亿3000多万人实际上并不居住在农村，已经进了城。这是一个工业化资本在20年中急剧扩张的阶段，其间仅吸纳了1亿多人。这就意味着，你可以很容易地画出一个曲线，工业化的扩张速度和人口城市化的速度之间，仍然是一个喇叭口。

我们当然知道，西方的工业化伴随着殖民扩张，欧洲转移出

去 1/4 的人口，大英帝国（"日不落帝国"）转移出去 1/3 的人口，而这些转移出去的人口，基本上是过去的农民、贫民、罪犯，是那些在这个国家造成不稳定的因素。我们能这样做吗？大家都知道不可能，那我们怎么做？20 世纪 20 年代的知识分子，为什么产生了一批改良主义者，像梁漱溟、晏阳初、陶行知这些人，他们要去进行乡村建设运动？因为当时的人们就已经看清楚了，你走不下去，你想走人家也不会让你去走，那怎么办呢？必须考虑到可能会在相当长的时间内，大部分人口仍然停留在传统的农业生产领域之中，停留在传统的农村社区之中，仍然是小农经济，不可能随着我们憧憬的那个"墙上的画饼"——现代化，去实现它，不可能把大量的过剩人口转移进城市。中国现在仅仅 4 亿左右的人在城里生活，就已经造成了严重的城市病——大规模的污染。至少在我们这代人可见的将来，大概是在 2030 年前后，中国人口是增长的，还不会下降。而这个人口的增长就靠城市化来吸纳。到 16 亿人、18 亿人的时候，就算实现了 50%、60% 的城市化，还会有 7 亿到 9 亿的人生活在农村，仍然是小农经济，只不过土地更少，资源更紧张。

中长期看，假如这个问题不能解决，那么中国的乡村建设问题就始终是一个长期的问题。所以我说，20 年代的乡村建设运动的经验今天没有被我们很好地认识。其实当年发生乡村建设运动的宏观前提是：第一，"一战"以后中国不能参与世界势力范围的重新瓜分，内部矛盾开始激化；第二，恰恰是那个十年——民国史叫"黄金经建十年"——工业飞速发展,经济急剧地增长,十年的经济高增长期间,出现了中国大陆自追求现代化以来的第一次乡村建设运动。那一代的知识分子绝对不比我们傻,他们早就发现了,早就投身其中了,而且比我们更有奉献精神。像晏阳初先生,美国博士,回来以后能够举家迁入河北定县,在那里搞平民教育,搞乡村建设,这种精神我们有吗?不光是我们没有,我们担心我们的下一代也没有。

三、工业化与被剥夺的农民

客观地看,那时候大多数人还没有像现在这样,这么广泛地让人们相信现代化是多么美妙的一张图画,让人们去憧憬,一门心思去往里面钻,哪怕它是墙上的一幅图画,让你撞得头破血流,还要去撞。如果不把现代化解构掉,是不可能让人们明白为什么要搞乡村建设的。为什么工业化会带来乡村建设运动?那是因为有中国特色的工业化必然是加速内向型积累、内向型剥夺的,就是因为中国人走不出去,没有那个"坚船利炮",没有那个铁爪子,不能伸手掠夺。拿不到别人的东西,只能拿自己的。拿谁的?拿农民的。历史就是这么写着的,"黄金经建十年"的高增长就是剥夺农民,同样,也伴随着农业的商品化率的大幅度提高,同样伴随着现在我们所强调的农业产业化(区域化种植、专业化生产），这为工商业资本进入农业、金融资本进入农业创造了条件，加剧了对传统小农经济的剥削。它是一种增加的剥夺。历史早已证明，它是造成农村解体、小农破产的一个重要原因。

并且，它也当然带来了和传统小农生产最大的不同，就是一旦专业化、区域化以后，风险大幅度提高；而又没有谁——无论是政府还是公司——来为这种增加的风险提供必要的制度保障，于是这个风险就必然由被摔得头破血流的小农来承担。再于是乎，这些贫苦小农就不得不铤而走险，这个社会就盗匪横行。如果是现在，则可能被称为"恐怖主义"。

四、不谈主义，只谈问题

我们实际上仅仅是改良主义者，和当年的乡村建设运动的这些先驱者一样，是主张社会改良的。我们不会做任何"斗争"，那些农民革命对我来说，已经是过去的那个世纪的事情了。我们只希望已经形成的大资本，无论是金融资本还是工商业资本，别太不顾13亿人的福祉和生计，恳求他们"拔一毛以利天下"，不要完全不管。

20世纪二三十年代，天津租界就有相当多的这种人。一是清末的失败的洋务运动的遗老遗少，一是北洋政府的那些贪污腐败的官员，他们可以移到租界。这类似我们现在大量的所谓的"资本外逃"。非规范的或者非法的资本外逃，很大程度上就是通过垄断、通过权钱交换所形成的非法收益。他们到国外那些资源相对宽松的地方，给自己买一个安身立命和后代可以长期"可持续发展"的基础，留下的就是资源的短缺、环境的恶化和国内人们的不可持续，大概是这样一个类似的过程。

因此我说，我们现在的大陆乡村建设的思想和二三十年代的乡村建设的思想，其实无所谓异同，可能只是国情矛盾更严峻一些罢了。假如我们放弃任何主义之争，不谈主义，就谈问题，我们就会看到，今天我们所做的一切就是这样的。

五、解构政府"守夜人"

武力主张自上而下，求得上面的政府尽可能地维护自己的利益；于建嵘的观点是希望自下而上地发育组织。无论是自下而上还是自上而下，只要有效都可以，但是有一个误区。

我们再解构一下政府"守夜人"。一般的西方社会科学理论都认为政府应该是一个"守夜人"，是一个调控主体，但是中国自从1840年被打开国门以后，从开始意识到要"师夷之长技以制夷"，到后来认为不仅要"法器物"，而且要"法制度"，政府的认识比较早，包括慈禧太后本人都认识到，中国是要学习西方制度的。没有学的是哪一块呢？就是把政府完全独立于经济之外，后发国家（包括巴西和拉美的一些国家）其实都是政府主导、在进入工业化的时候完成了最初的资本积累，因此使政府成为经济主体。

按今天人们都接受的道理说，"大包干"是农民从政府经济中退出；我不敢苟同！"大包干"是政府从不经济的农业中退出。同样的道理，假定我们认为政府是经济主体，政府就不可能承担调控和守夜人的责任，它首先为自己追求利润最大化来服务的。那么，指望着在什么情况下，它能够变成一个完全独立于市场之外、超然于经济之外的这样一种政府？恐怕仍然需要相当长的时间。

六、重谈乡村建设

20世纪二三十年代的乡村建设运动，我们还不能简单化地说它失败了，因为它的条件变化了。在二三十年代，中国的经济迅速崛起，但亚洲不可双雄并立，日本必然要跟中国发生战争，因为市场和资源是有限的。其实从新文化运动以后，无论是教育救国论、实业救国论还是乡村建设救国论，这些都是改良主义的。只不过，所有的改良主义当中最不被当时的中央政府接受的是乡村建设运动。乡村建设运动被谁接受呢？被地方政府接受。为

第十九章 我们还需要乡村建设

什么呢？因为地方政府有大量的地方基层问题要解决。无论是梁漱溟去说服韩复榘这样一个五大三粗的老军阀，还是晏阳初去改变地方的乡村政府的政治结构，这些做法的前提条件都是很清楚的，因为那个时候已经有利益的分化了。虽然我们认为是抗日战争导致条件变化，不能说它"失败"，但是应该解释，为什么第二次世界大战结束后它也不起作用了呢？因为接着是土地革命战争，革命胜利以后不再需要这些东西了，土地平均分配了，政权民主化了。所有这些目标都实现了，为什么还要搞乡村建设运动？没必要了。晏阳初的那个乡村建设学院就挪到菲律宾去了，其他没有搞土地革命的这些国家的人要继续接受晏阳初的思想训练。

那么，为什么我们现在重谈乡村建设？其实在20世纪80年代我们搞了"大包干"之后，就是恢复了小农经济。我们搞农村试验区是1986年开始的，当时就讨论，我们干试验区，要不要和早年的乡村建设派比较？认定的就是，其实我们现在要做的事情，和20世纪二三十年代的事情是相似的。所以我们当时就去图书馆把二三十年代的资料复印回来，就想将来我们做了几年以后，可以做比较研究，看看我们干得怎么样，两代乡村建设派干了什么。做到十年之后，我和那些在圈里面的人讨论的时候说，"我是个失败者"。这个时候已经是20世纪90年代了，我开始总结，然后做比较。所以我为什么说，中国内地的乡村建设，不是个新事儿，是个老事儿。20世纪发生过两次，两次都不能说失败，但也都不能说成功。

第四部分　乡村建设与乡村试验

七、农民最懂

我们讲发育农民协会，本来就是想让农民自己组织起来。所以一开始谁都明白，农民比你清楚，这个不用教他们，我自己就是插队出身的，在基层成长起来的，这事儿不是问题。我们所说的"自上而下"是指的当资源大量地被抽走的时候，只要政府愿意改良，就可以自上而下地把资源摁下去，这是短期内可以缓解矛盾的一种办法。而目前，至少政府是懂这个道理的，因为在20世纪的100年里面，前50年是农民自己打了三次土地革命战争，所以后50年每一个领导班子上台，第一代、第二代、第三代，都得给农民重新分一次地，这一条政府是明白的。我近年来搞杂志，为什么要办个农村版，就是要把中央文件、政策、法律摘成一条一条，配上案例发给农民，就是给他一个维护自己权益的武器。这不是要农民搞革命，而是让他们了解一点自己起码的国民待遇。

当权力、资本和知识（具有话语霸权的知识分子）结合的时候，弱势群体，被边缘化的这部分人，连自己的话语都建立不起来，更遑论这个话语成为主流话语、具有政治正确性？所以我们说，现在的中国农民问题是"农民最懂"，是的，他当然最懂，但他实际上并没有话语的建构权，也没有使农民的话语成为主流话语的这种政治能力，因此才有这些知识分子去和他们结合。

八、再谈解构现代化

无论讲咱们的台湾，还是讲韩国、日本经验，我们在 20 世纪 80 年代归纳过，叫"日、韩、台模式"，实际上就是综合农协模式。还有另外的经验，比如说以色列的基布兹，都是自上而下的、政府主导的，因为政府有需求。最初如果没有日本为了战争的需要稳定农村，那它就不可能建立农协；日本占领韩国和中国台湾后，把综合农协模式推广到了韩国和中国台湾。可见，这些经验都是明显有政府背景的。再看以色列的基布兹这种组织形式，有人说以色列立国之初，基布兹曾经占到百分之七八十的比重，谁干的？也是政府干的。为什么？For settlement，为了定居。要占领这个地方，必须用准军事化的基布兹这种具有高度组织化、公社化特征的组织，来完成在巴勒斯坦地区的扩张、定居、占领，这是自下而上吗？不是，但它有效地形成了以色列的版图。

我提出解构现代化，为什么我一定要先把这个现代化给解构了，是希望大家认真反思。你逐渐会明白：所有这些不同意见的背后，其实都有一定的意识形态化的制约，如果完全超脱意识形态，可能你就不再信那套东西了。我是已经撞得头破血流了，才不得不坐下来慢慢想才想通的，这是教训。

我再说一遍，我只不过是失败者，当年那么认真地搞改良，也没成功。

第二十章
改造我们的学习[①]

一、重要：为什么强调"改造我们的学习"？

《改造我们的学习》本来是《毛泽东选集》收入的毛泽东在延安整风时期一篇文章的题目。现在借用这个题目来谈改革试验区的工作，意在结合宏观经济形势分析和对试验区工作的要求，强调党的实事求是的思想路线，强调党的理论联系实际的优良作风，以使我们在改革试验区的工作中能够自觉坚持四项基本原则。

指导近代中国经济发展的社会科学理论，是伴随着中国知识阶层在"新文化运动"中对"德先生"（Democracy，民主）和"赛先生"（Science，科学）的追求、对西方社会科学的引进而

---

① 本文根据1997年1月18日，时任全国农村改革试验区办公室副主任的作者，在山东省农村改革试验区第七次工作会议上的讲话整理而成。发表前已由作者修改过。

第二十章 改造我们的学习

产生的。因此，我们中国近一个世纪以来的思想理论体系，从一开始就有一个源于西方的科学及其背后的科学哲学，如何与中国的实际和中国的传统理论相结合的问题。

在当代中国社会科学理论研究中居于绝对地位的马克思主义政治经济学，客观上也有同样的外来理论与中国实际相结合的问题。众所周知，这个问题至今并未解决好。因此，无论是中国的第一代领导人毛泽东，还是第二代领导人邓小平，都曾经老实不客气地告诫人们：我党真懂马列主义的不多，所以才容易上假马克思主义骗子的当……既然如此，即使是对于从斯大林那里翻译过来的、以马克思主义为名的、过去被认为是正统的社会主义政治经济学，我们同样也有如何清理在假马克思主义骗子或其他不合国情的理论指导下所形成的伪科学的问题。在没有做认真的清理之前，有些理论家认为，强调国有企业占绝对比例就是保证社会主义公有制，因此反对国有企业产权改革；而另外的一些学者则在主张市场经济的同时，"倒出脏水连孩子一起扔掉"，甚至是不承认马克思主义劳动价值论，公开主张资本统治劳动。这两派主流学者无论怎样争论，无论哪派占上风，都不利于中国的改革与发展。因为中国至今还是一个农村人口占绝对比例的农民国家，无论什么外来思想理论，都必须合于国情，也就是要能够解释中国的农村问题，有利于农村经济的发展。

理论界至今对于中国农村问题的认识还不够深刻。由于中国革命实际上是农民革命，中国的三次国内革命战争又被称为三次

"土地革命战争",而土地制度问题正是农村问题研究的基本内容之一。因此,中国农业与农村经济的科学理论研究,不仅不可能独立存在于社会科学所具有的阶级属性之外,而且其基本内容本身就使农村问题研究的时代特征、政治特征比一般的社会科学领域更为明显。

我们可以从20世纪初以来的农村问题的主要观点讨论的情况,来分析农村发展的基本脉络。

孙中山早在发动旧民主主义革命之初所提出的纲领中,就以"平均地权"为重要内容之一。但是不久之后他就认识到:中国农村社会的不平等其实只有"大贫与小贫之分",于是,发动不起农民革命的孙中山转向联络"会党"起义,最终还是使旧民主主义革命沦为被军阀利用的割据战争。

青年时代的毛泽东同志,在20世纪20年代做农村调查,写出《湖南农民运动考察报告》,在充分肯定农村中的"痞子运动"的基础上,形成了"中国社会各阶级分析"的理论依据。从那时起,他在早期的秋收起义、建立井冈山根据地的革命历程中,尝试开展"打土豪分田地"来平均地权,但却"扩红"30万,而"苏维埃"式的革命终于未果。到后来毛泽东历经艰苦长征,几次选择目的地才发现陕北;而其后仅以3万军力在陕北贫瘠的乡村立足,以"延安山沟里也能出马克思主义"的意志力战胜了王明从莫斯科照搬的苏式马克思主义,并终成正果。究其原因(排除抗日战争这个外因),把"分田地"改革为"减租减息",把

"打土豪"改革为承认"李鼎明先生是个开明士绅",亦即保持农村基层传统的社区精英自治,应是其中的关键。毛泽东的《改造我们的学习》,就是我党同王明的苏式马克思主义斗争的产物。

20世纪30年代,几乎就在中国以农民为主体的共产党从鲜血凝成的教训中,逐步纠正从西方的共产国际批发来的"左"倾错误的同一时期,中国知识界曾经有过一次较深刻的讨论。一批注意研究国情的左派学者提出"亚细亚生产方式"或称"亚细亚形态"的问题,其意在于引证马克思晚年自省对亚洲古代社会认识不足,因而不能以自己源于摩尔根和达尔文的有关论点,来分析中国不同于西方五个历史发展阶段的特殊性。这本来对于中国的社会科学研究的本土化是一线希望的曙光。因为以原始灌溉农业为生存基础,以"群体(家庭)"为社会基因的东方古国,其社会发展过程的确有别于以原始狩猎、采集和畜牧为生存基础,以"个体"为社会基因的西方。我之所以持此观念,还因为我曾经带着这个问题,在搜集了收藏有大量人类文化遗产的纽约"大都会"博物馆、伦敦大不列颠博物馆和巴黎的卢浮宫的历史资料后,认真地做过观察对比。人类从原始氏族共有制社会向古代封建国家制的社会过渡的历程,东西方差别十分明显。因为人类在原始社会的生产方式不同,形成了不同结构的社会:西方是以个体为基因的社会,东方尤其是中国,则是以群体为基因的社会。中国的第一个国家政治形态"夏朝",产生于"夏禹"带领农业氏族公社对黄河水害的成功治理,而非阶级压迫和战争掠夺,当

第四部分 乡村建设与乡村试验

然也就不会有类似西方的奴隶制国家。

但30年代那次讨论的结果是，随着这批学者被打成"托派"，学术界有关马克思主义历史唯物主义如何与中国国情相结合的深入讨论，也因之中辍；而郭沫若的《奴隶制时代》由于明确了中国也与西方完全一样，存在包括奴隶制社会在内的五段论进化模式而备受赞赏。同理，后来薛暮桥在经济科学领域的崛起，当与其在农村调查中提出"20%的地主占有70%的土地"这样的重大判断，从而为大规模"土改"提供了理论依据有关。

另一方面，自20世纪20年代起，就像那些力主"科技救国""教育救国""实业救国"的学者一样，一代又一代主张农村社会经济制度渐进改良的研究人员，始终在为推动适合中国小农村社实际的农业经济科学的发展而默默无闻地工作着。以梁漱溟、晏阳初为首的中国"乡村建设派"知识分子，在军阀割据、土匪横行的环境中，坚持下基层进行农村"试验区"的实地研究工作；30年代费孝通等人身体力行开展农村调查等。他们当年之所以未成气候，并非学术水平问题，而在于这种研究的确不能服务于革命，不能印证阶级斗争理论，也不能服务于国民党所代表的官僚资本统治。因此，他们在20世纪上半叶始终是"非主流派"。不过，如果今人能够站在前人的肩上思考问题，就应当明白，一个阶级在取得政权前后对革命和改良的需求是完全不同的。也就是说，革命成功之后的统治阶级，更倾向于采取"改良"作为社会整合方式。因此，过去的"非主流派"，应该是现在的"主流派"。

邓小平作为中国人民的儿子,曾经在20世纪60年代初和80年代初两次主张恢复农民地权。第一次他失败了,并且在"文化大革命"中被打倒;第二次他成功了,并且进一步否定了阶级和阶级斗争理论。于是,正如胡耀邦所形容的"一镢头刨了个大金娃娃",在1982—1984年,农民以"大包干"为名重新获得地权之后,突然打破粮食产量长期徘徊、农产品供给长期匮乏的局面,国民经济危困局面得以解脱。由此,被称为"社会主义自我完善"的改良运动随之全面开展,中国也终于出现了令全世界瞩目的经济发展成就。

以上分析试图说明:中国历来走着不同于西方的发展道路。自从西方列强用枪炮打开中国的大门之后,中国的知识分子从来没有停止过结合本国的国情对西方经验和理论的探讨。因此,当前或今后一段时间发生一些理论界的争论也是正常的。而且,从我们这些年在实践中产生的感性认识出发,可以认为无论哪一方面的理论都还需要有一个本土化的过程。就我们的农村经济而言,理论界至今还在混沌之中,尚未见成体系的、确有指导作用的理论产生。这和大多数知识分子长期脱离实际,既不下乡调研,又不了解国情有关。基层从事实际工作的同志大可不必被那些自说自话的人搞乱了方寸。

第四部分　乡村建设与乡村试验

二、亮剑：全面提高对农村改革试验的认识水平

从1987年农村改革试验区创办起，我们已经在这个有利于直接从事理论见之于实践的实证研究岗位上，坚持了十年。所谓十年磨一剑，今后不能像毛泽东曾经批判过的，仅仅是看看这把剑连说"好剑、好剑"，而是要扩大试验范围，推广成功经验，指导农村改革，促进经济发展。这就要进一步提高对改革试验的认识水平，对此我认为主要是提高四个方面的认识：一是分析基本矛盾，二是把握发展趋势，三是紧密联系实际，四是不断深化改革。

（一）基本矛盾分析

中国农村发展有两个基本命题。

中华人民共和国成立以来，三四十年间农业经济体制的轮回，或称螺旋式进步，就像是在农村这个广阔而透明的大实验室里做了一次试验，让人清楚地看到了客观经济变化的全过程，有益于我们作为后来者的思考。

1. 基本国情矛盾与土地问题

以农民（包括地主、富农）按人口平均占有地权为基本内容的"土改"，是第三次国内革命战争（即解放战争）的结果。此后历次关于农业经济的重大政策调整，几乎也都与地权有关。

互助组维持农民地权不变，以自然村为基础建立的初级农业

合作社，也允许农民享有土地入社的股权。而从打破自然村（氏族村社）界限，兴办高级社开始，农民则基本丧失了地权。但是从1957年到1962年，仅仅过了5年，在那次导致全国性饥荒的灾难的压力下，农业政策又调整成"队为基础"，亦即自然村为基础；同时还允许"三自一包"，亦即还给农民部分地权。最后，终于还是以"大包干"的形式把土地的大部分产权还给了农民。现在，许多地方进行的股份合作制，中心内容仍然是以农民土地作股的方式来体现并保护农民对土地的基本权益。而一些地方发生的政府与农民的重大矛盾冲突，也大多发端于或包含有滥占或低价强占土地的问题。

结合上下五千年中国农业文明史，我们不难发现，小农村社经济传统与中国"人地关系高度紧张"这个基本国情矛盾相辅相成。正是由于这个"农业中国"的国情矛盾制约，历史上大的事变往往是人祸甚于天灾，往往是豪强大族占田导致"不患寡而患不均"，或者政府大兴土木、连年战争，导致徭役赋税过重引发流民四起、社会动乱。这时若遇天灾、外患，必致"改革中兴"或改朝换代。而其后的第一国策，也往往都是"均田免赋"。所谓"汉唐盛世"，无不与当朝"开疆拓土"扩大了农业的生产力外延有关。

满人入关后，以少数民族身份维持了近300年统治，不仅在于其迅速地改"跑马占荒"为全盘承袭"农业中国"的道统，更为重要的是，清初在疆域广大的资源条件下，一方面"移民实

第四部分 乡村建设与乡村试验

边",另一方面宣布"新增人丁永不加赋",在全国范围内大幅度地调整了人地关系,从而出现了"康乾盛世"。

晚清以降,先是列强入侵,割地赔款,之后又是军阀混战。随着人口的增加,中国的人均资源占有率已经大幅下降,贫富分化相对加剧。尽管清初开疆拓土增多的农业资源已无作用,但氏族村社内部均衡分配、稳定小农生存这种内部化制度条件下的农村社会,似乎仍可维持。到第二次世界大战前后,日本侵略中国和两次国内战争造成数千万人口减少(为总人口的 20%~30%)。这些调整性变量都影响着人地关系,并出现了明显的区域差别。其直接表现是尽管南方佃农多,北方自耕农多,但农民生活水平却是南方好于北方,因此农民革命在北方形成决定性力量。

再后来,革命成功后中华人民共和国成立,毛泽东以"土改"为名给农民按人口分了地;邓小平以"'大包干'15 年不变"为名又给农民均分土地。中国的第三代领导则是"萧规曹随",向农民宣布了"土地家庭承包权 30 年不变"的政治承诺。

由上述分析提出的有别于现在农经理论的假设是:"农业中国"的历史经验表明,正是因为资源禀赋制约,中国历来并无类似于西方的纯粹"农业"经济问题。我们历来面对的其实主要是农民问题、农村问题。而且,由于人地关系高度紧张,土地作为中国农民最基本的"生存资料"(并非经济理论所讨论的"生产资料"),只好按人口平均分配,亦即只能体现"非市场经济"的公平原则。这也就是说:西方式的农业经济科学立论的前提和农经微观研究所追求的目标——"效率原则",在中国农村还没有条件作为第一原则来体现——除非人地关系这个制约条件彻底改变。

如果此处大胆引入西方经济学的产权理论,我们会看到体现中国均平理念的农地初始产权的配置,要么通过战争,要么通过政府"改良";而且历来并不存在完整的"私有"产权。这也就是"普天之下莫非王土,率土之滨莫非王臣"的封建国家公有制经济和中央集权政治的基础。

2. 基本体制矛盾与农产品购销问题

有位经济史专家曾经指出:中国早在一千年前,农地产出的商品率就达到15%。近年来有关农户统计的研究表明:我国仍有50%的小农,其土地产出的商品率为0,还有30%小农的商品率低于30%。因此,国家占有的粮食在一般年景仅占总产量的15%左右。

由于上节所述之国情矛盾制约,暴力的革命和非暴力的改良都不过导致"均平"农地,于是小农村社经济内部化的财产和收益分配制度便成为中国社会的"稳态结构"的内涵,天然排斥西方工业革命及其所带来的资本主义式的社会进步。

到中华人民共和国成立时,西方通过两次世界大战完成资源瓜分,中国的确已经没有任何余地了,且周边地缘政治环境险恶。中国必须工业化以"自立于世界民族之林",工业化必须完成"资本的原始积累",而原始积累不可能在商品率过低的小农经济条件下完成。新中国成立初期，4亿农民向5000万城市人口提供农产品还没问题。1950年，通胀危机缓解之后经济复苏，并且在朝鲜战争带动需求的拉动作用下进入高增长，随即出现大量农村劳动力进城，开展基本建设。2000万劳动力进城支援工业建设，突然增加40%~50%的城市"商品粮高消费人口"，就突然产生了农产品供给不足的问题。更何况在劳动力过剩的小农经济条件下，农民进行积累的方式是"劳动替代资本投入"，这使城市工业品几乎占领不了农村市场。工农两大部类无法实现交换！

于是，中国人进行了一次史无前例的、高度中央集权下的自我剥夺：在农村，推行统购统销和人民公社这两个互为依存的体制；在城市，建立计划调拨和科层体制，通过占有全部工农劳动者的剩余价值的中央财政二次分配，投入以重工业为主的扩大再生产。我们以最短的时间跨越了原始积累阶段，形成了国家独立所必需的工业经济基础。这个从20世纪50年代初到70年代末的特殊历史阶段，由于人人奉献、天下为公，故被称为"英雄时代"。

这个时代给我们留下的，不仅是数以万亿计的、以全民所有为名的资产，供后人以各种名义再分配和重新占有，而且是一个城乡分割、对立矛盾的二元体制。关于这方面的论述已汗牛充栋，本文不赘述，谨就这个基本体制矛盾对农村经济发展的制约做以下分析。

农经权威人士杜润生10年前指出，8亿人给2亿人搞饭吃的局面不改观，中国的农业没出路！套用现代西方经济学的概念来解释，城市农产品需求是国家保障的、高度集中的，需求弹性很小；而农民的供给则首先是自给自足的、高度分散的，供给弹性相对较大（这一点与西方完全不同）。由于城乡两种体制条件下的"信息不对称"，供给需求不可能稳定。因此，农产品市场的供求和价格波动就是无序的，导致小农倾向于追求保险的"兼业经营"；这又使得数亿小农从事的农业经营规模更进一步"细碎化"；转而，不成规模又更加放大市场波动……20世纪80年代小农经济恢复以来出现的三次农产品供给"相对过剩"并呈周期性表现，即可为例证。

不仅如此，随着农村人口的增加，农地对农民的生存保障功能日益增强，生产功能日益减少。无论是现代科技等新的要素投入，还是政府的价格政策，其效益不仅都融化在小农经济的汪洋大海之中，而且往往适得其反，因为这种投入中隐含着的是政府补贴。显然任何政府都补不起如此庞大的、处于半失业状态的中国农业人口。

有人极而言之：中国无农场，美国无农民。欧美国家一贯尽力维护本国通过历史上的殖民地战争掠夺的资源，尤其重视保护与生态相关的农业资源，并不允许农场主充分利用，而且都是以财政补贴休耕限产的。近年来的WTO和乌拉圭回合农业谈判，显然操纵在西方手里。如果再考虑到我国小农从事的细小农业面临的国际大农的竞争，20世纪30年代地处"人间天堂"的苏杭小农，在国际农产品冲击之下的大量破产，当属前车之鉴。

本节分析也可以提出一个假设，我们姑且称之为中国农业的"哥德巴赫猜想"：如果 1+1 = 2 的问题在数学领域中是女王王冠上的钻石，那么，1 个小农加 1 个小农是否等于 2 个小农（亦即是否就是规模经营）的问题，则至今是阻碍中国农经研究成为科学的最大难题。

过去我们在生产力水平低下的情况下，通过农业集体化方式搞规模经营，结果是 1+1<2；因为无论是一锄加一镰，还是一个小农加一个小农，都不是生产关系的进步。现在我们也一直没有放弃搞规模经营的努力，但农业人口比过去增加了一倍，就全局的劳动力过剩而言，"劳动替代资本投入"应是最经济的选择；任何局部地区无论多么发达，搞资本密集型的所谓现代化农业，其投入产出比相对于全局性劳动力过剩而言都是不合理的。

我们认为决策者可有两个选择。其一，中国只能以劳动密集就业于国家主导的基础设施建设，此作为第一国策（宁可水平低、速度慢），辅之以全面开通城乡，调整产业结构和就业结构，以此促进农地上承载的过剩人口，实现非农转移。其二，若上一提议难度太大，则只好加强农村社区"非市场"的、内部化的财产和收益均平的制度建设，同时强调打破流通和金融垄断，通过扩大农业的外部规模来维持小农村社经济。舍此，农民没有出路，农村不得发展；农业也难成为独立产业。当然，这并不妨碍少数大城市带着贫民窟超前现代化，也许其结果会使中国陷入

"拉美化"沼泽。

（二）中国农村的发展趋势

从中长期看，今后的农村发展主要有两个趋势性内容：一是城镇化，二是国际化。

1. 农村城镇化

根据上文述及中国的基本国情矛盾，我们认为：农村城镇化发展的基本内容并不是怎样搞小城镇建设，而是怎样让更多的农村人口进城（进入城镇），同时让土地更少地被占用；是要最多地把农业人口离土离乡转移出村，然后让尽可能少的农民在土地上搞农业，特别是促进种植业的规模经营。这是现在的小城镇建设试点要达到的目标。目前最为有效的改革，是允许农民土地作股，发展小城镇。

例如山东省济阳县孙耿镇，就是农村城镇化一个非常好的例子。镇政府动员农民把各村承包到户的土地每人交出5厘，集中起来滚到镇中心。全镇54个村都不再分散办企业，而是地滚地、地换地，换到镇中心统一建立工业开发区。工业带动的非农就业增长了20%；镇财政从1992年的40万元增长到1996年的1.5亿元。这是基层干部群众的伟大创造！可惜很多人对此不理解。套用现代经济学的概念来评价，这种政府主导的传统农区城镇化、工业化，其制度变迁成本趋零。因为没有同农民发生任何矛盾，地权还归村，各村把土地作股建立镇级农民集体所有的股份公司，统一经营集中到镇中心的1000多亩地，产生的收益各村按股分红。安徽省涡阳县也是试验区，也有相同的做法，各村集地滚地，人均集出2厘地，不花钱就促进了工业化、城镇化。

之所以能够实现制度成本最低、经济效益最好的制度变迁，就是因为有效地防止了政府部门和各种资本以国家为名剥夺农民的土地权益。

城镇化还有另外一个重要内容，就是一定要成规模的人口才能带动成规模的消费，才能发展第三产业。

在第一、二、三产业中，第一产业的农业、第二产业的工业是可以分散的。当然集中起来才有规模效益，这是不言而喻的。但是到现在为止，乡镇企业有90%以上分散在乡以下，只有7%在乡以上。因为工业产品是可以运输的，所以人们针对这种情况说"要想富，先修路"。然而第三产业的服务业是不能分散的。剧院、宾馆、饭店，没有人口规模就没有消费规模。我们现在的小城镇人口平均规模约一两千人，显然不行。即使一万人仍然不够规模，仍然没有成规模的消费，仍然上不了第三产业。有些地方乡镇工业高度发达，但是小城镇却高度浪费。搞了现代化的公路、宾馆，现代化的学校、敬老院，就是没人消费，农民还是都分散住在各村。于是就村村通电话，通柏油路；家家盖别墅，买汽车。考虑上文所述基本矛盾，中国能那样做吗？结果，正是因为大量分散安排福利，造成了劳动力成本上升，乡镇企业不得已向资本密集化发展，然后就负债率过高，一般在70%

以上，有的甚至高达80%，最后承受不起了，迫使有些地方不得不彻底改制。比如广东省的顺德，只能把大部分原来集体所有的乡镇企业搞股份化改造。

搞小城镇建设试验需要在改革区划的前提下加强规划。如果一个县有20个乡镇，都搞小城镇建设，那么即使全县所有的村都取消，农业人口都进城也不够规模。一个县的平均规模按50万人口来算，充其量只能搞3~5个中心镇；每个中心镇聚集的人口规模至少应该在5万以上，否则没有第三产业。不要鼓励镇镇开花，就像我们不鼓励"村村点火、户户冒烟"的乡镇企业一样。

在这方面，山东省的基层干部群众创造的经验非常有价值。淄博市的淄川区和博山区大规模地动迁人口，已经积累了非常重要的操作经验。他们主要是利用政府和乡村组织的政治权威和行政能力，给予输入地的村优惠政策，让那些资源过于短缺的山区人口搬到城镇来。这种跨行政区域、跨社区的优化要素是对小农村社制度的最大突破，有必要认真提炼经验在全国推广。

博山区成10万地调动人口，将其集中到城郊和中心镇，给的优惠政策仍然是土地。就是把宅基地指标集中放到输入地的村，让城郊的农民新村建设按城市的标准建楼房，节约土地，但却没有现在城市房地产开发面临的一系列收费太多和中间盘剥的问题。有关资料显示，城市房地产开发的真实成本，如水泥、沙子、原材物料只占30%，另外30%是征地，再有30%是收费，

353

其实只有 1/3 是真实成本。而博山区和淄川区这样做既没有大量地收费，也没有征地。还是村里的地，只不过是把宅基地指标集中给了城郊农村，然后本村农民搬进楼房，留下旧的房子不拆，让那些从山区搬来的农民住。我去调查的时候，遇到一户从山区搬迁来的农民，住进了城郊农民留下的老宅子，儿子进企业，老汉卖豆腐，人口增加了，豆腐的需求量就增加了，满足生活的。山区人口搬迁出来也不用再往山里送扶贫物资了；生态恢复，水土保持经费也省了。这就是符合经济规律的中国式社会主义的制度安排。

这样做对于输入地而言也是利大于弊，第一是成规模地增加了消费人口，有利于发展第三产业；第二是降低了城郊乡镇企业劳动力成本，提高了企业效益；第三是以最低的成本推进了农村城市化，能够节省 2/3 的费用发展经济。这难道不是只有社会主义才能实现的最好的城镇化方式吗？

2. 小农经济条件下农业的国际化

1996 年的农业生产形势非常好，中央给予了高度的评价，但同时中央主要领导同志在农工会上的讲话，又明确地提出了丰收之后的问题绝对不可掉以轻心。中国人从来都讲两句话：第一句话是形势很好，第二句话是问题不少。

粮食大丰收，甚至粮食产量估计 1996 年已经提前实现了 2000 年的目标，达到了 1 万亿斤的水平。经济学家认为：现在的粮食丰收是 20 世纪 90 年代以来粮食的生产量绝对地大于供给量的延续，长期维持生产量大于供给量就意味着生产的过剩。如果提前在 1996 年就达到 2000 年的目标，就意味着进一步的或一定规模的过剩。

中国要发展社会主义市场经济，农业要和市场经济接轨，但市场经济条件下，粮食的大规模增产，已经造成了粮食部门亏损 290 多亿元，占压资金达到将近 1700 亿元。西方粮食过剩有过往海里倒的教训，因为往海里倒不占压资金，不占压库存。而我们是社会主义的有计划的市场经济，文件要求必须收，实际上无法判断现实情况。中央一再向农民承诺，不许打白条，全额收购，否则影响农民下年生产，但收进来则压库、占压资金。农业生产资金本来就有限，占压数千亿元的资金也必然影响下一年的生产。所以中央领导同志强调丰收之后"不能掉以轻心"。

进一步分析现在粮食供给相对过剩是怎么来的，就会涉及农业的国际化问题。应该看到，在 1995—1996 年连续两年粮食生产量很高的情况下，特别是 1995 年、1996 年连续两年突破历史最好水平的情况下，有关部门仍然在维持着粮食的大量进口，1995 年 1 月至 1996 年 6 月连续 18 个月进口了 600 亿斤。一方面是持续高产，一方面是大量进口，结果必然造成供给大于需求。

不能只批评进口，因为我们的价格政策有问题。1993 年粮食调价，当时主要粮食品种的价格就已经高于国际市场 20% 以上了。1994 年 1 月 1 日外汇并轨，人民币贬值了一半，本币的大幅度贬值，使得国内的粮食价格在短时期内低于国际价格。有关部门有利可图，当然要把国内市场的低价粮食拿来，出口到国际市场赚取利差。所以尽管1994年粮食低产，但还是出口了1000多万吨。外贸部门既然是企业，并没有义务承担对国内市场稳定的任务，而是理所当然地参与国内抢购。又由于1994年国民经济高涨，基础建设大上，农民工大量进城，8000万民工进城，城市的粮食成规模的需求又增加，所以内贸也抢购。外贸、内贸一起抢购，就造成国内粮食价格猛然上涨，在1994年上半年短短的4个月时间内突破了国际粮食市场价格水平，然后就一路上涨，最高的时候，玉米的国内价格高于国际价格103%。这时候，由于国际价格很低，就又造成外贸大量进口，造成国内粮食在生产高涨、产量增加的情况下大规模过剩。因此，粮食问题出在流通、金融、财政等垄断体制上。所以这次中央领导同志特别强调一定要抓流通体制改革。

从上述现象来看，农业的国际化对农村发展是有影响的。首先，中国要恢复世界贸易组织成员国地位，那就必须实行农产品关税减让，必须减少对农产品的补贴。假如我们的价格水平大大地高于国际价格（1997年年初，主要粮食品种国内价格还是比国际价格高30%以上），一旦允许进口，国外的大粮商看到有30%利润可图，就会冲进来。小农生产扛不住国际大农竞争！动态地看，美国会削减补贴，为了维持粮食价格，美国是补贴不种地。现在如果不补贴，大农场主增加粮食面积，就意味着粮食的世界供给短期内会大大增加，价格还会下跌。国际市场的价格进一步下跌,而国内市场价格这么高,就意味着国外低价农产品及其制成品更要冲击国内市场。在国家又不能提高关税保护的条件下,中国遍地小农经济,农民扛不住国际大农的竞争。假如沿海省份、大城市都开始吃便宜的美国玉米、泰国大米,国内小农的高价农产品向谁去卖?所以农业的国际化问题是一个更为复杂的问题。

此外,现在国内大幅度调整产业结构的主要原因,是种粮食的比较收益低。已经高于国际价格的粮食,收益还低,还迫不得已调整产业结构。那么如果国内少种粮食,国外不卖给中国粮食怎么办?既然谁都会说农业是基础产业,粮食是战略物资,就需要拿出稳定农业、稳定粮食的治本之策。对此,试验区提出了以"中国农业基本经营制度"建设,来保障国家粮食安全战略的设想。而中国农业基本经营制度建设的提法,就源于山东省平度市。

1991—1992年,我们总结山东省平度市农村改革经验时就提出:平度市不仅仅是搞了"两田制"。很多没有深入调查的专家学者断言:平度就是两田制。我说不对,平度实际上搞的是一套相对完整的农村基本经济制度。后来和杜鹰主任及其他参与试验区实践的同志一起讨论,认为提"农村基本经济制度"概念太宽,还是提"农业基本经营制度"好些,并向中央搞农村决策研究的同志做了汇报。后来1993年中央农工会的文件,深化农村改革的第一条就是"建立和完善农业基本经营制度"。这个提法是从平度经验总结提炼出来的。所以，山东平度改革试验区为中国农村的宏观改革，乃至为中国农业国际化做出了贡献。

有人在平度搞两田制试验之初就认为，这是"归大堆"，剥夺农民地权！可是资深农村问题专家杜鹰10年前听平度汇报试验方案的时候，就一针见血地指出：平度这个办法好，好在它兼顾了公平和效率两个原则，把我们的传统和市场有机地结合起来。

平度的制度安排是相对合理的：给每个农户按人口核定出大致半亩口粮田，这是社会主义公平原则保证农民不挨饿的制度体现；其他的地拿出来按市场的原则承包，招标竞争。这就是说不再按人口分包全部土地，也就是把市场配置资源这种体现效率原则的体制搬到中国农村来了。这种做法在客观上有利于解决基本国情矛盾。平度的土地制度安排名义上叫"两田制"，实际上是在农民占有土地的基本财产关系上部分体现了市场原则。很多其他搞两田制的地方"动账不动地"，既不调整土地，也不搞竞争招标，没有引入市场机制，当然就搞不好。然后就有些同志一叶障目，以此来否定平度经验。平度人的经验根本体现在把公平和效率相结合，把社会主义和市场经济相结合，这难道不是社会主义市场经济条件下的基本经营制度吗？

在土地制度的基础上，平度同时搞了"三项制度"建设。把竞争招标的资金成规模收回来，用资金办了农民合作基金会。农村最短缺的是资金要素，平度解决资金问题的经验很实际：先划方招标，农民竞争承包土地；资金上过去叫"上打租"，就是竞争包地的农民抢着把承包费先交给村集体再种地，承包费变成农民合作基金会的垫底资金，这样集体就有了一块按市场经济要求运行的货币要素；村、乡、县三级建立农民合作基金会，农业就有了自我积累和扩大再生产的投资功能。平度农村80%的农业生产资金靠农民合作基金会供给。此外，集体自有资金可以投入发展第二、三产业，安排包不到地的农民进入第二、三产业扩大非农就业。

此外，通过竞争、付费才成规模地包到土地的农民，还必须签订合同，搞以地定养、种养结合，以此保证培肥地力。合同规定每5亩地对应养1头牛或2头猪，客观上推动农民不仅规模种粮而且规模养猪。并且既然是合同规定，那就不管市场价格怎么变也得养。由于猪、粮价格周期不同步，恰恰形成种养农产在扩大了相对规模的条件下，实现了内部收益均衡。平度经验如果推广，就能实现猪、粮两业的价格均衡，也就是以有中国特色的农业基本经营制度，抗衡了市场经济的风险，实现了农业和市场的接轨。

这就是以农地制度安排为基础，包括积累和管理在内的农业基本经营制度。将来中国农业国际化，还要靠平度创造的农业基本经营制度，保证种养业少受国际价格波动的影响。事实上，从1986年平度开始搞农业基本经营制度以来，其农业生产始终是稳定的，始终保持了粮、棉大县的称号。

同样的例子还有莱阳跨区域搞农产联,还有的地方农民专业协会,跨8个省、几十个市县,100多个单位会员。这样的专业合作经验也是有利于小农经济抗衡市场风险的,有利于我国农业经济在国际化竞争中不至于衰败。

(三) 密切联系实际

把握住了基本矛盾和基本趋势,也就知道改革试验要搞什么。试验区必须根据地方党委政府的长期发展规划,通过调查研究,来把握制约本地经济发展的主要体制矛盾,确定下一步改革试验的主题。制约各个地方的主要矛盾是千差万别的,因此要通过各地搞试验区来超前探索,分散决策风险。

中央的1号文件在20世纪80年代初期起过大作用,大幅度地促进了农业的增长,粮食产量从6000亿斤左右提高到了8000多亿斤。但为什么中央从1987年以后不再发1号文件了呢?就是因为我们从80年代中期开始认识到,中国经济的区域差别是如此之大,各个地方改革的内容、要解决的问题是如此不同;靠一声号令、一个文件解决这么复杂的问题是不可能的。所以不再搞1号文件。尽管老百姓对1号文件有很大的预期,但是实际上,老百姓预期的是要求中央每年通过一个文件,继续保证给农民地权,而不是指导千差万别的各地农业生产和农村经济发展。

因此,中央1987年5号文件提出办试验区,当时的目的就是分区决策,分散风险,超前突破,促进发展。所谓分区决策,并不是要地方做中央的决策，而要根据本地区的实际情况来做本地区的决策；然后中央的决策部门根据各个地区决策的实践情况，来综合提炼，再演变成中央的决策。所以5号文件提出的决策思想是科学的。政治上要保持一致，但在经济发展的具体政策上要适应本地实际，这就是党的三大优良作风之一的紧密联系实际。

无论是谁，都不能"以其昏昏，使人昭昭"，除非做了调查研究才能说这个地方的主要矛盾是什么，才能提出具体的改革方案。我们审批各地试验区的改革方案，要求报一套材料，包括调研报告，就是要根据对地方的经济情况的描述，分析制约经济发展的主要体制障碍，考虑是不是对应性地提出了改革试验方案。因此，各地方试验区办公室的责任在于要紧密结合当地政府的中长期发展规划，通过调查研究，来发现制约经济发展的主要矛盾，然后有针对性地提出改革试验方案。不要怕试验内容重复，而怕没找准主要矛盾，因为解决同一个矛盾可能会提炼出不同的经验和不同的操作办法。例如，淄博搞小城镇靠行政力量大规模搬迁人口；济阳孙耿镇就搞土地股份制，靠的是把农村行之有效的"股田"引用到城镇开发上来，搞集体土地入股。

再者，试验区的工作如果不能配合地方党委政府解决当前存在的主要矛盾，工作就没有位置。山东省试验办承担了很多山东省农村经济决策的调研工作和文件起草工作，试验区办公室的工作就有位置。我们必须结合现在的热点问题，从改革试验区中去提炼出有利于本省、本地决策的意见，因为试验区有超前的经验。

尽管我们名义上是农业部的试验区办公室，但在中央农村决策研究工作上能有一定的地位，因为我们所提出的经验和意见能够参与到中央决策工作中去，试验区办公室杜鹰主任的大量时间是给中央写材料，写领导讲话，参加中央的决策会议，向中央报告现在试验区什么经验可以用于决策。我的工作就是长期跑面，回来把地方怎么做的报告给主任，主任给反映到中央决策层。无论谁来主持农业农村工作，都会重视试验区提炼的改革经验。

（四）不断深化改革

随着经济不断发展，更多深层次的矛盾和问题会不断产生。要用传统的方式去解决几乎是不可能的，唯一的出路就是改革。

有人觉得当前农村改革位次不够，这个认识是有偏差的。并不是不够，而是一段时间内城市所表现的体制问题更为尖锐，矛盾更为激烈，中央不得不把大量的决策精力用于解决城市问题。因此，决策的重点在城市，但这并不意味着农村、农业没有位置。农业是我们的立国之本，中国的问题是农民问题，这是历代领导人都强调的。

我国最基本的矛盾一是人地矛盾，二是体制上的二元结构。这两个基本矛盾解决不了，中国不可能发展。有几个国外学者跟我座谈时说，中国肯定会在21世纪末成为世界头号强国，我说，你的评价太高了。我认为下世纪初的世界经济大国仍然是美国和俄罗斯。因为我有个基本判断，就是谁占有资源量最大，谁就是将来的胜者。而正是美国人和俄罗斯人占有世界上资源量最大的份额。我们资源量少，人力又大量闲置，现在至少有3亿多人不能充分就业。假如我们能够通过深化改革，把人的因素调动起来，与其他要素优化组合，就能保证中国经济维持稳定，维持发展。解决人的问题只能靠改革，这3亿多不能充分就业的人主要是农业人口，因此，改革的重点是实现农村的要素优化组合。

要把人的积极性调动起来，第一要稳定人心，坚持中央的30年不变，保证农民已经到手的基本财产权利关系不变，这也是坚持四项基本原则与深化改革的有机统一。现在有人不理解四项基本原则与改革的关系，我们在实践中的确感到有必要强调马克思主义的指导作用。因为我们在试验区搞的股份合作制，给职工和农民分配"职工基本股""劳动贡献股"的股权，就是马克思主义劳动价值论的体现，而"只允许卖"的提法正是资本统治劳动的体现。因此，中国的社会主义市场经济体制改革和现代企业制度建设讲的四句话中，第一条是产权明晰。而我们要求改制中劳动者占有自己的剩余价值形成资产的那个产权必须明确。现在各地农村大量发展的股份合作制，之所以不合学者们的意见但非常有效，就是因为广大劳动者对自己的产权予以明晰之后有了积极性。所以，深化改革调动人的积极性，要靠产权制度建设。

第四部分 乡村建设与乡村试验

中央在1997年新年伊始就开了中央农村工作会议,在农村工作会之后就是全国乡镇企业会,几乎所有领导同志都讲话,表示中央对农村、农业和乡镇企业工作的重视。重视的原因在于:一是乡镇企业解决了1.3亿的农村人口就业,调动了农民的积极性,提高了农民的收入,有重大的社会效益;二是乡镇企业产权相对明确,能够影响国有企业的产权改革,所以股份合作制要正式立法。

股份合作制的发祥地,就在山东周村试验区。周村的股份合作制并不像西方那种私有制,而是集体经济的不同实现形式,农民作为成员对集体经济的财产收益权,是通过股份合作制来实现的。根据马克思主义关于股份制的论述,首先要承认农民的产权,才能够形成集体的产权。周村股份制改革是"先有长行村,后有王村镇"。就是集体经济的所有权维持不变,把价值形态的财产做股量化到每个农民头上。长行村是1984年大包干的时候,就把当时集体积累的几百万元固定资产做股量化到每个农民头上;王村镇1992年把镇办企业资产按各村村民代表大会代行股东代表大会的形式,让村集体按股占有乡镇级企业的资产,这就解决了镇级企业产权不清的问题。所以,周村人的创造有全国意义,甚至有世界意义,解决了中国式的坚持公有制集体经济同时又兼顾个人财产权利的难题,这是西方人做不到的。

周村能够在淄博市发育出一个淄博乡镇企业基金和全国唯一的一家淄博证券自动报价系统,是因为当年周村搞试验方案设计

第二十章 改造我们的学习

的时候，加上了谁也没有注意的"第六条设计"，提出要搞规范的股权流转、上市交易。1988年，国务院批准了周村试验方案，后来经过努力，就在深圳、上海两个股票市场之外搞了一个规范的场外交易。中国证券管理监督委员会不干预淄博的场外交易的原因是有国务院批准的试验方案。所以搞试验方案的同志注意，既要有比较明确的内容，又要用比较抽象的语言，不要去触"高压线"。比如，河南有个试验区搞供销社体制改革做得很好，总结经验时明确揭示了"租壳子、卖瓢子"的清晰集体和职工产权的做法，但是有些人否定说，这是把供销社的集体资产流失了。如果当时在材料上写"全员全额承包"，改革内容还是一样，经验就有可能得到肯定。

第二，产业化不是一般意义上的贸工农一体化，也不是一般意义上讲公司加农户、企业下乡。姜春云副总理到中央工作以后，重视山东的产业化经验，就因为农业和农村长期以来处在两头被垄断控制的局面之中。农业投入，无论是资金还是生产资料都是垄断控制；农业产出也是长期被垄断控制的。改革以来，农产品市场放开了一部分，比如水产品、蔬菜、果品等放开了，但大宗农产品仍然维持垄断而且越统越死，比如棉花大幅度下跌，就是垄断控制"三不放开"的结果。粮食、外贸的高度垄断，再加上在产量连续提高的情况下还大量进口，内贸和外贸抬价抢购，造成物价上涨，也造成了市场的大起大落。所以农业发展并不是仅仅维持千家万户的小生产发展，产业化真实的含义在于打破投入产出的两头垄断。山东的同志在产业化上做了很多工作，无论是让供销社牵头，还是让市场牵头，又或是让企业下乡牵头，要想和生产者结合，就要和生产者建立大致平等的利益关系。诸城养鸡成功，在于它保证每只鸡1.5元的利益，意味着无论企业当期赚不赚钱，都必须让农民生产者得到大致合理的、稳定的利润。

1995年我们做产业化研究的时候就已经提出：平均利润是检验农业产业化的根本原则。假如哪个地方的产业化不能让生产者分享到平均利润，就不是产业化；假如哪个产业化是有利于原来垄断局面的，就不是产业化。我们希望不要"产业化是个筐，什么都往里装"，但一夜之间，全国到处都是产业化。

试验区尤其要看生产者是否拿到大致均等的收益，平均利润这个原则是否实现。这就要通过改革试验做很多工作，就有很多体制弊端要克服。有的省出现了农民闹事，就是没有照顾到农民作为生产者的利益，只照顾了公司的利益。很多企业家说愿意投资搞农业，可是跟农民打不起交道。其实根本问题是企业想要追求短期利润。那企业可以去股票市场搞投机，不要到农业中来；农业投资只能追求中长期收益。所以，搞产业化必须严格约束企业，告诉企业家必须建立和农民的稳定的利益关系。

山东经验中值得推崇的是莱阳的农民把土地入股建立公司，产加销之间不是买卖关系，而是最后按股分红；三九集团在临沂搞的农业公司，农民土地股占30%，也是一个好例子。我们主张紧密型的利益关系和股份型的合作关系，不主张公司与政府合作，农民处于无权的地位。如果与农民纯属买卖关系，发生农民撕毁合同的情况就很难处理。地方政府也不能解决小农不守信用的问题，不能保护只和农民建立买卖关系的企业。政府的保护和政策优惠，应只给和农民建立财产关系的企业，因为他必须实现按股分红的平均利润，而且有明显的社会效益。

第三，搞好集体经济和规模经营。如果能按照股份合作制的原则来搞，就能够实现规模经营。如果强行推，那就必然失败。平度实现了规模经营，一个万亩千斤方，牵扯到8个村，不外乎大家产权清楚，可以实现"六统一"。

不要以为把地集中了才叫规模经营。所有统一的、能够产生规模效益的服务都叫规模经营，所以"六统一"就是规模经营。美国式的大农场规模经营在中国是实现不了的，我国曾经有意识地进口大型机械在黑龙江搞大农场，即使成功也没有推广价值。

"六统一"服务就是集体经济。没有经济实力做到"一统一"也行，哪怕统一规划也是规模经营。有一个地方搞的30万亩蔬菜基地就是统一规划的结果。这绝对不是一定要让农民把地交出来，而是在稳定农民财产权利的基础上，通过统一规划实现规模经营。如果能够像平度那样，集体把招标拿来的承包费变成农民合作基金的生产费，就是在资金供给环节上实现了规模经营。假如生产资料能够统一供应，农产品统一销售（有个材料介绍组织实现了30多亿元的销售额），也是规模经营。

综上所述，新形势下的农村发展，需要改造我们的学习，重新认识我们面临的环境，重新认识改革。

第二十一章
发达地区农村改革问题 ①

一、农村现代化的实质：农村资源的资本化

20世纪80年代中期以来，我们在发达地区推进的农业现代化试验已经开展了10年，并取得了显著的成绩。发达地区采取"以工补农""以工建农"的形式，推进土地适度规模经营和农业机械化、农田基础设施建设，从乡镇企业转移到农业的较高水平的投入，反过来支撑了乡镇企业发展对农产品供给的基本需求。就农村社区的整体利益而言，两者互相促进、协调发展；形成了一种我国农村特有的、内部化的制度类型。其结果是一个集体化的社区经济算总账是合理的：工农业总产出的综合收益大于总投入的综合成本。

但是，作为改革者的价值观应该是不断进取的。我们常说：

---

① 此文是1997年5月作者担任农业部农村改革试验区办公室副主任时在苏南试验区干部培训班上的讲话记录。

第四部分　乡村建设与乡村试验

改革所解决的问题，远不如它所引发出来的更多，所以才要不断地深化改革。随着发达地区农村工业化完成第一阶段的原始积累，初步形成产业门类齐全、专业分工细致的社会化大生产，就必然要求市场交换。有些在过去是成功的改革经验，现在也就有必要深入探讨。因此，有些发达地区进一步提出农村现代化是有战略意义的。

通俗地说，在计划经济时代我们搞的是产品经济，从计划经济向市场经济过渡我们搞的是商品经济，而进入市场经济就要求我们搞资本经济。所谓农村现代化，首先是要在中央提出的社会主义市场经济的新体制框架下，推进农村经济发展，也就是要求以资本市场的交易来配置农村资源，要求农村资源必须实现资本化；在文件语言中或者可以说"促进农村生产力诸要素从资源形态向价值形态转化"。

因为，80年代以来，发达地区各地政府主要是通过农村集体的内部化制度，来统一控制农村资源，用以完成地方工业化的资本积累。而原始积累完成之后，则要顺应社会化大生产的经济规律，开放资本市场，促进要素流转以形成规模经济，这也就是各地政府提出的"进行二次创业"。而以往农村实物形态的资源要素是不可能进入资本市场交易的。有鉴于此，既然发达地区提出农村现代化这个新的发展战略，就要深入调查研究，发现对农村经济与市场接轨起主要制约作用的体制障碍，加大改革力度来解决这些问题。

二、农村现代化进一步发展面临的主要问题

1. 乡镇企业高负债中的非生产性占用

各地对发达地区农村现代化建设所反映的比较突出的矛盾，一是资金紧张，二是乡镇企业布局分散、结构雷同，三是户籍制度改革滞后和城市化水平较低。这些问题实际上还是经济和社会结构不合理，都是普遍性的问题，所以各地都提出调整经济结构。但是发达地区为什么出现这些问题，要认真进行分析。

目前从宏观上看，资金并不是太紧张，银行进行商业化改革以后，已经出现银行追着好企业主动上门给贷款的现象。一向经济发展势头很好的发达地区，似乎更应该是资金流入地区。现在提出资金短缺，虽与国家宏观政策的"一刀切"有关，但近年来大量资金流入非生产领域，有些乡镇和有些企业非生产性占用资金在20%以上；再加上投资主体不明、投向分散，导致发达地区乡镇企业的负债率过高，普遍达到60%以上。这些也是银行头寸减少、贷款困难的重要原因。

2. 乡镇企业产权与积累问题

乡镇企业在发达地区三分天下有其二，对整个农村经济的发展起到了很大的促进作用，但其收益大量向地方政府和社区转移，确实是发展过程中的问题，也的确是当务之急。

乡镇企业创办之初的资产形成主要有三个来源。第一部分是企业占用土地的增值收益，亦即农村土地从第一产业向第二、三

产业转移所形成的级差地租。第二部分是农村在潜在失业的压力下，到企业就业的社区内部劳动力的剩余价值。因为农民追求就业，并不计较工资、福利，企业也省去了至少30%的职工福利性开支。第三部分是高通货膨胀下，企业得到银行贷款的同时，从"深度负利率"转化的利润。因此，尽管乡镇企业现在形成的固定资产规模很大，初始投入主要是这三部分。由于这些收益转移都只能依靠乡镇和村的社区环境，所以乡镇企业就只能"社区化"，随之产生了两个弊病：一是"村村点火，户户冒烟"，高度分散、不规模；二是乡镇企业完成原始积累，利润有所增加时，也不得不向社区转移。一部分投入公共品开支，就是修桥补路、养老办学，以及行政性补贴；另一部分投入社区消费，就是户户通电话、盖新房等。

于是，企业负担渐渐增大，负债率推高，这又使得企业有限的效益也得交给银行。此外，20世纪80年代全国性的商品短缺给乡镇企业留下的历史性机会也不复存在。随着社会主义市场经济体制的建立，不仅80年代末期全面的卖方市场已不存在，现在连资本品都已经相继出现过剩。可见近年来发达地区有人说"找不到感觉"并不为过。因为发达地区多数资源已经完成资本化，过去依靠资源转化使经济增长快的优势已日趋衰弱，这就意味着要获取以前的高速度增长已难度很大；何况乡镇企业负债偏高、布局分散和结构类同等矛盾也会影响经济增长。

3. 小城镇问题

小城镇建设也是农村现代化的一个主要内容。目前，发达地区大部分小城镇的硬件建设已经很上档次，可以算得上超前现代化了。但我们都看到，小城镇白天挺热闹，晚上就是"这儿的傍晚静悄悄"。因为上述乡镇企业收益向社区转移的问题，农村非农就业人口大都滞留在乡下，仍然不是市场经济要求的商品消费人口，而是自给自足的农业人口。由于城镇的人口规模和消费规模偏小，所以经济聚集程度过低；而没有一定的规模消费，也就不可能有发达的第三产业；没有第三产业的支撑，再现代化的城镇也将是一座"空城"。这可能是目前发达地区小城镇建设的共性矛盾。伴随而来的问题就是投资越来越大，占地越来越多，包袱越背越重，很多地方出现"有城无市"，小城镇发展将难以为继。

中央早在1984年的1号文件中就明确了允许农民携带要素进城的政策。十几年了，农村人口为什么难以向小城镇聚集？一方面可能是农村的分工分业受到人地关系紧张的制约，农民的收入水平还没有达到城镇消费水平，或者是传统观念的影响；另一方面是小城镇的制度"门槛"太高，阻碍了农民和乡镇企业进入城镇。这后一条是发达地区的主要问题。降低小城镇的制度"门槛"、推动农民进城的问题不解决，成规模消费上不去，地方乃至全国的经济结构就无法进一步调整。

4. 农业现代化试验遗留的问题

发达地区农村在上一轮农业现代化试验中，通过转移乡镇企业收益"以工补农",形成了农业的高投入。这个做法实现了社区综合收益最大化。但在乡镇企业完成原始积累进入社会化大生产以后,农业是否能够自我积累成为独立产业的问题至今还未解决好。理论界对发达地区长期回避讨论的问题其实是十分明白的,这就是搞高投入农业特别是粮食生产,经济上不合算,如果计算折旧和资金利率的话成本太高,无法参与市场竞争。

形成这一问题的直接原因是:宏观上国家的粮食市场体制和经营机制改革不到位,微观上小农经济是现代市场经济的"天然反动",农业经济领域缺少明确的市场主体。随着有关粮食贸易国际谈判的进展和世界粮食市场的波动变化,这一问题将会表现得更加突出。

大城市郊区一度搞区域割据和高投入的"菜篮子工程",过去虽然起过保障供给的作用,现在看来也有同样的问题。比较一下大城市农副产品本地购销量的差别就可以发现,政府的农业补贴,正在通过郊区蔬菜和食品批发市场的交易大量流出去。城市的"高价农业"客观上已经变成财政的包袱。

三、跨越障碍:解决问题的试验设计

"农村现代化"这个主题比单纯提"农业现代化"好,但许多问题在现行体制下操作的难度的确很大。发达地区在做好新一轮改革纲要和实施方案的设计时，应该把各项准备工作做得充分一点。一是要对十多年来各地搞农业现代化的经验和教训进行认真总结；二是要正确地分析和判断目前阻碍农村现代化发展的突出问题，适度借鉴外地的成功经验。山东、浙江等省按照市场经济的规律，搞了股份田、股份水、股份城，效果很好，各地可以借鉴。要试验一种政策，让农村集体经济组织和农民在不改变土地的集体所有制属性的前提下，真正获取社会的平均利润，切实解决农民进入城镇"门槛"过高的问题。还要采取"推一把，拉一把"的办法，把农民吸引到小城镇聚居。比如对那些不进城的非农就业人口，既然坚持农民身份，就必须按照农业法规定出满"义务工"和"劳动积累工"，不许交代金。同时规定农民宅基地和农村非农用地不再给村以下，而是捆起来统一用到小城镇。

农村工业化、城镇化发展中人口聚集的要求，与农民进城"门槛"太高的矛盾，是当前起主要制约作用的体制问题。要解决这个问题，使集体经济得到壮大，农民利益得到保护，资源配置得到优化组合，很重要的一条就是要在改革体制和机制的过程中，积极培育市场经济的发展；推动资源配置和生产要素的组合由实物形态向价值形态转变。即：只有通过实现要素的价值化，才能从根本上解决产权主体不清的矛盾，推进剩余资源的资本化，进而遵循市场法则构筑起符合资本经营的市场交易制度。通过这种深化改革，会逐步解决发达地区的社区封闭问题、产业布局分散问题、集体企业负债和负担偏高问题。

如何将实物形态的资产转化为价值形态的资本？从目前国内的各种试验效果来看，较好的一种方式是股份合作制，当然也可能有其他方式。总之，要在农村合作经济内部尽快建立一种要素价值化的资本经营运作体系，这既是资源优化组合的载体，也是保障农民利益不受侵害和集体经济组织在"统分结合、双层经营"制度下正确处理内部成员利益关系的最好实现形式。

四、八个重点：农村现代化纲要和实施方案

农村现代化建设是有超前意义的改革与发展相结合的事业。为此，发达地区要继续保持"超前、示范"的特性。1987年全国刚成立试验区时，我们就提出了"以市场为导向，建立商品经济新体制框架"，这在当时来说是超前的（一般的提法是"计划经济与商品经济相结合"）。1992年党的十四大明确了建立社会主义市场经济体制的基本目标，农村改革试验区的指导思想也就更加体现出来了。

党的十五大将会在总体指导思想上进一步确立全面推进社会主义市场经济体制建设的方针。因此，改革试验区必须围绕党的十五大精神，按照"发展出题目，改革求答案"的试验意义选准新的、具体的试验主题，继续保持超前性，否则也就没有建立试

验区的必要。

一是在指导思想上要坚持宪法和党章规定的四项基本原则，以及党的十四大决定精神，在建立社会主义市场经济框架的改革中，通过职工持股来体现马克思主义的劳动价值论，而不是以资本家控股来体现资本统治劳动的资本主义原则。

二是要把产业结构调整放到突出的位置。目前，发达地区虽已实现大量劳力非农就业，但还没有成规模地形成城镇集中消费人口。因此，要以城镇人口的集中作为调整产业结构的前提。

三是市场经济的根本内容是实行资本经营。目前，一方面商品经济空前活跃；另一方面基本要素如土地、资金还不能进入市场，乡镇企业资产也没有进入要素市场，农民不能携带股份化的土地和资产等要素离村进城进镇。因此，要进一步优化资本结构，就要把土地价值化，把乡镇企业的资产价值化，通过深化产权制度改革，促进农村生产力要素从实物形态向价值形态转化。

四是产权制度改革要强调土地所有制不变，集体财产关系的所有权属性不能改。如土地产权，生产队以户为单位核定面积，应按中央规定30年不变的原则，测算出30年土地产权的价值量是多少。农副业用地按产出平均收益计算，这样就可确定一亩土地价值的年货币量。实现土地资产货币化，就可形成生产队的货币化资产规模，然后还可以村或生产队为基础计算投资股本，设置基本股、劳动贡献股、管理股、技术股等。按资产总规模得出股份价值量后，由股东会推选董事会、监事会，建立健全价值化以后的资本经营制度。乡村两级实现价值化的土地可以作股参与城镇开发，促使价值化的财产向城镇流动。实现农村集体组织和农户资产合理配置、流转的有效办法是：以村为单位建立股份经济合作公司，然后村入股到镇级公司，作为镇股份公司的股东；镇村两级公司作为合作制企业统一纳税。实力雄厚的镇还可以把农民股权集中管理，建立投资基金，这样就全盘活了。

五是要强调对农业的保护。各地的发展规划应在不减少基本农田和农业资源的前提下，确保农田面积的动态平衡。要允许价值化的由各村持股的宅基地和工业开发用地集中到镇上来，这样既可保证农村集体土地权属和财产关系不变，又可实行集中土地规模经营开发。

六是城镇化要严格规划。这个规划不是分散的，而应在政府一元化领导下实行集中统一规划，并具有法律效力。深化改革试验中，要重点发展试点镇，逐步形成中心镇和中心村发展的格局。非试点镇、村则要控制其发展。

七是要制订好小城镇试点政策。试点镇要参照执行国家11部委关于小城镇建设的政策，并结合本地实际情况有所突破，按市场经济的要求搞建设。

（1）允许农村集体土地作股参与小城镇开发。以县为单位，规定非农用地指标和农户建房的宅基地指标向参与试验的团地开发区集中使用，这一政策只适用于试点镇村，非试点镇村则要严格控制。

（2）按照"谁投资，谁得益"的原则，筹集现代化建设资金。这笔基金只能用作股投资的办法，不能平调农民的资金，让投资者拥有所有权和受益权，调动广大农民积极参与现代化建设的热情。要试验出一种农民可以带宅基地使用指标进镇的办法，以减少进入城镇的征地费用。

（3）户籍制度改革，要按照公安部关于户籍管理制度改革的精神，实行按居住地和就业原则确定身份的户籍登记制度。应让进城镇入户的农民享有所有权和受益权，并以参股的形式缴纳一定费用。

八是要规范和完善各种合作经济组织。农村的合作基金会、"合作社股权转让咨询中心"等，是一种合作经济组织内部的信用合作，在合作经济组织内部融资是合法的。今后，要通过建立股份化的资产交易信息的内部网络，使集体经济的作股基金通过联网进行融资交易，形成要素价值化以后的资本经营机制，让农民和集体经济的资产在市场竞争中获取社会平均利润。

同时发达地区应继续推进农业的产业化建设、规模经营，解决农业的经营和投入主体不统一的问题。总之，要实现增长方式的转换，努力降低农业特别是粮食生产经营的成本，提高竞争能力，自觉形成农业的市场机制，使农业真正成为一个独立的产业。

第二十二章
芜湖土地流转 ①

对于国土资源部最近几年在农村土地进入一级市场这个领域进行的改革试点，我一向持积极态度。自从 1995 年合作开展小城镇试点以来，我们之间尽管有过很多不同意见，而且有时候我的意见十分尖锐，但相比较而言，可以说国土资源部基本上是"从谏如流"，接受了我的大多数建议。因此，在去年 4 月河南安阳的会议之后，我主编的《中国改革》曾经发表过文章强调，"国土资源部是真改革"。

---

① 本文为2003年4月16日作者参加国土资源部在安徽芜湖召开的"农村集体建设用地流转"试点经验交流会上的发言。

第二十二章　芜湖土地流转

一、农村建设用地流转试点的重大意义

我认为国土资源部和安徽省芜湖市及各试点镇现在所进行的试点意义非常重大。

其一，有利于缓解城乡差别扩大的趋势。

这个试点对于中央十六大所强调的要在2020年全面建设小康社会，对于中央现在所提出的关于解决"三农"问题的思路，对于"两会"期间国务院把"三农"工作作为经济工作的重中之重，都有积极意义。温家宝同志最近特别强调，要全面建设小康社会，我们还剩下18年时间，实现十六大提出的这个大目标的难点、重点都在农村。十六大之所以提出全面建设小康，就是因为三大差别越来越大。其中，第一大差别就是城乡差别。十六大接受了"城乡二元结构"这个概念，这是前所未有的；写入党代表大会的文件，在历来党中央的文件中是第一次。说明中央对于城乡二元结构的基本体制矛盾是高度重视的，中央对于这个战略目标面对的主要矛盾定性是清楚的，在今后的发展中，城乡差别必须有所缓解。因此，国土资源部、安徽省芜湖市的试点，首先是和十六大以来中央一系列有战略高度的提法吻合的，是想中央之所想，急农民之所急，确实是有重大意义的；而且又是几年前开始做的，也就是说试点不仅是有重大战略意义，而且是超前的，确实体现了和中央保持政治上的高度一致，这是值得高度肯定的。

其二，有利于农村工业化和城镇化。

刚才刘守英提到了20世纪80年代乡镇企业发展的经验教训，我们在总结改革开放25年的历程时，公认80年代是中国经济增长的黄金时期，而且是普遍获利的增长。其中的经验，对于农村来说就是放手发展多种经营，同时放手发展乡镇企业。1986年农业部农村经济研究中心发展所对200家乡镇企业做了一个调查，总结出的经验表明，之所以能够形成规模的乡镇企业，能够推动农村工业化，其根本原因在于这些企业用地不要钱。80年代刚刚搞乡镇企业的时候，本村的人用本村的地发展本村的工业，解决本村农民的就业和收入，这个是内部的资源向资本转化。那个时候土地管理法还没有出台，因此土地从原来农业的资源状态向第二、三产业的资本状态转化，其中所产生的全部资本收益被截留在农村社区了。尽管那时候乡镇企业都是高负债，负债率可能高达70%~80%，因为谁也没有所谓的创办投资，只能拿本村内的资源转化成资本，其实就跟现在由镇政府把本镇内的资源转化成资本的做法一样。

其三，有可能促进产业资本向中西部转移。

今天我们汲取80年代农村工业化的经验，能够通过农村、通过乡镇的发展，把农村集体土地使用权盘活，还可能带来另外一个效果，就是使得东部的产业资本向中西部流动。为什么有这个好处呢？这是因为假定下一步能够按照现在的修订土地管理法的意见，强调非公益性建设用地，就是工商企业用地，应该完全市场化，那么，我们现在安徽省的试点镇流转使用的每亩土地是2.8万至2.9万元，而东部可能是30万元，甚至更高，比我们中西部高10倍。如果企业的用地成本比我们高10倍，那些东部企业能不过来吗？

大家昨天去的大桥镇精铜加工厂，我特别注意了解了一下这个行业的平均利润是多少。经理说，这个行业的平均利润在5%以下。上个月我在浙江调查，问当地一般产业平均利润多少，他们说6%~7%。也就是说，在充分竞争领域中的工商企业大体上已出现了社会平均利润下降的趋势。在这种情况下，东部完全市场化的一般制造业企业还能不能支付如此高的地价、地租？正因为一般都支付不了，所以才出现东部的地方政府很多都在违规占地，不顾老百姓反对，与企业家共同分享土地增值收益；闹得发达地区农民的集体上访难以平息。这也是新时期中央与地方矛盾的一个重要表现。如果真的能够按照中央意图实现市场化的地价，下一步就会促使东部过密的产业资本向中西部流动。中西部不发达的问题，难以完成资本原始积累的问题，可能会被从东部流入的外来资本解决。

考虑到以上三个方面国家宏观政策的需要，芜湖试点的积极意义应该充分肯定。

第四部分　乡村建设与乡村试验

二、农村集体建设用地流转的几个问题

有关专家们对试点提出很多理论问题，我只能从实际出发提点讨论意见。

第一个值得讨论的就是，村集体是农村建设用地流转的主体，这和现在农村土地承包法的强化农民土地物权化的法律内涵怎么衔接？我一向认为，不要轻易改动农村土地的所有权关系。这也并不影响流转。因为农民土地承包法指的是耕地承包，而芜湖这块搞的是农村集体建设用地流转，这是两个根本不同的对象。希望我们的专家在讨论实际问题的时候，放弃意识形态化的思维方式，放下架子，充分尊重广大基层群众的首创精神。

第二是现在农村集体土地使用权流转是一级市场流转，二级市场还是个新的事物。

根据经验材料，其实各个试点乡镇和村里与企业之间建立的是一级市场关系，等于允许试点乡镇替代国家来征占土地。而进一步的改革思路则是，政府只应该为纯粹公益性的用地来履行征用手续，其他非公益性的就是按市场价格来交易。这一块将来的前景应该是很清楚的，政府不应该再扮演跟工商企业联手以征地的方式剥夺农民的角色，反而应该站在弱势群体这一边，如何跟工商企业讨价还价来保护弱势群体，以表现政府的善意，这本来就是政府应该做的事情。如果政府继续跟工商企业联手来征用农民土地，这不叫善意政府，而叫恶意政府，或者至少叫非善意政

府，肯定会被社会各界批评。因此，农村集体建设用地进入一级市场本身是善意政府的表现，是一个当代所谓平民政府必须实行的做法。

但二级市场转让怎么做，试点经验总结的材料上还看不出来，二级市场的增值收益应该如何分配？现在定的是县、镇、村三级，集体所有者和镇开发者之间共享大致均等的收益，我看目前的收益基本上是倾斜分配给了镇和村两级，比例关系大体上还是合适的。如果有时间我想多了解一下二级市场，当然存在二级市场转让收益分配是否合理的问题，以及这个收入分配形成一块规模资金以后如何使用的问题。形成规模的资金恰恰是生产力三要素中的龙头要素，是最具有组织作用的要素，怎么使用它才能形成地方金融、促进当地经济的良性发展，这是更值得关注的问题。

第三个值得讨论的问题是政府作用。

从试点单位的经验看，无论是政府还是集体都不再办企业。但是，根据20世纪80年代中国经济黄金增长的经验，地方尤其是乡镇如何盘活土地资产，如何利用土地资产增值收益来发展地方经济，是非常重要的。这次国务院在向"两会"提交的报告中特别强调了县域经济发展，强调乡镇企业的发展，这说明以往的经验教训已经被汲取。

解决"三农"问题，或者缓解"三农"困境，很重要的是要靠农村工业化，靠县以下的乡镇工业化来进行。如何把土地增值收益变成建设资金或者地方工业化的启动资金,如何跨越县域经济的原始积累阶段,这还是个绕不开的基本问题。特别是在欠发达地区,政府实际上承担了经济主体的角色,还不可能照搬西方的理论把政府完全变成一个"裁判员"或者"守夜人"。尤其是在农村土地资源向资本转化过程中,只有政府权力能够低成本地介入转化过程中,形成增量资本收益,这样才能由政府确定分配比例,使得不同主体合理地占有土地资本化收益,才能使地方低成本地完成资本原始积累,进入工业化,县域经济才能发展起来。不过,这样做的前提是政府不腐败,是公正的。

第四个要讨论的问题是,必须强调国土资源部现在已做的试点中的那些土地股份制的安排。

我多年来坚持主张:公益事业建设占地、集体土地应该入股,以得到长期稳定的收益;而工商企业用地、农村集体土地应该采用租赁的办法,以规避企业经营风险。这里的试点单位也有入股,好像是转出土地的农户全部入股,但似乎村级对自己有多少股权并不清楚。有机会我想再了解一下。